7CHAVES
DA IMAGINAÇÃO

Piero Morosini

7 CHAVES DA IMAGINAÇÃO

SEJA CRIATIVO E DESCUBRA COMO
COLOCAR SUAS IDEIAS EM PRÁTICA

Tradução
Júlio de Andrade Filho

PRUMO
informação

Título original: *Seven keys to imagination*
Copyright © 2010 by Piero Morosini

Todos os direitos reservados. Nenhuma parte desta obra pode ser reproduzida ou transmitida por qualquer forma ou meio eletrônico ou mecânico, inclusive fotocópia, gravação ou sistema de armazenagem e recuperação de informação, sem a permissão escrita do editor.

Direção editorial
Soraia Luana Reis

Editora
Luciana Paixão

Editores assistentes
Deborah Quintal
Thiago Mlaker

Assistência editorial
Elisa Martins

Preparação de texto
Rosamaria Gaspar Affonso

Revisão
Gisele Gonçalves Bueno Quirino de Souza
Noelma Brocanelli

Criação e produção gráfica
Thiago Sousa

Assistentes de criação
Marcos Gubiotti (projeto de capa)
Juliana Ida

Imagem de capa: Alberto Ruggieri/Getty Images

CIP-Brasil. Catalogação na fonte
Sindicato Nacional dos Editores de Livros, RJ

M855s   Morosini, Piero
           Sete chaves da imaginação / Piero Morosini ; tradução Júlio de Andrade Filho.
           - São Paulo : Prumo, 2010.
           Tradução de: Seven Keys to imagination
           ISBN 978-85-7927-097-0

           1. Empreendedorismo. 2. Negócios - Administração. 3. Criatividade nos negócios.
           I. Título.

10-2450.
           CDD: 658.42
           CDU: 005.411

Direitos de edição para o Brasil: Editora Prumo Ltda.
Rua Júlio Diniz, 56 - 5º andar – São Paulo/SP – CEP: 04547-090
Tel.: (11) 3729-0244 - Fax: (11) 3045-4100
E-mail: contato@editoraprumo.com.br
Site: www.editoraprumo.com.br

Para Siwar, Munay Quinti, Rumiñawi e Otorongo

Sumário

Prefácio   9

Parte 1
Preparando o caminho

A magia da imaginação   41
Liberte o mago interior   73

Parte 2
As sete chaves

1 Primeira chave   111
   Tire partido da atitude mental
2 Segunda chave   153
   Obsessão pelo cliente
3 Terceira chave   181
   Missão com objetivo
4 Quarta chave   215
   Líderes Wiraqocha
5 Quinta chave   259
   Tinkunacuy
6 Sexta chave   299
   Acordos de cavalheiros

7 Sétima chave   333
    Liga comum

Epílogo   361
Notas   365
Figuras e tabelas   381

Prefácio

Sempre parece impossível até que seja feito.
Nelson Mandela (1918 –)

Situada idilicamente numa colina com vista para Rimini – a deslumbrante estância de verão na costa italiana do Adriático –, a comunidade de San Patrignano poderia ser confundida com uma das cidades à beira-mar tão comuns na região do Mediterrâneo. Andrea Muccioli, o chefe da comunidade, descreve com orgulho contido as realizações de seus *bambini* (crianças):

> Em 1989 assumimos o difícil compromisso – e para uma pessoa de fora, algo um pouco tolo – de reconstruir a tradição italiana de cavalos de hipismo. E depois de apenas cinco anos nossos cavalos ganharam medalhas de ouro, tanto nas competições individuais quanto nas competições por equipe, no Campeonato Mundial de 1994 em The Hague. Ninguém jamais fizera isso antes e creio que ninguém o fará novamente. Nosso evento anual de saltos de San Patrignano tornou-se, desde então, um dos melhores do mundo [...]. Desde que começamos profissionalmente a produção de vinho em 1994, também ganhamos todos os grandes prêmios de vinhos da Itália, e podemos mostrar níveis de excelência similares em cada uma das 57 atividades que realizamos agora [em 2009].

San Patrignano também foi, em 2009, uma comunidade gerida por 2.000 usuários de drogas em processo de reabilitação, o maior exemplo de comunidade desse tipo no mundo. Fundada em 1978 por Vincenzo Muccioli, um corretor de seguros de Rimini, San Patrignano define-se como uma comunidade familiar para a inclusão dos marginalizados, ostentando uma taxa de 72% de reabilitação – a maior do mundo. Os membros dessa comunidade – chamados "hóspedes" – devem completar um treinamento educacional que dura três anos, em média, sem utilizar nem terapeutas nem drogas substitutivas, como a metadona. Todo o programa educativo, que custa à comunidade €10.000 anualmente por pessoa, é oferecido gratuitamente. (Em comparação, os custos anuais de terapias que usam a metadona ou propõem a internação custam normalmente mais de €20.000 por pessoa, um montante em geral pago ou pelo paciente ou pelo Estado, ou uma combinação de ambos, com taxas de sucesso de até 50% nas melhores instituições.) Os convidados de San Patrignano podem aprender uma profissão dentro da comunidade, escolhendo entre 57 atividades diferentes, que vão da produção de vinho e gastronomia a artes, fotografia artística e criação de cavalos. Em todas essas atividades, San Patrignano exige padrões de excelência, e os alcança. Na verdade, desde o princípio, a comunidade aplica uma política de autossuficiência, dependendo da venda de seus produtos e serviços e da captação de recursos privados para sustentar todas as suas necessidades financeiras.

Vincenzo Muccioli morreu inesperadamente em setembro de 1995, deixando o filho Andrea, 31 anos, advogado, como seu sucessor. Andrea descreve o pai:

Ele foi um homem de grande bondade e com capacidade enorme de projetar-se nos outros. Na minha opinião, foi um homem da Renascença, um homem fora de seu tempo, mas, em outro sentido, um homem profundamente fixado em nosso próprio tempo. Porque uma pessoa que antecipa seu próprio tempo é alguém que realmente pertence a ele. Você precisa de grande sensibilidade e grande intuição para fazer isso, que é o que chamamos *capacidade de visão*. Ele foi esse tipo de homem.

Pouco antes de sua morte prematura, Vincenzo Muccioli forneceu um *insight* sobre como sua improvável transformação de corretor de seguros bem-sucedido em dirigente principal de uma notável comunidade no estilo familiar teve início inadvertidamente, desencadeada por sua costumeira caminhada noturna do trabalho para casa pela praça central de Rimini:

> Quando eu olho para trás, para o começo de toda essa história, e depois olho ao redor, tudo parece estar a anos-luz de mim; enquanto isso, as memórias e as imagens continuam muito vivas e presas em minha mente, e isso parece que aconteceu ontem. Meu espírito de observação levou-me a perceber o que se passava ao meu redor. Eu não sou capaz de andar por aí e deixar de ver as árvores, as flores ou a relva... há Vida por aí! E assim, caminhando ao redor de minha cidade, eu não podia deixar de ver as pessoas sentindo-se mal, sofrendo por problemas graves, vivendo inúmeros dramas... lá estava toda uma geração de jovens

desconectados e desligados. Precisava haver uma razão para aquela situação. Parecia-me, entretanto, que as outras pessoas não queriam enxergar o que acontecia. Ao contrário dessas pessoas, eu desejava me aproximar daqueles jovens.

Em meados de 1970, enquanto Vincenzo Muccioli imaginava, com uma mente aberta e sem preconceitos, por que tantos jovens em Rimini deixavam-se sucumbir pelo vício da droga, em Arteixo, uma humilde cidade da Galícia, no noroeste da Espanha, Amancio Ortega, um modesto alfaiate local, preparava a abertura de sua primeira loja de roupas e acessórios, a Zara. Ortega começara no setor têxtil muito jovem, como balconista em duas lojas de varejo. Mas, em 1963, aos 27 anos, criou a própria confecção. Já determinado a deixar sua marca, durante os anos que se seguiram após a abertura da primeira loja Zara em 1975, Ortega começou a imaginar um novo modelo para o seu negócio, que poderia levar ao mercado o que ele chamou de "moda instantânea". Durante a década de 1980, Ortega procurou decididamente um meio que lhe permitisse conceber, produzir e entregar novos itens a cada semana, algo inimaginável na indústria da moda, na qual até então o lançamento de uma nova coleção só acontecia, como regra geral, uma vez a cada temporada.

O sonho de Ortega não se cumpriu até que conheceu José Maria Castellano, especialista em computação, que se juntou a ele em 1984. Juntos, eles começaram a trabalhar no desenvolvimento de um modelo de distribuição revolucionário para o varejo de moda. Apenas um ano depois, Ortega integrou a Zara em uma nova *holding*, a Industria de Diseño Textil, ou Inditex S.A. Ao final daquela década, a empresa contava com uma rede de 85 lojas Zara na Espanha e em Portugal, cujos lucros se deviam ao modelo simples e enxuto de "design moderno e barato" que os dois homens desenvolveram. Ao longo da década de 1990, a Inditex estabeleceu um programa de expansão internacional impressionante, acrescentando outras cadeias de lojas à sua rede por meio de aquisições, bem como de aperfeiçoamentos internos. A chave do sucesso da Zara foi a capacidade de fornecer continuamente novos itens de qualidade, e baratos, para suas lojas em todo o mundo duas vezes por semana, e fazer isso economicamente de modo que, no processo, a empresa pôde gerar lucros muito maiores do que os seus competidores. Antes da Zara, a indústria de roupas e acessórios seguia um processo de design, produção e distribuição que levava até nove meses. Ortega comprovou os erros da indústria e conseguiu realizar o impossível. Na missão de excluir os longos períodos fora da equação, a Zara começou a responder de forma rápida e barata às mudanças nas preferências dos consumidores e às novas tendências emergentes. Primeiro em toda a Espanha e, em seguida, nas principais ruas comerciais de Nova York, Milão, Paris e Londres, a aposta de Ortega valeu a pena – e deixou as gigantes indústrias do setor lutando para alcançá-la.

Em maio de 2001, a Inditex vendeu 26% de suas ações na Bolsa de Valores da Espanha, em um movimento ousado cujos gestos repercutiram no mercado espanhol. Isso transformou Amancio Ortega – que manteve 61% da empresa – na pessoa mais rica da Espanha e num dos indivíduos mais ricos do mundo, com bens estimados em mais de € 6 bilhões na época. Mas Ortega continuou a se manter afastado de toda a atenção da mídia, sem nunca dar entrevistas e deixando claro a todos que o que ele mais gostava era estar entre sua equipe de designers na sede da empresa na remota Arteixo. Na verdade, ele pode ser visto rotineiramente no almoço com outros funcionários no refeitório da empresa, em vez de em festas com supermodelos.

Em 2005, a Inditex atingiu apenas a metade das vendas da empresa americana Gap – então a maior rede varejista de moda do mundo – e ficou em terceiro lugar, atrás da sueca H&M. No entanto, o espetacular crescimento internacional da Zara foi muito mais rápido que o de seus rivais. Ela manteve seu ritmo, mesmo durante o primeiro trimestre de 2009, desafiando uma economia global em recessão que afetou todos os outros grandes nomes da indústria da moda. Principalmente como resultado do desempenho da Zara, em junho de 2009, sua empresa-mãe, a Inditex, tornou-se a maior varejista de vestuário do mundo, com vendas de quase €10 bilhões em 4.300 lojas em todo o mundo (cinco anos antes, em 2004, esse total era de € 5,67 bilhões em receitas e 2.244 lojas), destronando a ex-líder Gap, cujo crescimento máximo foi de 3.100 lojas.

Essas incríveis histórias reais revelam um fio dourado de sete elementos essenciais comuns. Esses sete elementos explicam o sucesso surpreendente não só dos exemplos citados até agora, mas de muitos outros líderes e organizações extraordinários que analisei na última década. Eu chamo esses elementos de "sete chaves da imaginação", porque podem ser reconhecidos, desenvolvidos e aplicados por todos os indivíduos, equipes e organizações que tenham a coragem e a determinação para descobrir o seu poder de imaginação e criar um futuro de sucesso para eles mesmos (veja a Figura 1). As duas primeiras chaves – tirar partido da atitude mental e obsessão pelo cliente – permitem que você visualize futuros radicalmente novos e inimagináveis, observando corretamente as coisas mais importantes ao seu redor e que as pessoas continuam não enxergando. A terceira chave – propósito – conecta os mundos mentais de futuros imaginados à realidade pela liberação gerada por uma transformação que altera aquele fluxo livre de pensamentos imaginários em um processo criativo mais intencional e orientado para os resultados. E as últimas quatro chaves – os líderes Wiraqocha, a *tinkunacuy*, os *acordos de cavalheiros* e a *liga comum* – permitem aos indivíduos e às equipes mais criativas liberar no mundo real as imagens mentais desafiadoras sobre um novo futuro e que foram concebidas em primeiro lugar.

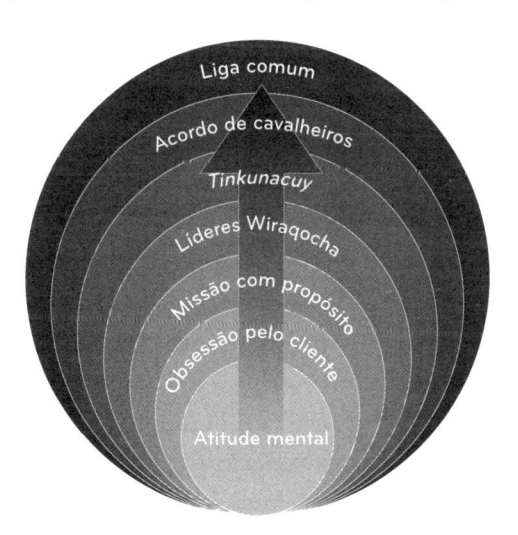

Figura 1: As sete chaves da Imaginação

Na verdade, tanto na história de San Patrignano quanto no caso da Zara, seus fundadores começaram com a mente aberta e uma disposição positiva, colocando-se no lugar de outras pessoas: os jovens que se tornaram viciados em drogas, no caso de Vincenzo Muccioli; as mulheres de todas as idades que aspiravam a usar algo novo e na moda, mas nem sempre podiam se dar ao luxo de comprá-lo, no caso de Amancio Ortega. O funcionamento mental – que eu chamo *obsessão pelo cliente* – resultou, até certo ponto, de uma oportunidade e de uma probabilidade, mas não era algo fácil e nem de curta duração. Andrea Muccioli descreveu seu pai, Vincenzo, como alguém com "uma capacidade enorme de se projetar nos outros". No início, porém, ele foi constantemente rejeitado pelos jovens consumidores de drogas de Rimini, mas persistiu em sua aproximação até que ganhou a confiança desses jovens. Da mesma forma, a compreensão profunda de Ortega quanto ao desejo das mulheres de renda modesta de se vestir elegantemente desenvolveu-se em uma obsessão de longo prazo, levando-o a desafiar as normas estabelecidas da indústria internacional da moda durante as décadas seguintes.

O ponto essencial para a compreensão da primeira frase do parágrafo anterior é "mente aberta e receptiva, e uma disposição pessoal positiva"; isso é preferível *per se* a "caminhar na trajetória de outras pessoas". Aqui, a arte não está no conceito: descobri que é a mentalidade particularmente aberta de pessoas como Muccioli e Ortega e a facilidade com que esses homens atuaram com suas qualidades pessoais, desenvolvidas durante suas experiências anteriores de vida, as razões que permitiram que sua imaginação voasse em direções insuspeitas. Ao se colocar no lugar das outras pessoas com essa mentalidade e disposição, eles puderam observar coisas que os outros continuavam não enxergando. Eles encontraram algo novo.

E, em sua mente, começaram a acrescentar novas e hipotéticas imagens àquelas que observavam no mundo real. Foi assim, com a mente aberta e sem preconceitos, que Muccioli descobriu, ao se envolver com viciados em drogas: eles, na verdade não eram doentes nem intrinsecamente perdedores. Eram indivíduos marginalizados aos quais faltava apenas uma família, e essa descoberta o levou a imaginar San Patrignano não como um hospital ou uma clínica, mas como uma grande família que oferecia amor e apoio a esses jovens de modo que eles pudessem encontrar – como qualquer outro jovem – a sua legítima oportunidade para se tornarem verdadeiros vencedores. E as imagens mentais de Ortega para a Zara, como um verdadeiro bazar da moda no qual todos os tipos de "moda instantânea" poderiam ser adquiridos por mulheres de todas as idades e faixas de renda com preços incrivelmente baixos, proporcionaram à empresa rentabilidade impressionante, pois provinham de sua percepção de que a moda – até então exclusiva da elite – era uma aspiração universal de todas as mulheres. A revolução Zara transformou a "moda acessível" ou "democrática" – um oxímoro antes de a empresa existir – em novos rótulos para as áreas mais recentes e de maior crescimento do mercado global da moda.

Desde o início, "uma mente aberta e uma disposição positiva" foram também representadas nas aspirações ousadas de Muccioli e Ortega de fazer muito mais com muito menos do que seus pares. Eu chamo *trade-on* essa mentalidade fundamentalmente baseada na ideia de melhor qualidade a custos baixos, e que sustenta esse tipo de ambição, de "atitude mental de lucro mútuo" ou "atitude voltada para o pensamento de lucro mútuo". Os indivíduos com uma atitude mental de *trade-off* em vez de *trade-on* em geral concebem quaisquer elementos equivalentes importantes em uma questão como participantes mutuamente exclusivos. Como resultado, essas pessoas geralmente definem metas com base em *trade-offs* que favorecem a concretização de um fator em detrimento do outro. Por exemplo, a maioria das instituições convencionais de reabilitação de drogas oferece resultados muito melhores do que seus pares fazendo isso a custos mais elevados do que a média. Esses custos adicionais são em seguida transferidos ou para a família do dependente de drogas ou para o sistema de saúde (ou uma combinação de ambos). Da mesma forma, a indústria da moda foi historicamente construída sobre a premissa de alta qualidade e exclusividade, a um custo elevado (e para os poucos privilegiados que poderiam pagá-lo, isso significava preços altos). Tanto San Patrignano quanto Zara desafiaram esse modo de pensar que exclui participantes de modo que só um ganha, e o *status quo* vigente em seus próprios contextos, ao fazer promessas radicais de um novo processo de *trade-on* e cumprir tais promessas. Nesse processo, eles geraram experiências sem precedentes com o cliente que, na época, eram simplesmente inconcebíveis para a maioria das pessoas.

A capacidade de algumas pessoas adotar as perspectivas dos outros e imaginar o inimaginável como resultado – vividamente ilustrada por homens como Muccioli e Ortega – pode ser encontrada ao longo da história e em todas as áreas da atividade humana. No entanto, a literatura psicológica nos adverte de que a capacidade de reconhecer e aceitar essas faculdades universais da mente humana não é a mesma que a habilidade de utilizá-las. A maioria das pessoas, na verdade, precisa enfrentar uma série de impedimentos mentais que, consciente ou inconscientemente, inibem sua mentalidade *trade-on* e sua capacidade de cooptar essas perspectivas, e filtra de modo bem seletivo as imagens mentais que permitem que se formem em sua mente. A fim de desbloquear sua imaginação totalmente, essas pessoas precisam exercitar a mente de modo semelhante a um treinamento físico: de forma regular, com sabedoria e paciência. As pessoas bem treinadas na arte de deixar sua criatividade voar continuam nos surpreendendo mais pela enorme capacidade de imaginar o inimaginável e de agir sobre ele do que por causa das imagens mentais intrínsecas capazes de evocar.

Hoje existem milhares de toxicodependentes reabilitados regularmente em comunidades semelhantes a San Patrignano, as quais surgiram no mundo inteiro sob a inspiração de Vincenzo Muccioli. E para as mulheres do mundo todo, fazer compras na Zara se tornou uma rotina que agora esperam – e conseguem – de um número crescente de varejistas de moda. Nos dois casos – assim como em muitos outros semelhantes – o que nos surpreendeu foi a percepção incomum da imagem do futuro. Depois que a imagem inicial se tornou uma nova realidade, a maioria das pessoas passou a aceitá-la e até mesmo a participar dela, fazendo-a parte de uma rotina de seu mundo.

É inspiradora a facilidade com que pessoas como Ortega ou Muccioli se transferem naturalmente para o futuro, apenas aplicando holisticamente e de novas maneiras – e em lugares insuspeitos – certos aprendizados subjetivos e essenciais decorrentes de acontecimentos anteriores de sua vida.

Isso contrasta fortemente com as abordagens de outras pessoas que favorecem a visão de cenários futuros como um passo lógico das projeções de um *status quo* "objetivamente" definido e compartilhado por especialistas. Nem San Patrignano nem a Zara poderiam ter sido concebidos em meados dos anos 1970 como um passo lógico de projeções escalonadas de crescimento, por um lado, da abordagem médica corrente para reabilitação de dependentes de drogas, ou, por outro lado, baseadas na condição da indústria da moda da época. Na verdade, os fundadores de San Patrignano e da Zara não se envolveram em nenhuma dessas projeções ao imaginar sua criação futura. Vincenzo Muccioli era simplesmente um homem de "grande sensibilidade e intuição" que desenvolveu um estilo renascentista humanista de observar o seu entorno com curiosidade e mente aberta. Sua esposa também o descreveu como um homem compassivo, do tipo que aparecia em casa para jantar acompanhado de um mendigo ou de uma pessoa sem-teto que ele havia acabado de conhecer na rua e a quem oferecera abrigo.

Uma noite, Muccioli encontrou casualmente alguns jovens toxicodependentes, e o resto, como dizem, é história.

Da mesma forma, Ortega era um homem trabalhador da Galícia, uma região famosa pelas gerações de imigrantes que deixaram o país em direção à América do Sul, em busca de um futuro melhor, longe da perene pobreza de sua terra natal. Desenvolvendo-se como alfaiate e vendedor de roupas em tal ambiente, ele concebeu a moda como algo que toda mulher deveria ser capaz de pagar de imediato, e transformou constantemente suas ideias em missão de vida.

Para indivíduos e organizações criativos, uma missão cujo objetivo é servir aos outros transforma um fluxo fácil de novos pensamentos em um processo criativo mais definido e voltado para resultados, e que deve transferir para o mundo real aquelas imagens mentais desafiadoras de um futuro que foi evocado em primeiro lugar. No entanto, mais uma vez, nesse domínio, a arte não está no conceito. Considere a missão fascinante de San Patrignano: "Treinamos pessoas marginalizadas e as levamos a conseguir coisas extraordinárias"; ou o mantra da Zara: "Levar a moda para as massas". Como vimos, essas missões com intento causam uma ruptura radical no *status quo* vigente e resultam da observação de um problema com a mente aberta e com base na perspectiva de alguém – seja essa pessoa um dependente de drogas ou uma cliente decepcionada.

Além disso, essas missões intencionais emergem naturalmente do núcleo emocional inicial do observador e se ajustam fortemente a essa essência – em outras palavras, com o que realmente faz os olhos brilhar, com o que ressoa em voz alta com base nas experiências mais comoventes e nas profundas lições que ele absorveu em toda a vida. Foi assim que Vincenzo Muccioli e Amancio Ortega puderam transformar radicalmente suas novas imagens mentais, nascidas de observações apuradas, em missões de vida focada em pessoas reais.

O próximo passo no processo vê a transformação dos homens ou mulheres criativos, revestidos de uma missão significativa, em recrutadores. Eles procuram pessoas capazes, que podem ser diferentes – e muitas vezes são extremamente diferentes, mas que partilham uma ligação profundamente emocional e apaixonada a uma missão radicalmente nova. Eu também fiquei espantado ao descobrir que, além das grandes diferenças nos campos de atividade, das diferenças culturais e assim por diante, os líderes criativos e bem-sucedidos deliberadamente procuram cinco qualidades específicas nas pessoas que recrutam.

São elas: a integridade (capacidade de uma pessoa de transcender os dilemas ou pontos de vista aparentemente conflitantes); a tolerância (capacidade de observar e descartar seletivamente os próprios modelos mentais sobre os outros, a fim de criar empatia com eles); a atitude coerente (demonstração de coerência entre pensamentos, valores, palavras e ações no próprio comportamento); a generosidade (disponibilidade para dar um pouco de seu tempo a fim de ensinar, apoiar e treinar os outros, independentemente da sua posição); e a perseverança (paciência e resistência demonstradas por uma pessoa no processo de construção de uma linguagem comum com outras pessoas que falam de diferentes técnicas e/ou línguas nativas). Neste livro, eu chamo líderes Wiraqocha as pessoas que compartilham apaixonadamente essa missão intencional e exibem as cinco qualidades de liderança, em alusão ao Hamawhta Wiraqocha, o lendário sábio andino que muitos milhares de anos atrás reconheceu essas características e ensinou ao antigo povo peruano como nutri-las de forma positiva, para desencadear todo o poder dos indivíduos e das comunidades. Na Europa renascentista ou na antiga Pérsia, teriam chamado o Hamawhta Wiraqocha de mago, ou bruxo, pela habilidade em construir coisas que dificilmente poderiam ser imaginadas e ensinar esses conhecimentos a outros. De certa forma, foi a liderança de um Wiraqocha que criou Macchu Picchu e outras obras de arte e engenharia incrivelmente criativas que os peruanos antigos construíram ao longo de seu vasto domínio andino, cujos restos podem ser admirados ainda hoje.

Muitas vezes, é preciso tempo e perseverança para que o líder criativo possa recrutar o seu grupo de líder Wiraqocha. Vincenzo Muccioli precisou começar San Patrignano com a ajuda da própria família, com alguns poucos toxicodependentes determinados a recuperar sua vida. Andrea Muccioli observa que isso se manteve como um dos principais critérios para a seleção de novos "hóspedes":

> O único critério que usamos – e não temos outro critério qualquer para seleção que seja importante – é a determinação pessoal. Nós avaliamos a vontade de o indivíduo percorrer um caminho de crescimento muito difícil e bastante cansativo. Esta é a única coisa que importa.

Ao longo dos anos seguintes, à medida que novos dependentes químicos se juntaram à comunidade, cada um recebia seu "anjo da guarda", outro hóspede que já estava no segundo ano e que proporcionaria ao recém-chegado apoio e afeto contínuos, ensinando-o a observar as poucas e inegociáveis regras da comunidade. Foi dessa maneira sistemática e gradual que a abordagem da reabilitação de nível mundial de San Patrignano se desenvolveu. Da mesma forma, demorou anos para que Amancio Ortega encontrasse José Maria Castellano, especialista em computação que abraçou entusiasticamente a missão de oferecer moda para as massas, em vez de dar importância excessiva à suposta inviabilidade de tal sonho. José Maria Castellano passou a recrutar o grupo de líderes Wiraqocha que ajudou a fazer da Zara o primeiro varejista de moda com um sistema integrado de produção e logística capaz de fornecer novos itens, duas vezes por semana, de forma confiável e barata, a milhares de lojas de varejo em todo o mundo.

Isso exigiu pessoas com uma mentalidade comum a todos e que favorecia mudanças imediatas, respostas rápidas e um treinamento de trabalho informal dentro daquele ambiente acelerado da Zara. Um desses executivos observa que atrair pessoas com essas características é fundamental em todos os locais de ampla diversidade cultural onde a empresa atua:

> Como tudo se movimenta com muita rapidez, não há ninguém para ensiná-lo de modo formal. Você precisa ser pró-ativo e tornar-se útil, manter uma mentalidade jovem, e estar aberto a mudanças.

Uma vez que um grupo de líderes Wiraqocha é formado, seus membros criativos colocam em movimento um processo criativo muito especial. A forte iniciação social e os componentes de experimentação são reminiscência da *tinkunacuy*, uma palavra Qheshwa que denota a antiga prática de pré-casamento, de viver junto, das civilizações andinas do Peru. Em algumas comunidades andinas, sempre que um jovem casal contempla seu futuro casamento, eles vão morar juntos durante alguns meses. Se essa experiência for satisfatória, eles se casarão. Se não for, o casal desiste do casamento e ambos voltam a ser indivíduos isolados, prontos para a *tinkunacuy* com outro parceiro na comunidade. Da mesma forma, o processo criativo com o qual tanto San Patrignano quanto Zara se envolveram no início de suas jornadas tem pouca semelhança com o rigoroso estabelecimento de metas tradicionalmente vigente no planejamento estratégico de muitas grandes organizações multinacionais. Em vez disso, os líderes Wiraqocha tendem a modelar seus compromissos como a etapa final de um processo social de descobertas de uma equipe vagamente organizada, do intercâmbio criativo e da aprendizagem experimental, tudo isso estreitamente conectado com o cliente e outros participantes-chave.

Esse processo de experimentação social, em geral com duração de aproximadamente seis meses, permite-lhes imaginar e vivenciar em primeira mão novos cenários e novas formas de cumprir o propósito de sua missão para seus clientes finais, sem preconceitos, objetivos ou expectativas de qualquer tipo. Na medida em que o processo de experimentação social se desenrola, o livre fluxo de diálogos e imagens mentais, os eventos fortuitos, o *feedback* contínuo e a experimentação aberta começam a criar uma estrutura visual sob a forma de um novo protótipo com capacidade de cumprir a missão da organização. O protótipo é testado e reforçado cada vez mais com a incorporação criativa de "multicomplementadores". Estes são os participantes cujos produtos, serviços ou tecnologias desempenham a função aparentemente mágica de reduzir os custos da construção do novo protótipo, ao mesmo tempo em que aumentam a sua atratividade para os clientes. É nesse ponto que uma orientação estratégica e compromissos específicos são formalmente estabelecidos, com a promessa de entrega do novo protótipo para os clientes dentro de prazos apertados.

A capacidade de identificar novos multicomplementadores é uma marca registrada do modo de pensar baseado na melhor qualidade a custos baixos. Quando construídos sobre uma nova e excitante experiência com o cliente, esses multicomplementadores auxiliam as organizações criativas tanto a cumprir sua missão de forma inédita quanto a alcançar um desempenho financeiro superior. Assim, o uso que San Patrignano fez do trabalho comunitário realizado com padrões de excelência transformou parceiros-chave como a produção de vinho de alta qualidade, a criação de cavalos de raça ou a fabricação de mobiliário com design contemporâneo em multicomplementadores da reabilitação dos usuários de drogas. Alguns desses participantes foram cruciais para o sucesso de San Patrignano. Por exemplo, desde o início, a comunidade atraiu pessoas com os conhecimentos profissionais necessários: um grupo de antigos *maestri* (mestres artesãos) aposentados que – em outro exemplo do pensamento de troca – ficaram felizes em ensinar suas habilidades únicas para os hóspedes de San Patrignano sem nenhuma remuneração.

Ao ter acesso a essas atividades profissionais com altos padrões de excelência, os hóspedes de San Patrignano puderam, ao mesmo tempo, trabalhar de forma eficaz para a própria reabilitação e ajudar a financiar a comunidade com a venda de seus produtos e serviços para os clientes externos. Da mesma forma, um dos principais impulsionadores da alta rentabilidade da Zara é a utilização da logística integrada global como componente central da indústria da moda, o que dá à empresa a capacidade *just-in-time* de entregar rapidamente os novos produtos aos seus clientes em qualquer lugar do mundo, enquanto reduz os custos de estoque. Em meados de 1980, essa abordagem industrial radical, que transformou os participantes de logística como DHL ou fabricantes *just-in-time* como a Toyota em multicomplementadores naturais da Zara, era inimaginável para qualquer outro "jogador" da indústria da moda. No entanto, quando Ortega se debruçou sobre o desenvolvimento da Zara nesse aspecto único de *just-in-time* em 1984, ele e o especialista em computação Castellano viram a DHL e a Toyota como fontes de inspiração.

Essa resposta do processo criativo *tinkunacuy* é um protótipo radical que dá forma e função concretas às ideias originais da equipe sobre o futuro. O segundo resultado final valioso desse processo é um senso de direção estratégico e a elaboração do que chamo *acordo de cavalheiros*, que transformará o novo protótipo em uma realidade de maior escala. O *acordo de cavalheiros* é um compromisso sério ao qual uma equipe ou uma organização inteira adere para originar uma experiência muito superior com o cliente e de uma forma antes considerada impensável. Essa etapa marca o início de um processo coletivo que transformará a imaginação e a criatividade em inovações e experiências reais para pessoas como você e eu. É precisamente porque têm por objetivo – geralmente dentro de prazos muito apertados – aquilo que muitas pessoas consideram inimaginável ou mesmo impossível que essas promessas exercem um efeito intenso tanto sobre os que as fazem quanto sobre aqueles que as recebem. Embora os seus objetivos possam ser projetados ao longo de meses ou mesmo anos, essas promessas colocam as pessoas imediatamente em movimento, capturando a imaginação e as emoções de todos no processo.

Quanto mais perto as pessoas chegarem a conhecer os acordos de cavalheiros de uma empresa – seja como clientes, como funcionários ou meros espectadores – mais forte será a reviravolta em sua mente e em seu coração. Ao longo da década de 1980, foi um choque para a elite médica italiana tomar conhecimento da capacidade de San Patrignano de reabilitar 72% de dependentes de drogas, sem usar terapeutas nem metadona e a um custo anual de apenas € 10.000 por pessoa. Quando se tornou evidente, ao longo da década seguinte, que o "extraordinário" tratamento de San Patrignano para os toxicodependentes consistia simplesmente em fazê-los viver e trabalhar dentro de uma comunidade familiar – que produzia e vendia produtos e serviços em nível mundial –, a descrença inicial se transformou em uma mistura avassaladora de admiração, emoção e humildade que normalmente vivemos na presença do miraculoso. No entanto, bem desde o início, na década de 1970, San Patrignano continuou, ano após ano, a cumprir seus *acordos de cavalheiros* de "72:10.000" e a exigir e alcançar os padrões de excelência de tirar o fôlego em tudo que faz. Da mesma forma, quando especialistas e concorrentes igualmente entenderam que a Zara poderia fornecer a todas as mulheres novos itens desejáveis, baratos e na moda – e de uma forma que gerava lucros maiores –, eles acharam difícil entender como isso foi feito, mesmo com um exame minucioso. Na verdade, voltando-se contra o senso comum do mundo da moda, onde o sigilo é a norma antes de lançar novas coleções, a Zara habitualmente abre suas operações aos seus concorrentes sem preocupação. Na sequência de uma dessas visitas, Amancio Ortega comentou:

> Tivemos aqui uma equipe de 22 pessoas da Limited [o grupo por trás de uma série de bem-sucedidas cadeias de varejo, incluindo Victoria's Secret, Limited Express, Bath & Body Works e Henri Bendel] tentando descobrir como fazemos as coisas, e, mesmo depois de vários dias, ela não captou.

Na sede da empresa, os visitantes encontram um notável complexo minimalista, concebido dentro de casa, com pouco mobiliário fixo; há grandes espaços abertos decorados em branco e com intensa iluminação natural. Aqui, o acordo de cavalheiros inicial da Zara, de entregar novos artigos de qualidade a preço justo, duas vezes por semana em milhares de lojas em todo o mundo, é renovada, monitorada e sempre cumprida, semana após semana, com a precisão de um relógio suíço de alta qualidade. Em poucos anos, durante o início da década de 1980, a Zara mudou o ciclo de vida da indústria de cerca de 4 coleções anuais para algo como 104 (sim, esse número está correto: 104!). Algo tão impossível de imaginar, mesmo para certos profissionais da moda, que eles acham difícil compreender como isso ocorre, mesmo quando o presenciam.

Todos os acordos de cavalheiros compartilham três características marcantes. Em primeiro lugar, e de modo muito evidente, eles permitem à organização criativa cumprir sua missão. Quando a organização criativa alcança e cumpre seus acordos de cavalheiros, você sabe que aquele radicalmente novo futuro imaginado tornou-se então uma nova realidade. É isso. Desse modo, a promessa de San Patrignano de "72:10.000" e sua busca por excelência mundial em tudo que fazem, associada a essa promessa, realizada dentro de uma comunidade familiar, obviamente atinge a sua missão de "formar pessoas marginalizadas e levá-las a realizar coisas extraordinárias". Do mesmo modo, os acordos de cavalheiros da Zara, de entregar todos os tipos de novas roupas e acessórios de baixo custo duas vezes por semana para milhares de grandes lojas localizadas em dezenas de cidades – que vão de Milão e Los Angeles a Xangai e São Paulo – decretam cumprida a sua missão de "levar a moda para as massas". Essas missões intencionais e os acordos de cavalheiros são, na mente e no coração dos líderes Wiraqocha, dois lados da mesma moeda.

Em segundo lugar, os acordos de cavalheiros evidentemente refletem aquela mentalidade *trade-on* por meio da combinação de objetivos que parece contraditória para a maioria, especialmente para aquelas pessoas cuja mente é permeada pelo modo de pensar convencional. Veja a promessa de "72:10.000" de San Patrignano, por exemplo. Essa é a taxa de reabilitação mais alta do mundo – muito superior à média de 40% a 50% alcançada nas melhores instituições da Europa ou dos Estados Unidos – e atingida com quase metade do custo por pessoa em comparação a essas mesmas instituições. Ou seja as margens de dois dígitos da Zara e sua alta rentabilidade, ao mesmo tempo que a empresa mantém preços significativamente mais baixos em todos os seus novos artigos, que, todavia, conservam as características marcantes de um novo design, o que faz com que seus fiéis clientes voltem toda semana. Nos dois casos, há uma promessa muito clara de entregar ao cliente um valor agregado superior com um custo significativamente baixo para a empresa. Assim, graças à sua habilidade em fazer acordos de cavalheiros com uma mentalidade de *trade-on*, os líderes Wiraqocha são capazes de estabelecer novos padrões que transcendem de forma impressionante os limites do modo tradicional *trade-off* de pensar. A primeira leva a mudanças mais radicais, em vez de ligeiras; são mudanças no *status quo*. Pense nos padrões de excelência alcançados a baixo custo e com os excluídos da sociedade de San Patrignano, ou na capacidade de a Zara mudar, a custos baixos, as suas coleções em milhares de lojas em todo o mundo 104 vezes ao ano.

A terceira característica fundamental dos acordos de cavalheiros é que, no sentido estritamente etimológico da palavra, essas promessas constituem compromissos sérios e honrados assumidos por esses senhores, e essa característica é mais extraordinária do que pode parecer à primeira vista. Ao definir os acordos de cavalheiros, os líderes Wiraqocha comprometem uma organização inteira a criar, em prazos muito curtos, novos futuros imaginados que rompem radicalmente com o passado e pouco se assemelham ao *status quo* vigente. Enquanto esses líderes colocam em jogo sua dignidade pessoal e reputação quando assumem esses compromissos, eles também se responsabilizam pelas consequências do seu sucesso ou fracasso. Isso está em profundo contraste com os processos de definição de metas utilizados na maioria das grandes organizações que eu conheço. Lá, os objetivos estratégicos são definidos como um passo lógico para o futuro e baseiam-se em projeções dos resultados passados, tornando o futuro imaginado apenas uma versão de fatores predefinidos de acontecimentos anteriores. Como os objetivos estratégicos são geralmente associados a alterações macroeconômicas e projeções de mercado, a responsabilidade de atingir um conjunto específico de resultados é muitas vezes dependente da materialização real de tais previsões. Em vez disso, os acordos de cavalheiros são compromissos pessoais radicais decorrentes de um futuro imaginado pela mente aberta dos observadores e de forma independente de resultados anteriores, mas em sintonia com as observações perspicazes do observador, que decorrem de suas experiências de vida subjetivas – em outras palavras, experiências interiores, não necessariamente profissionais. Vincenzo Muccioli não era nem médico nem especialista em reabilitação de dependentes de drogas quando imaginou uma maneira nova e radical de recuperação de toxicodependentes, e comprometeu a sua família e alguns poucos marginalizados pela sociedade na promessa da construção de San Patrignano. E, embora Amancio

Ortega tivesse uma experiência de vida no setor do vestuário quando chegou a imaginar a democratização da moda, as promessas radicais envolvidas na nova abordagem da Zara exigiram ampla gama de habilidades novas e sofisticadas (desde avançados sistemas de computação até automação industrial e logística integrada de grande escala) que foram muito além do que qualquer um na indústria do vestuário na década de 1980 poderia imaginar ser aplicável à moda – e, muito menos, trazido para a realidade.

A descoberta de multicomplementadores e as regras de acordos de cavalheiros mudam o foco dos líderes Wiraqocha rumo à construção das capacidades organizacionais que criativamente entregarão o futuro imaginado dentro de um rigoroso calendário. Para obter bons resultados, eles invariavelmente constroem uma liga comum em suas organizações. Essa liga comum representa o tipo especial de relações de cooperação que os líderes Wiraqocha cultivam entre si e em suas organizações, a fim de reforçar a confiança mútua e funcionar como uma equipe coesa, criativa e que cumpra os acordos de cavalheiros feitos a seus clientes. Além de líderes Wiraqocha e um conjunto de acordos de cavalheiros, uma organização criativa deve recorrer a três outras capacidades sociais que se reforçam mutuamente, a fim de construir uma forte liga comum.

Primeiro, ela precisa desenvolver uma linguagem comum, não apenas no sentido estritamente linguístico, mas também para implantar um conjunto de valores compartilhados e uma abordagem comum de desenvolvimento de carreira nos grupos de liderança, bem como um conjunto de medidas de desempenho comum na organização. Essa linguagem comum constitui uma plataforma grupal para o entendimento mútuo que transforma a diversidade de uma equipe em capacidade coletiva para a liderança criativa.

Em segundo lugar, a organização precisa desenvolver redes interdisciplinares – em outras palavras, a capacidade de pôr em prática e conduzir equipes interfuncionais e multiculturais, diálogos, processos, projetos e comunidades virtuais, a fim de atingir as promessas da organização. Especialmente nas grandes organizações multinacionais como a Zara, o desenvolvimento de redes interdisciplinares pode ser muito favorecido pela ratificação da partilha de conhecimentos e processos, bem como pela utilização de políticas de recursos humanos para cancelar e acionar programas educacionais e de recompensa que facilitem a rotatividade contínua e sem incidentes de membros-chave em todas as unidades da corporação.

Não menos importante é a capacidade de criar e executar rituais de comunicação: um conjunto de ações simbólicas regulares, francas e que se espalham por toda a organização e renovam continuamente o seu forte compromisso emocional tanto na concretização de sua missão quanto com seus clientes. Ainda me lembro da sensação de animação enquanto me dirigia até Rimini, pela primeira vez, para almoçar com a família San Patrignano. Era abril de 1999, e eu me aproximei da comunidade sem saber que o que estava prestes a ver mudaria profundamente as imagens associadas à palavra "toxicodependentes". Fui recebido em uma grande sala de jantar com enormes janelas que davam para um deslumbrante vale italiano, que se estende majestosamente até o Mediterrâneo. Lá, os dois mil convidados comem juntos todos os dias, bem organizados por grupo profissional em mesas que acomodam cerca de uma dúzia de pessoas de cada vez. O murmúrio reverberou sob um teto enorme que se elevava acima de nós, preenchendo todo o espaço com seus ecos alegres, até que se ouviu o som de uma colher de encontro a um vidro. Seguiu-se um silêncio completo. Eu podia ouvir o murmúrio suave dos galhos de árvores rangendo lá fora. Após um minuto de silêncio, o murmúrio voltou de repente. Andrea Muccioli apontou para uma cadeira vazia na nossa frente e explicou o silencioso ritual: "É para meu pai, Vincenzo, que morreu há quatro anos". O excelente almoço foi feito e servido por hóspedes da comunidade, e comido em exatamente uma hora. Depois do almoço, pessoas de todos os grupos profissionais se misturavam livremente e informalmente para tomar café. Enquanto visitava a comunidade imaculadamente limpa durante a tarde, senti dois mil pares de olhos me observando com olhares acolhedores. Visitei várias áreas de trabalho (ou "células de trabalho", como os hóspedes de San Patrignano as chamam): a adega, a tipografia, as cavalariças, o laboratório de fotografia, as instalações do ferreiro, a oficina de carpintaria... Em todos, vi a mesma camaradagem feliz, a mesma dedicação em fazer um trabalho do mais alto nível, a mesma determinação para ficarem limpos das drogas, os mesmos olhos com lágrimas quando evocavam Vincenzo.

A liga comum da Zara é tão forte que se materializa instantaneamente nos reconhecíveis designs de suas milhares de lojas, que em 2009 eram encontradas em mais de setenta países. Dentro de cada loja, o departamento comercial – 80% constituído por mulheres – atua como vendedores e como antenas, captando as novas tendências dos clientes, repassadas em tempo real para a sede, que, por sua vez, oferecerá em duas semanas e numa escala global novos artigos para combinar com as recém-detectadas tendências. Em um ambiente dinâmico e flexível, a Zara criou uma forte cultura e um processo comum de comunicação informal e de tomada de decisão em suas lojas por meio da prática constante e dos altos níveis de investimento na educação e formação durante o próprio trabalho, algo sem precedentes na indústria da moda. Os programas mais recentemente incluídos são das melhores escolas de administração e negócios do mundo, combinados com um *job rotation* de seis meses em todos os departamentos da empresa (embora principalmente nas lojas); visitas às principais capitais da moda do mundo; programas de treinamento intensivo para todos os colaboradores do varejo; planos personalizados de treinamento para todos os funcionários nas áreas corporativas; e um ano de treinamento para os gerentes de loja. A empresa investiu centenas de milhões de euros em programas educativos para o seu pessoal a cada ano, levando a revista americana *Fortune* a classificar a Inditex como a terceira empresa na Europa e 11ª no mundo em sua pesquisa de 2007 sobre as Melhores Empresas para Líderes – a única empresa na indústria da moda a atingir esse nível de reconhecimento.

Uma força de propósito semelhante ao que senti em San Patrignano e na Zara pode ser encontrada em outras organizações. Elas são capazes de ultrapassar os obstáculos aparentemente insuperáveis da distância geográfica e das diferenças culturais e organizacionais para construir uma forte liga comum em torno de missões bastante diferentes, mas todas visam ao mesmo resultado final: propiciar um novo futuro à vida das pessoas, como você e eu, e que elas mal podem imaginar. Ao longo dos anos eu esclareci os elementos intangíveis no núcleo dessa liga comum em um livro que analisou quantitativamente uma grande amostra estatística de milhares de pessoas em dezenas de organizações altamente diversificadas em todo o mundo.[1] Mas são as imagens desses extraordinários líderes e suas organizações, em vez dos dados estatísticos envolvidos, que continuam presentes em minha memória.

O que nos leva de volta à imaginação e aos temas iniciais de nossa história. O que faz com que algumas pessoas imaginem futuros radicalmente diferentes? Como indivíduos como Vincenzo Muccioli e Amancio Ortega conseguem transformar em realidade esses futuros apenas imaginados? Já traçamos algumas respostas para essas perguntas anteriormente. Além disso, descobri que olhar de forma diferente – estou quase tentado a usar a palavra "imaginativa" – para aquela noção de imaginação que historicamente recebemos nos fornece ideias diferentes e poderosas que nos levam a novas respostas.

Parte 1

Preparando o caminho

A magia da imaginação

O poder do pensamento, a mágica da mente.
Lorde Byron (1788-1824), poeta inglês

O velho e magnata patriarca Cosimo de Medici provavelmente teve uma premonição da própria morte quando mandou traduzir, sem demora, uma cópia de um antigo manuscrito grego. Um dos agentes que contratara a fim de recolher livros raros para sua magnífica biblioteca acabara de encontrar o manuscrito na Macedônia e secretamente o trouxera para ele. O ano era 1463, e Cosimo fora o real poder nos bastidores da influente república de Florença pelo menos nas três décadas anteriores, que, em parte devido a ele, era considerada um dos berços do renascimento italiano e europeu. Cosimo pediu a Marsilio Ficino – chefe da moderna Academia de Platão que Cosimo estabelecera 24 anos antes de traduzir para o latim e estudar as obras completas de Platão – que suspendessem imediatamente todos os outros trabalhos e se concentrassem exclusivamente na tradução do misterioso manuscrito.

Ele continha uma cópia de quatorze dos quinze tratados do *Corpus Hermeticus*, uma síntese da chave de todo o conhecimento atribuído a Hermes Trismegistus, um lendário mago egípcio, sumo sacerdote e rei da Antiguidade cujos ensinamentos supostamente inspiraram Aristóteles e Platão.

Ficino conseguiu fazer a tradução em poucos meses e a apresentou a seu patrono pouco antes de o velho Cosimo morrer, em 1464. Nunca saberemos ao certo se Cosimo encontrou nesse manuscrito aquilo que procurava. No entanto, o impacto do *Corpus Hermeticus* nos pensadores europeus do século XV foi nada menos que revolucionário, desencadeando um movimento poderosamente criativo, intelectual e artístico que estampou sua marca decisiva nos séculos seguintes. Na verdade, bem mais de quinhentos anos mais tarde, às vésperas do século XXI, ainda encontrei sua forma de pensar inconfundível na imaginação de líderes como Vincenzo Muccioli, criador da comunidade de reabilitação para dependentes de drogas em San Patrignano. E em Amancio Ortega, cuja cadeia de lojas Zara fez a ideia de "moda para as massas" sair de uma contradição aparente para se transformar na mais lucrativa rede de lojas da indústria da moda, e de mais rápido crescimento.

✎ É UM TIPO DE MÁGICA

Um dos primeiros representantes da nova mentalidade renascentista foi ele mesmo, Ficino. Profundamente influenciado pelo *Corpus Hermeticus*, ele criou um método prático para condicionar a imaginação a receber imagens arquetípicas que facilitassem a aquisição da sabedoria universal. Esse método foi inspirado diretamente no uso de imagens talismânicas do *Corpus Hermeticus*, no qual foram dadas aplicações práticas específicas a figuras geométricas e antropomórficas organizadas em 36 decanatos (ou segmentos de 10 graus, em que os 360 graus do círculo do zodíaco são divididos). Ficino, um médico experiente, aconselhava seus pacientes a focalizar certas imagens talismânicas como parte de seu tratamento, a fim de atrair a influência benigna de planetas como Júpiter e Vênus e dissipar os efeitos prejudiciais de Saturno ou Marte. No entanto, foi sobre o domínio da arte que a abordagem de Ficino para o condicionamento da imaginação, expandida por pensadores como Pico della Mirandola para incluir práticas cabalísticas e místicas, que ela encontrou algumas de suas aplicações mais interessantes. Na verdade, hoje em dia há evidências consideráveis de que alguns dos principais artistas da Renascença, como Botticelli, Raphael, Pinturicchio e Leonardo, não só usaram os tipos de abordagens sugeridas por Ficino para criar figuras sublimes e bonitas, mas, muitas vezes, os próprios talismãs eram os verdadeiros temas de algumas das suas obras mais enigmáticas, como a *Primavera* de Botticelli, as duas versões da *Madona dos rochedos* de Leonardo da Vinci, ou as pinturas alegóricas de Pinturicchio no apartamento dos Borgia no Vaticano[1].

O método de Ficino foi chamado de magia natural (*magia naturalis*) por seus contemporâneos, e esse rótulo explica muito acerca da abordagem discreta de seus praticantes, os magos do Renascimento, que precisaram chegar a um acordo com a oposição declarada da Igreja Católica medieval em relação a todos os tipos de necromantes, bruxos, magos e malabaristas. Em 1486, porém, e com 24 anos, Pico della Mirandola, um nobre italiano de memória prodigiosa, escreveu 900 teses para sintetizar todo o conhecimento humano, dedicando 26 delas à *magia naturalis* como uma prática legítima, não proibida por lei, e aliada à ciência e à religião. Além disso, Pico fez uma distinção nítida entre a magia natural e todos os outros tipos de magia, práticas que, segundo ele, eram más, demoníacas e sem fundamento, justamente condenadas pela Igreja Católica. Ficino e Pico descreveram também a magia natural como uma filosofia natural que operava por meio da concentração subjetiva em imagens mágicas que atraíam para a personalidade do mago da Renascença compreensão interior maior e a capacidade de aproveitar o poder de forças naturais de acordo com sua vontade. Pico informou que esse condicionamento da imaginação podia ser facilitado por uma maneira sensata de levar a vida e por certos rituais musicais e verbais propícios a intensificação da percepção emocional e psicológica da pessoa:

> Nada na magia natural é mais eficaz que os Hinos de Orfeu, se for aplicado a eles uma música adequada, e disposição da alma, e outras circunstâncias conhecidas pelo sábio[2].

Sob a magia natural de Ficino e Pico, existe uma teoria e um método prático que avalia a imaginação como o primeiro poder cognitivo para se chegar à verdade. Essas noções não apenas derivam do uso apontado pelo *Corpus Hermeticus* de imagens arquetípicas dentro de uma estrutura cósmica, mas também estão em plena conformidade com a perspectiva de Aristóteles de que "pensar é especular com imagens", bem como com as visões neoplatônicas renascentistas sobre as imagens, especialmente as mais antigas: as de que elas realmente possuíam dentro de si o essencial (ou "divino"), reflexo de uma Ideia. Em seu trabalho clássico de 1964 sobre a tradição europeia do Hermetismo no Renascimento, Frances A. Yates explica o singular modo de pensar daquela época sobre imagens:

Uma imagem antiga da Justiça não era apenas uma imagem, mas, na verdade, nela estava contido algum eco, gosto, substância, da divina Ideia de Justiça. Isso nos ajuda a compreender a maneira pela qual Ficino imaginava essas imagens de estrelas descendo "dos platônicos mais antigos", embora, no caso de tais imagens, a relação com a ideia seja ainda mais estreita, por meio da cosmologia do *mens, anima mundi, corpus mundi* em que as imagens têm um lugar definitivo[3].

Paralelamente à criação de maravilhosas obras de arte, o método cognitivo dos magos renascentistas de condicionamento da imaginação por meio de imagens arquetípicas foi aplicado para a criação do primeiro sistema moderno de memória artificial. Esse foi o trabalho de Giordano Bruno (1548-1600) e seus seguidores, que, em uma série de volumes de clássicos, planejaram uma hierarquia matemática de correspondências entre um conjunto de conceitos e um vasto conjunto de imagens geométricas ao mesmo tempo simples e complexas que lembram os talismãs do *Corpus Hermeticus*. As correspondências geométricas de Bruno podem mover e girar em campos circulares imaginários, permitindo que uma pessoa mentalmente armazene, recupere, organize e até mesmo investigue novas relações entre um determinado conjunto de conceitos. Em 1679, em uma carta ao matemático e astrônomo holandês Huyghens, Gottfried Leibniz, o grande matemático alemão e inventor do sistema binário utilizado em praticamente todas as arquiteturas de computadores de hoje em dia, especulou que a "característica geométrica" – um sistema generalizado de técnicas simbólicas euclidianas com profundas reminiscências da correspondência conceitual e geométrica de Bruno – poderia permitir a descrição das plantas e animais e a invenção de máquinas que ocorressem inteiramente na imaginação, sem o auxílio de quaisquer números concretos ou modelos.[4] Entretanto, o uso dinâmico que Bruno fez de campos geométricos imaginários como sistemas de memória estava tão à frente de seu tempo que seu primeiro fruto real só surgiu com o desenvolvimento, no século XIX, da topologia e de gráficos existenciais como novas teorias matemáticas e, posteriormente, com a aplicação científica de campos semânticos às disciplinas, tais como a teoria das redes neurais, ciência da computação, inteligência artificial e o "espaço vital" da psicologia.

Ao criar seus campos de memória imaginários, Bruno, um mago do Renascimento condenado e queimado na fogueira pela Igreja Católica durante a Santa Inquisição, fundamentava-se em uma tradição mnemônica medieval exposta por filósofos como Ramón Llull (1232-1314), cujas raízes remetiam ao mundo clássico greco-romano. Essa antiga "arte da memória" não consistia na simples manutenção ou regurgitação de grandes quantidades de material, mas sim em equacionar a memória com a capacidade de imaginar imagens que permitissem aos seus praticantes armazenar, organizar e manipular mentalmente esses materiais, a fim de gerar novas ideias ou desconstruir antigos conceitos e pressupostos. Um dos exercícios mnemônicos preferidos na Renascença era imaginar um belo palácio onde os estudantes deveriam mentalmente passar de sala em sala. Em cada espaço o aluno "encontraria" algumas palavras-chave, dados ou categorias conceituais. Ele, então, passearia e exploraria à vontade aquele palácio encantador em sua imaginação, fazendo surgir novas relações entre os conceitos armazenados dentro de seus quartos. A arte da memória foi amplamente praticada nos círculos mais cultos da Europa medieval, e se tornou o equipamento fundamental dos oradores romanos, tais como Cícero, por vezes creditado como o autor anônimo de *Ad Herennium*, obra clássica que explica o método em detalhes.[5]

Nem os magos da Renascença nem os filósofos antigos acreditavam que a "memória visual" fosse diferente da "memória auditiva" ou da "memória tátil", diferenciações que, muitas vezes, fazemos hoje. Em vez disso, eles se guiaram pela visão de Aristóteles de que as atividades de conservação mental, recuperação e utilização de percepções sensoriais eram mais bem realizadas por meio de um único processo mental que transforma essas percepções em fantasmas (retratos mentais feitos de luz, o equivalente a *imago* em latim), ou *eikon* (cópias mentais), que foram gravados no cérebro e podem ser verificados pelo "olho da mente". No *Book of Memory*, o estudo fascinante sobre a memória na cultura medieval, Mary Carruthers observa que o trabalho experimental moderno dos psicólogos cognitivos oferece uma comprovação surpreendente da antiga ideia de que qualquer tipo de percepção que entra na mente numa forma "visível" alcança um maior grau de estabilidade, permanência e usabilidade em nossas lembranças.[6] Na verdade, em 1970 o psicólogo americano Allan Paivio demonstrou que as imagens mentais facilitam o desempenho da memória de forma muito mais eficaz do que aquelas lembranças representadas apenas de forma verbal ou de modo abstrato. Por exemplo, alguns dos indivíduos do estudo de Paivio se lembravam de substantivos concretos como "vidro" mais facilmente do que substantivos abstratos como "valor", devido à maior informação transmitida por imagens mentais do que por palavras. Mais tarde, psicólogos experimentais como Stephen Kosslyn provaram que as imagens mentais podem ser usadas até mesmo para acessar a memória implícita – ou seja, memórias involuntariamente chamadas à mente para guiar o nosso comportamento, como quando dirigimos um carro ou ao sentar corretamente à mesa. E podem também alterar essas informações implícitas (o que, por sua vez, afetará o nosso comportamento).[7]

Desde o início, o foco dos magos renascentistas na imaginação como a faculdade cognitiva privilegiada para aproveitar o poder das forças naturais foi direcionado ao desenho de máquinas mecânicas mais inteligentes. A infinita variedade de mecanismos criativos abrangeu de lentes ópticas, magnetos e relógios para uso em astronomia a dispositivos médicos e auditivos, passando por rodas que giravam rapidamente, produzindo figuras distorcidas; cabeças de bronze capazes de falar; máquinas de pesagem hidrostática; mecanismos de movimento perpétuo; máquinas musicais; navios que podiam se mover sem velas ou remos; águias mecânicas para se comunicar com cidades sitiadas; e assim por diante. A ênfase na concepção engenhosa de dispositivos mecânicos dentro da magia natural – ou magia artificial, como foi chamada por alguns dos seus principais representantes, como o alemão Athanasius Kircher (1601-1680) e seu discípulo Kaspar Schott (1608-1666) – foi reconhecida como precursora da ciência e da tecnologia experimental pelo premiado historiador americano Lynn Thorndike (1882-1965). Na verdade, percorrendo as páginas de alguns dos livros de magia artificial mais representativos, como *Universal Magic of Nature and Art*, de Schott, pode-se identificar pelo menos 26 subdivisões da magia artificial mais parecidas com aplicações especulativas da mecânica.[8] Assim, a magia com espelhos é um estudo sobre a projeção de ilusões de óptica; o objeto da magia taumatúrgica são as máquinas, como engrenagens, carruagens sem cavalos, ciclômetros e esferas usadas em astronomia; e a magia hidrostática estuda por que o gelo flutua na água. Aqui, a aspiração intelectual é, claramente, tanto mecanicista quanto operante, e tal ênfase é bastante deliberada. De fato, nas páginas iniciais do *Universal Magic*, Schott introduz a "magia atual" como algo nem natural nem artificial ou proibido; então, ele promete acabar com a superstição a partir da magia natural e adverte contra a magia proibida, que implica um pacto explícito ou implícito com um demônio.

    No entanto, seria precipitado ver na magia artificial de Schott os métodos da ciência experimental mais tardia. A imaginação condicionada ainda é muito evidente como o primeiro método cognitivo subjacente aos mecanismos fantásticos e às especulações naturalistas de seu trabalho, pois estes são, na maioria, simples máquinas pictóricas e conjecturas mentais bem à frente da tecnologia de seu tempo. Assim, quando Schott, na seção do livro que fala da "magia estática", contempla os métodos de medição de peso sem instrumentos, ele não indica por que ou como essas novas abordagens funcionam. Em outra seção, ele apresenta mecanismos de levantamento de peso assombrosos, mas admite a sua incapacidade para resolver os problemas de resistência do peso que impedem a própria construção. Podemos considerar o belamente ilustrado tratado de Schott – publicado originalmente em quatro volumes entre 1657 e 1659 – como precursor dos métodos geométricos de Leibniz para "descrever máquinas inteiramente na imaginação"? Embora isso continue sendo uma especulação, os desenhos incríveis decorrentes da imaginação vívida de Schott levaram Lynn Thorndike, um proeminente historiador da ciência medieval do século XX, a perguntar: "Aquelas maravilhas que funcionam pela ação dos mágicos são reais ou apenas aparentes?"[9].

O professor de Kaspar Schott, Athanasius Kirchner, é considerado por alguns como o último homem da Renascença. Quando ele morreu, no fim do século XVII, o brilhante período do Renascimento estava no fim, anunciando uma nova era, quando o impulso mecanicista gerador da magia natural – tão diferente da contemplação religiosa que dominava a vida intelectual medieval – foi dando lugar rapidamente a novos princípios da ciência experimental. Esta última não era simplesmente um fruto da magia natural, porém um novo paradigma cognitivo desenvolvido sob a mesma vontade para operar as forças naturais que motivaram os magos renascentistas. Ainda havia muitos pontos de contato entre a magia natural do Renascimento e o método científico emergente. Não só algumas das ideias centrais da magia natural — como seus sistemas de memória artificial e o desenvolvimento sistemático de máquinas engenhosas — encontravam um lugar na nova ciência emergente, mas também alguns de seus primeiros representantes foram praticantes de magia natural. O inglês John Dee (1527-c. 1609), um talentoso matemático e cientista que também habitava o mundo da magia natural, é um exemplo típico. Mas é a figura de Leonardo da Vinci (1452-1519) que fornece o arquétipo de um mago da Renascença ao projetar máquinas fabulosas, fazer ciência experimental pioneira e criar obras de arte extremamente belas com igual facilidade.

É, talvez, no âmbito global e holístico da magia natural, com seu conceito de poder ilimitado da imaginação e de um cosmos vivo e interligado, que a personalidade universal e prodigiosamente heterogênea de Leonardo pode ser mais bem compreendida. Suas doutrinas filosóficas, nas quais Frances A. Yates reconheceu as menções explícitas à "Ermete Filosofo" e influências do Hermetismo ficiniano, de fato sugerem que Leonardo pode ter se referido a si mesmo como um mago renascentista.[10] Assim, de certa forma, tudo volta ao enigmático manuscrito *Corpus Hermeticus*, que Ficino traduzia para a língua latina quando Leonardo era apenas um garoto precoce de 12 anos.

⊷ A IMAGINAÇÃO COMO A MAGIA DA MENTE

Hoje sabemos que, longe de ter sido escrito sozinho por Hermes Trismegistus vários milênios antes da era cristã, havia, de fato, muitos autores por trás do *Corpus Hermeticus*, que o escreveram em diferentes datas durante os séculos I e II d.C. Essa foi uma época em que a *pax romana* estava no auge, levando ao desenvolvimento de cidades vastas, cosmopolitas e sofisticadas como Roma e Alexandria, para onde gravitavam todos os tipos de pensadores de cada canto do império romano, para criar um caldeirão intelectual inigualável. Os padrões de vida eram aceitáveis, e as estradas, excelentes, mas o anseio interior das pessoas já não se satisfazia com os deuses pagãos arcaicos e as filosofias racionais. Muitos procuraram novos significados, olhando para dentro por intermédio de experiências rituais subjetivas e intuitivas, que lhes deram um canal direto de acesso ao conhecimento essencial. Essa abordagem se desenvolveu em uma filosofia e um método cognitivo chamado gnosticismo antigo – derivado da palavra grega *gnosis*, significando o tipo de conhecimento e profunda compreensão adquiridos por meio de experiências diretas e subjetivas. Outra forma popular de procurar novas respostas no império romano do século II d.C. foi voltar-se para outros tipos de magia oriental, principalmente egípcia, caldeia, persa, judaica, indiana e chinesa, aos quais, devido às excelentes redes de comunicações e comércio, os assuntos romanos tinham acesso sem precedentes. Foi nessa atmosfera permissiva e mercurial que o *Corpus Hermeticus* foi criado, com seu cunho peculiar de gnosticismo clássico e magia oriental.

A magia natural, da forma como pensadores renascentistas como Marsilio Ficino e Giordano Bruno entendiam, pode ser rastreada até os contatos iniciais com uma ampla gama de doutrinas orientais que ocorreu durante os séculos I e II d.C., no âmbito do gnosticismo e sob a influência política do império romano. Durante esse tempo, Zoroastro, um lendário sacerdote da Pérsia (atual Irã), foi reverenciado pelos iniciados como o primeiro mago, cuja reputação ultrapassou até mesmo a de Hermes Trismegistus. Os magos da Renascença estavam plenamente conscientes disso. Aliás, na sua *Theologia Platonica*, Ficino confere a Zoroastro o primeiro lugar em sua genealogia de uma tradição ininterrupta de sabedoria antiga. Hermes Trismegistus é o próximo, seguido por Orfeu, Aglaophemus, Pitágoras e Platão (nessa ordem).[11] Zoroastro é o autor mítico do *Extant Avesta*, um trabalho volumoso no qual seu corpo do pensamento – coletivamente considerado como compreendendo a primeira doutrina da magia como tal – foi exposto e do qual restam hoje apenas alguns fragmentos.

Avesta (*avistâk*) também é o nome dado à língua mais antiga do ramo indo-europeu, originalmente do Irã oriental, mas hoje extinta como língua falada, que nos deu o termo *magh* – que significa "poder" – e que se tornou uma palavra-raiz para muitos termos do idioma inglês. São palavras como *magic, magician, magus, master* e *magister*, além de *magnificent, magnanimous, machine, machinist* e até *imago e image*. Será que "imaginação " – um termo de etimologia incerta – resulta igualmente da sugestiva palavra-raiz *magh*? Uma série de argumentos parece apoiar essa probabilidade. Por um lado, usar o termo imaginação para significar a faculdade humana de gerar grandes imagens mentais ficcionais (em referência às artes plásticas ou atividades literárias) é uma prática antiga e comum tanto na fala coloquial quanto na fala acadêmica. Por outro lado, como tem sido descrito, a duradoura tradição antiga de criar cenários mágicos nos quais se olha a imaginação como o primeiro poder cognitivo muito obviamente sugere uma forte ligação que vai além do puramente etimológico. A magia "boa" era, na verdade, considerada pelos magos renascentistas como a forma mais elevada de atividade humana (magnânima). Uma arte régia para o sábio e os iniciados (mago, mestre, professor), que tinha o poder de ver além das aparências enganosas do mundo material (imaginação), a fim de captar sua essência (imago) e manipulá-la segundo sua vontade por meio de vários dispositivos físicos (máquinas) e processos de transformação (mágica).

Os antigos ramos orientais da magia – sejam persas, egípcios, indianos ou chineses – foram semelhantes na crença da existência de múltiplos universos que compartilhavam uma pedra fundamental comum, sob a forma de uma substância essencial feita de luz e composta por palavras e imagens arquetípicas, que os magos hindus chamavam de *Akasha*. O mago poderia operar os processos transformacionais que deram à magia o seu nome por meio da captura e manipulação dessa substância primordial. Surpreendentemente, a ideia de uma essência luminosa compartilhada por um conjunto pluralista de universos está também presente em outras tradições, como no conceito peruano ancestral de *Illa Tecsi*, a luz cósmica primordial descrita por Hamawhta Wiraqocha, cujo perfil, retratado pelas antigas lendas dos Andes, se encaixa muito bem com o de um mago antigo. Como mencionado, a luz era também o material essencial dos fantasmas – as imagens que, segundo Aristóteles, foram gravadas em nosso cérebro para formar nossas memórias. Por sua vez, o termo fantasma deriva de *phaos*, palavra grega que quer dizer luz, que, significativamente, é também a raiz para *phantasia* (fantasia), que significa "imaginação" em grego. Em suma, não é difícil perceber, ao longo da história, uma tendência persistentemente forte, epistemológica e etimológica, ligando os mundos da "imaginação" aos da "magia", sendo esta última palavra entendida como o poder mental dos magos que conduziam suas habilidades para aproveitar as forças naturais segundo sua vontade. A magia natural e o gnosticismo dividiam a atitude cognitiva fundamental de tentar retratar interiormente o mundo exterior – provavelmente todo o cosmos. É dentro desse contexto que a importância fundamental atribuída por eles ao condicionamento da imaginação pode ser compreendida. Em contrapartida, os pontos de vista dos primeiros pensadores científicos europeus e filósofos do século XVII, tais como René Descartes (1596-1650), levavam exatamente na direção oposta, atraindo a mente para o mundo exterior. Não surpreendentemente, a ciência antiga aos poucos voltou as costas à imaginação como uma ferramenta cognitiva, dando início a uma tradição que considera a imaginação algo oposto ao pensamento racional, e que achou seu caminho em nosso discurso coloquial de hoje em dia. Na verdade, o costume de denegrir a imaginação como sendo *la loca de la casa* (a louca da casa) é comum na maioria dos países de língua espanhola, e aforismos semelhantes podem ser encontrados em muitas outras línguas ocidentais.

⟜ REVELANDO A SABEDORIA DOS LOUCOS

No entanto, a imaginação não se perdeu totalmente na ciência. Sua reabilitação dentro do paradigma científico teve lugar durante o século XX, em duas lentas etapas. Por um lado, o reconhecimento crescente de cientistas proeminentes, como o físico alemão Albert Einstein (1879-1955) e o psicólogo suíço Carl Jung (1875-1961), os quais acreditavam que a imaginação teve um papel crucial no desenvolvimento da ciência. As afirmações bem conhecidas de Einstein tornaram-se adágios populares:

A lógica o levará de A a B. A imaginação o levará a qualquer lugar.

A imaginação é tudo. É a antevisão das coisas que vamos atrair para a nossa vida.

O verdadeiro sinal de inteligência não é o conhecimento, mas a imaginação.

A imaginação é mais importante do que o conhecimento, porque o conhecimento é limitado ao que conhecemos e compreendemos agora, ao passo que a imaginação abrange o mundo inteiro. [12]

Embora os pontos de vista de Einstein sobre a imaginação devam ser tomados mais como anedóticos do que científicos, é importante notar que – e, em particular a última citação – poderiam ter sido tirados diretamente do *Corpus Hermeticus*. Os pensamentos de Jung sobre o assunto ressoavam fortemente as opiniões de Einstein, quando ele afirmava que:

Imaginação e intuição são vitais para a nossa compreensão. E embora a opinião popular comum seja de que elas são valiosas principalmente para os poetas e artistas (e que, em questões mais "sensíveis", uma pessoa deve desconfiar delas), elas são, de fato, igualmente vitais em todos os graus mais elevados da ciência. Aqui, elas exercem um papel importante, que complementa a função dos intelectos "racionais" e sua aplicação a um problema específico.[13]

Por outro lado, Jung fez muito mais do que Einstein, quando se tratou de garantir um lugar para o estudo da imaginação dentro da ciência moderna. Na verdade, ele desenvolveu uma teoria psicológica do *Self* (Eu), na qual as perspectivas, tanto do antigo gnosticismo quanto da imaginação, e suas próprias ideias sobre o inconsciente coletivo – ideias consideradas progressistas demais na época – desempenharam um papel central. De acordo com Jung, muitos transtornos mentais provinham de um Eu fragmentado, e, portanto, restabelecer a sua unidade – ou seja, "individuação" – foi o objetivo de sua terapia psicológica. Essa terapia é chamada de psicologia analítica, ou análise junguiana, e opera em vários níveis das dimensões inconscientes do paciente, incluindo os arquétipos mentais (que Jung definiu como imagens mentais primordiais, decorrentes do passado atávico comum da humanidade), símbolos (descritos como imagens mentais com significados para além das interpretações conscientes ou racionais) e sonhos. Alguns dos princípios centrais da psicologia analítica são profundamente influenciados pela bem conhecida tentativa de Jung de compreender e explicar o gnosticismo antigo – que ele via como estreitamente relacionado à alquimia – com base em um ponto de vista psicológico. Além disso, a técnica de imaginação ativa de Jung, que induzia fortes emoções para gerar imagens mentais do inconsciente, e estimulando o Eu criativo pela imaginação, exibem paralelos com as práticas do gnosticismo antigo e da magia natural quanto ao condicionamento da imaginação por meio de rituais que aumentavam as emoções mais profundas.

A perspectiva psicológica de Jung sobre a imaginação a considera como o conduto por meio do qual o Eu inconsciente encontra sua maneira de se libertar sob a forma de imagens mentais criativas que podem conduzir a ações deliberadas. No entanto, por mais pioneiras que fossem as ideias de Jung sobre a imaginação, faltava-lhes uma base teórica experimental neurológica e cognitiva que sistematicamente conectasse a formação de imagens no cérebro com a aquisição de conhecimentos e competências. Um dos primeiros a avançar nessa direção foi Stephen Kosslyn, psicólogo e cientista cognitivo de Harvard cujas teorias sobre a imaginação trouxeram o estudo das imagens mentais ao palco da ciência cognitiva, e cujo uso pioneiro das técnicas de ressonância magnética funcional deu a essas teorias uma base experimental crescente. Para Kosslyn, o uso que o cérebro humano faz das imagens mentais é uma técnica especial, mas não única, para a representação do conhecimento. Essas imagens não se originam necessariamente das percepções físicas, uma vez que nós, na essência, podemos imaginar qualquer coisa da qual gostamos, independentemente da sua existência real. As imagens mentais são representadas em dois níveis: primeiro, a imagem é gerada no cérebro; segundo, nós nos tornarmos conscientes de que essa imagem foi gerada e de que – embora irreal – podemos analisá-la como se realmente a tivéssemos visto com os nossos olhos. Essa dupla representação é bastante singular à imaginação, e Kosslyn demonstrou que funciona como uma função cognitiva, porque os objetos mentalmente visualizados mantêm as características inerentes dos objetos reais. Assim, é possível simular mentalmente situações físicas e reais para adquirir os conhecimentos e habilidades correspondentes sem precisar passar pela experiência real, com as vantagens associadas de poupar recursos, e assim por diante. Além disso, considerando que as imagens mentais tendem a ser estáveis, Kosslyn sugere que o cérebro estabelece modelos mentais como construções analógicas que modificam essas imagens para que se encaixem em tarefas cognitivas específicas. A imagem mental de uma ponte, por exemplo, é estável, mas o cérebro imagina uma série de diferentes modelos mentais dela, dependendo do que vamos fazer, se vamos criar uma nova ponte, se vamos derrubá-la ou se vamos simplesmente atravessá-la de bicicleta.[14] Na sequência das primeiras publicações de Kosslyn, um grande volume de evidências empíricas começou a se acumular ao longo das duas últimas décadas do século XX, que construiu as imagens mentais em uma área distinta da ciência cognitiva. A neuroimagem por ressonância magnética funcional mostrou que, enquanto a percepção sensorial é inconsciente, o processo do pensamento é uma função paralela e deliberada que envolve muitas áreas do lado superior do córtex pré-frontal do cérebro, em especial as áreas associadas com a lembrança, a imaginação, a atenção e a consciência. Danos ao córtex pré-frontal prejudicam a memória de uma pessoa e a capacidade de aprender com os erros, bem como a capacidade de controlar o próprio desempenho. Além disso, o conceito de memória de trabalho, desenvolvido por neurocientistas experimentais como o professor Alan Baddeley, da Universidade de Bristol, não apresenta nenhuma linha divisória clara entre uma memória e um pensamento. A memória de trabalho do cérebro, longe de funcionar como uma biblioteca para armazenamento de material de curto e longo prazos, na verdade consiste em uma função central de coordenação que recupera, organiza, combina e direciona a atenção para a informação recebida de dois sistemas de armazenamento temporário: um bloco de notas, que contém imagens visuoespaciais, e um circuito fonológico, que mantém informações acústicas e baseadas na fala.[15]

A neurociência cognitiva revelou os mecanismos corticais e subcorticais do cérebro, ativados tanto nas ações realizadas quanto nas ações imaginadas, demonstrando que as memórias e a imaginação são criadas pelos mesmos circuitos neurais ativados quando as coisas realmente acontecem. Uma teoria cognitiva, conhecida como hipótese da codificação comum, postula que esses resultados são possíveis devido à existência de mecanismos fisiológicos cerebrais capazes de juntar as percepções das ações com as ações reais. Essa teoria recebeu grande apoio por causa da descoberta de neurônios-espelhos em macacos, que eram disparados quando o animal agia e quando ele via a mesma ação sendo realizada por outro animal (especialmente um animal da mesma espécie). Atividade cerebral compatível com os neurônios espelhos foi encontrada em seres humanos, particularmente no córtex pré-motor e no córtex parietal inferior.[16]

Todas essas descobertas começaram a desvendar a função cognitiva da imaginação como um processo holístico profundamente enraizado, tanto nas experiências mentais quanto nas experiências reais, bem como nas interações sociais, uma visão que contrasta nitidamente com as perspectivas tradicionais e dualistas, mente e corpo. Os resultados empíricos psicológicos e neurocientíficos já registrados dão suporte a essa nova perspectiva. Por um lado, uma série de estudos bem documentados mostra que o uso de simulações imaginárias e mentais melhora a atuação nos esportes pelo aumento das habilidades motivacionais durante o desempenho em situações estressantes e, na verdade, incrementam a atividade muscular – embora este último registro tenha se limitado aos músculos relevantes para os movimentos imaginados. Da mesma forma, técnicas de movimentos motores imaginários são amplamente usadas para reabilitar pacientes cujo controle motor tenha sido prejudicado por um acidente vascular cerebral, bem como para treinar cirurgiões em procedimentos cirúrgicos complexos e para ensinar os pilotos a voar.[17] Os efeitos da aprendizagem motora das imagens não se limitam às atividades com componentes explícitos de ação; os psicólogos experimentais descobriram que, quando alunos do ensino fundamental e médio manipulam mentalmente ou agem sobre objetos descritos no texto que estavam lendo, eles mostram uma retenção significativamente maior e melhor de compreensão do texto em comparação com crianças que apenas leram o texto, sem simular mentalmente o seu contexto.[18] Por outro lado, os neurônios-espelhos são considerados cruciais para a compreensão e interação sociais, porque os estudos empíricos mostram que as pessoas conseguem aceitação empática significativa por parte de outros por inconscientemente imitar as posturas destes, a vocalização, o estado de espírito e seus maneirismos, pela sincronização dos seus próprios comportamentos com os deles. Além disso, os psicólogos experimentais sugerem que as pessoas possuem a capacidade de criar imagens do Eu distintas das demais, e que essa habilidade pode ser ampliada para reconhecer os estados mentais de outras pessoas como separados dos seus e vivê-los. Exercer essa capacidade – ou seja, usar a perspectiva do outro – permite que as pessoas mergulhem temporariamente nos pensamentos, sentimentos e estados mentais internos de outras pessoas e usem esse conhecimento para diversos fins. Significativamente, no entanto, esses investigadores advertem que possuir essa habilidade empírica de se colocar na perspectiva do outro é muito diferente de ser realmente capaz de utilizá-la. Uma série de barreiras mentais comuns prejudica a capacidade da maioria das pessoas de realizar essa ação.[19]

⚬— Imaginação Caprichosa

Em *La donna è mobile* ("A mulher é volúvel"), aquela famosa ária da ópera *Rigoletto* de Giuseppe Verdi, o mulherengo Duque de Mântua canta sobre a natureza mutável de uma senhora que ele ironicamente acaba revelando se tratar dele mesmo. Desde sua estreia em Veneza, em 1851, essa ária se tornou uma vitrine para os maiores tenores do mundo, que vão desde Enrico Caruso a Luciano Pavarotti, passando por Plácido Domingo e Juan Diego Flórez. Se você é como eu, as imagens mentais do seu tenor favorito cantando *La donna è mobile* podem ajudá-lo a se lembrar das evidências científicas mais recentes sobre a imaginação, retratando-a como uma variável mental que oscila caprichosamente entre os mundos da racionalidade, da emoção e do caráter.

Assim, por um lado, em seu livro intitulado provocativamente *The Rational Imagination*, a cientista cognitiva irlandesa Ruth Byrne demonstra que a forma como as pessoas imaginam alternativas para a realidade – a "imaginação contrafactual" –, na verdade, segue as mesmas regras do pensamento racional.[20] De acordo com Byrne e seus colegas, a imaginação contrafactual inclui pensamentos condicionais (especulações como em "O que aconteceria se Colombo não chegasse à América em 1492?"). Também inclui os pensamentos que conduzem à criação de novas instâncias de uma categoria com novos conceitos de combinação e discernimento. Byrne descobriu que, quando as pessoas imaginam possibilidades, elas raramente focam em alternativas remotas ou "milagres contrafactuais", tais como: "E se os incas estivessem armados com aviões de combate quando os espanhóis invadiram os territórios dos povos pré-colombianos no século XVI?". Em vez disso, eles seguem um número bastante razoável de princípios e heurísticas.

Por exemplo, as pessoas tendem a imaginar algumas alternativas verdadeiras para ações em vez de alternativas à inércia, e estas são quase sempre limitadas a apenas algumas das possibilidades que uma vez podem ter sido reais, mas agora deixaram de sê-lo. Se, por exemplo, Patrícia decide vacinar seu filho e a criança fica gravemente doente em virtude de uma reação alérgica à vacina, enquanto Brígida não vacina seu filho e ele fica muito doente ao contrair a nova doença, a maioria dos participantes das experiências de Byrne julga que Patrícia se arrependerá mais de sua decisão de vacinar o filho do que Brígida por não tê-lo vacinado. Byrne também descobriu que a maneira como as pessoas imaginam alternativas para a realidade é delimitada por suas crenças morais e éticas, e segue sua compreensão racional de obrigações e relações causais. Desse modo, quando se considera a história de um homem que não estava em casa quando sua mulher sofreu um derrame porque, depois do happy-hour habitual após o trabalho, ele sofreu um pequeno acidente de carro em um cruzamento, a maioria das pessoas tende a imaginar "Se ele não tivesse parado para tomar uma cerveja", em vez de se focar no caso excepcional de outro carro que surge no cruzamento exatamente ao mesmo tempo. Byrne também descobriu que, quando as pessoas imaginam novas instâncias de uma categoria, alguns aspectos da realidade são mais facilmente modificados do que outros. Isso acontece porque existe a tendência de se pensar sobre algumas características em termos de múltiplas possibilidades, enquanto outras são vistas como possibilidades únicas e, portanto, permanecem imutáveis. Quando desafiadas a imaginar um pássaro fantástico, por exemplo, as pessoas, na sua maioria, tendem a fazer variações em tamanho, forma e cor, mas raramente imaginam aves sem olhos ou aves que nadam em vez de voar (embora os pinguins façam isso). Da mesma forma, as pessoas costumam combinar conceitos por misturar o mais mutável aspecto de um conceito com as características mais imutáveis do outro. Assim, as "sabiá" serpentes tendem a ser imaginadas ou como cobras com os peitos amarelados ou como cobras que comem sabiás; um "peixe cacto" é geralmente visto como um peixe que tem espinhos, e assim por diante.

Por outro lado, embora a palavra "racional" possa ser definida sob outra perspectiva, Byrne e seus colegas também descobriram uma ligação bidirecional entre a imaginação contrafactual e as emoções. Em primeiro lugar, aquilo que as pessoas imaginam realmente pode depender de fortes emoções – como satisfação, culpa, medo – decorrentes dos julgamentos sociais atribuídos a possíveis alternativas. As pessoas fantasiam sobre suas mães ganhando o prêmio da loteria e não como guardas voluntárias num campo de concentração nazista em 1944. Em segundo lugar, os pensamentos sobre o que poderia ter acontecido parecem amplificar certas emoções, como esperança, expectativa, tristeza, vergonha ou alívio, consideradas emoções contrafactuais.

Mais incisivamente, as emoções também podem ajudá-lo a viajar mentalmente em direção ao futuro. Imagine-se passando algum tempo com um desconhecido e com um parceiro romântico. Em que situação você esperaria sentir-se mais feliz? Nesse experimento, a psicóloga social Elizabeth W. Dunn verificou que a maioria das pessoas espera ser mais feliz depois de um tempo interagindo com um parceiro romântico e não com alguém que acabaram de conhecer. Mas o contrário aconteceu na realidade, porque os indivíduos do estudo tentaram ser mais charmosos e agradáveis com a pessoa estranha, e isso a fez sentir-se muito bem.[21] Essa linha de pesquisa experimental levou os psicólogos a postular a existência de sistemas experienciais e racionais como dois sistemas de processamento de informações distintos e com funcionamento paralelo. Considerando que o sistema racional é altamente analítico, flexível e eficiente no processamento de ideias abstratas e números, o sistema experiencial é mais antigo, orientado para as emoções, e holístico na integração principalmente de informações concretas decorrentes até mesmo de pequenos eventos.[22] Dunn concluiu que o sistema experiencial é capaz de prever com precisão como as pessoas se sentirão ao imaginar situações futuras, que podem ter um impacto óbvio na sua tomada de decisão. O problema é que, muitas vezes, as pessoas deixam seus sistemas racionais obstruírem o caminho de suas previsões, tendo uma abordagem altamente analítica ao imaginar suas reações emocionais a eventos futuros. Somente quando os objetos do estudo são lembrados de adotar uma abordagem mais contextualizada e holística – impedindo que os detalhes se desvaneçam em segundo plano – conseguem fazer com que as previsões e as experiências reais convirjam.[23]

William Klein e Laura Zajac, psicólogos da Universidade de Pittsburgh, realçam os traços de personalidade como outro fator importante na forma como as pessoas imaginam o futuro. É sabido que as pessoas inerentemente otimistas – o que Klein e Zajac chamam de otimistas disposicionais – tendem a imaginar o futuro de modo mais positivo do que os pessimistas, e isso tem consequências importantes na saúde física e mental, na produtividade individual e no processo de tomada de decisões. No entanto, algumas pessoas demonstraram simultaneamente altos níveis de otimismo e pessimismo em diferentes conjuntos de questões, sugerindo que essas características não são necessariamente opostas, mas simplesmente refletem altos níveis de envolvimento emocional. O otimismo disposicional também varia, dependendo do contexto. Por exemplo, as pessoas geralmente se mostram menos otimistas depois de um ataque terrorista e mais pessimistas na presença de dados verificáveis e *feedbacks* ameaçadores, como quando enfrentam os resultados de um teste de HIV feito logo após terem mantido relações sexuais desprotegidas com uma pessoa relativamente desconhecida.

As pessoas podem desenvolver ou aumentar o otimismo com o passar do tempo? Estudos mostram que essa é uma dimensão estável da personalidade difícil de mudar e, provavelmente, hereditária. Mesmo quando os otimistas são instruídos e convidados a formar imagens mentais de pessoas que enfrentam situações de elevado risco para a saúde (tais como os decorrentes de ataques cardíacos, excesso de peso, problemas com bebidas e similares), eles muitas vezes mantêm e às vezes até mesmo aumentam seu ponto de vista otimista em relação a essas questões.[24] Embora a pesquisa empírica com vistas às possíveis mudanças no otimismo em uma população saudável ainda estivesse em seu início em 2009, a formação de atribuição de características às ideias é considerada por diversos psicólogos como uma forma promissora de promover um otimismo realista dentro das organizações. Ao alterar as crenças pessimistas e os padrões de atribuição na mente dos trabalhadores, enquanto desenvolve sua capacidade de fornecer e aceitar *feedbacks* realistas sobre o que funciona e o que não vem dando certo, os líderes podem gerar um otimismo contagiante dentro da organização, sem criar falsas expectativas ou melhoras de desempenho superficiais.[25]

No geral, apesar das regularidades observadas no modo como nós imaginariamente viajamos para o passado e para o futuro, os psicólogos experienciais salientam que as pessoas diferem muito na maneira como imaginam as alternativas para a realidade. Estados emocionais individuais e níveis de motivação, traços de personalidade específicos – bem como diferenças cognitivas em relação às capacidades linguísticas, espaciais, observacionais e de memória operacional, as quais resultam da predisposição natural das pessoas e de suas experiências de vida – levam alguns indivíduos a imaginar alternativas à realidade de formas radicalmente diferentes – por vezes, opostas à maioria das abordagens dos outros. Assim, por exemplo, uma minoria de indivíduos testados em experimentos sociais foi consistentemente identificada como pessoas adeptas a imaginar possibilidades remotas e cenários futuros improváveis; de gerar expectativas e ideias inesperadas; de ser capaz de uma imensa compreensão ao se aprofundar nas perspectivas de outros; de prever seus sentimentos com precisão em situações futuras, e de continuar otimista em face de eventos angustiantes, de dados verificáveis, de *feedbacks* ameaçadores, e assim por diante.

Os reinos da imaginação

Não surpreende que, como resultado das pesquisas psicológicas inovadoras e da neurociência, que começaram em meados dos anos 1970 (e que eu resumi brevemente aqui), qualquer definição científica do século XXI sobre a imaginação está firmemente enraizada em um quadro cognitivo. Deixando de lado a expressão "o louco na casa", as definições psicológicas mais contemporâneas da imaginação a descrevem geralmente como uma das "funções mentais superiores", que "envolve a combinação sintética de aspectos de lembranças ou experiências numa construção mental que difere da realidade percebida do passado ou do presente e pode antecipar a realidade futura". De modo mais incisivo, a mesma definição também reconhece que "o imaginário desempenha um papel importante na emoção, na motivação, no comportamento sexual e em muitos aspectos da cognição, incluindo aprendizagem, aquisição da linguagem, memória, resolução de problemas e percepção".[26]

Além disso, definições científicas mais populares da imaginação a retratam como "a capacidade de formar imagens mentais, sensações e conceitos em um momento em que eles não são percebidos pela visão, pela audição ou por outros sentidos", ou ainda tendem a caracterizá-la com declarações que se parecem com os populares aforismos de Einstein sobre a imaginação:

> A imaginação é uma faculdade fundamental pela qual as pessoas compreendem o mundo, e desempenha um papel-chave no processo da aprendizagem.
>
> A imaginação ajuda a dar sentido à experiência e compreensão do conhecimento.
>
> A imaginação é a faculdade por meio da qual encontramos tudo.[27]

As definições científicas modernas sobre a imaginação distinguem duas grandes categorias de fenômenos mentais – uma taxonomia já reconhecida por antigos filósofos, como Platão. Por um lado, há o que se pode chamar de imaginação fantasiosa, envolvendo grande parte da geração de imagens mentais imitativas de eventos passados. E por outro, existe a imaginação criativa – uma faculdade que exercemos sempre que sonhamos com o futuro, por exemplo –, que envolve a reestruturação mental das impressões sensoriais que podem diferir da realidade em maior ou menor extensão.

É claro que o estudo da imaginação criativa continuará a evoluir no campo da ciência moderna por meio de novas informações sobre a capacidade do ser humano de produzir significados conscientes. Embora essa área seja crucial para entender a nossa capacidade de imaginar o futuro – e de lidar com o mundo externo da maneira como o fazemos –, ela atraiu pouca atenção durante o século XX. Então, às vésperas do século XXI, pesquisadores como o psicanalista e psiquiatra Arnold Modell, de Harvard, argumentaram que a investigação cognitiva deve ir além das clássicas explicações representacionais, para justificar as profundas fontes biológicas da imaginação encontradas em metáforas de significados inconscientes.[28] A metáfora, por ser uma função cognitiva mental, envolve a transferência dinâmica de significado entre domínios diferentes, o que nos permite alcançar o equilíbrio em um mundo externo em constante mudança, bem como nos deixa exercer o pensamento criativo, lidar com as emoções e superar traumas psíquicos. Assim concebido, o processo psíquico da metáfora pode estar no cerne da nossa capacidade de imaginar futuros. Modell encontra apoio para esse ponto de vista com base na elaboração de um conjunto eclético de disciplinas científicas e descreve como a imaginação é reforçada pela empatia e por realmente provocar nos outros aqueles tipos de comportamentos que imaginamos para eles.

Com a imaginação assumindo firmemente um papel visível dentro dos domínios da ciência tradicional, a nossa busca histórica por ela provavelmente esteja próxima ao fim. Durante bem mais de dois milênios o panorama da imaginação mudou drasticamente do antigo gnosticismo e da magia natural para a ciência moderna, engajando a mente, o coração e os esforços de um improvável elenco de personagens que abrange desde os antigos filósofos e magos da Renascença até os artistas, os dissidentes sociais, os donos do poder e os cientistas experimentais de todos os tipos e eras. No entanto, apesar de uma coleção tão vasta e díspar de fontes, um padrão coerente emerge ao longo da história mundial, conectando a notável capacidade humana de formar imagens mentais ao seu impacto decisivo na formação de nosso destino por meio da captura das imagens mentais que atraem nossas emoções, melhoram nossa compreensão e inspiram nossas ações. Não surpreendentemente, os filósofos antigos, os magos renascentistas e os cientistas modernos foram igualmente seduzidos pelo poder cativante da imaginação de criar futuros mentais incríveis e nos ajudar a libertá-los.

Ao compreender como desbloquear essa energia positiva, descobri que indivíduos e organizações extraordinariamente bem-sucedidos desencadeiam mais ou menos deliberadamente um processo único de imaginação que entrelaça fios mágicos naturais com a ciência e pode ser explicado por qualquer um dos dois. No próximo capítulo examinaremos como esse processo é trazido à vida.

Liberte o mago interior

O mundo mais belo é sempre aquele que está dentro da imaginação.
Helen Keller (1880-1968)

Eduardo e Mirtha Añaños não podiam acreditar que os terroristas do implacável *Sendero Luminoso* (Caminho Luminoso) tinham arrasado a fazenda de sua família. Enquanto eles contemplavam os destroços de uma vida de trabalho, o *Sendero Luminoso* cercava a cidade natal da família Añaños, Ayacucho, depois de assegurar o controle sobre a maioria das áreas adjacentes naquela acidentada região central andina do Peru. A cidade inteira se tornou uma ferida aberta naquele fatídico ano de 1988. As pessoas eram assassinadas todos os dias, e os sobreviventes estavam com os nervos à flor da pele. Alimentos e medicamentos eram escassos. Lima – capital do Peru, e a maior cidade do país – nunca pareceu tão longe, com os acessos cortados pelas forças terroristas assassinas e pela quase intransponível e majestosa Cordilheira dos Andes. O futuro era sombrio.

Ayacucho era, em 1988, um lugar improvável para se descobrir o poder positivo da imaginação em ação. No entanto, como todas as pessoas na cidade sitiada, nesse ano, Carlos Añaños, químico e caçula dos seis filhos de Eduardo e Mirtha, notara, entre a escassez geral, a ausência total de refrigerantes, já que o *Sendero Luminoso* forçou a Coca-Cola e todas as outras marcas a deixar Ayacucho. Ele conversou com seus pais e com Jorge, seu irmão mais velho, pois este trabalhava com distribuição de uma cerveja local, e juntos eles detectaram uma oportunidade. Eduardo disse-lhes: "Precisamos pensar grande: criar a maior empresa de refrigerantes do Peru". A família decidiu permanecer em Ayacucho para viver seu sonho. Eduardo vendeu seus equipamentos agrícolas por US$ 8.000 e hipotecou suas terras a um banco para obter mais US$ 22.000. Com esse dinheiro, Jorge criou uma unidade de engarrafamento rudimentar no quintal de sua nova casa, e Carlos passou a trabalhar no desenvolvimento de uma "fórmula secreta" muito semelhante à da Coca-Cola.

Quando chegou ao mercado no final de 1988, a Kola Real foi um sucesso instantâneo. O novo refrigerante vinha em garrafas recicladas de cerveja entregues às lojas por *ayacuchanos* com fome de dinheiro e ansiosos para ganhar a vida nesses tempos de incerteza. Não houve despesas com publicidade (eles nem tinham como pagá-la), e assim a nova bebida confiou na publicidade boca a boca. Funcionou. No entanto, o fator decisivo foi o slogan *"calidad a precio justo"*, impresso no rótulo. A Kola Real oferecia uma garrafa de dois litros de refrigerante de boa qualidade pela metade do preço que a Coca-Cola cobrava por uma garrafa pequena. Os clientes adoraram. Carlos observou:

> A maioria de nossos clientes nunca experimentara um refrigerante antes. Eles não tinham recursos para comprar as grandes marcas, mas eram a maioria da população. Com

nossos produtos, eles se tornaram parte do mercado. Nossa missão era expandir o mercado, não lutar contra ninguém ou nos tornarmos o número um. Todo mundo foi vencedor com essa abordagem, até mesmo as grandes marcas.

O que se seguiu foi uma década de crescimento espetacular no mercado local, mas então a Coca-Cola começou a prestar mais atenção aos acontecimentos. Com sua recente aquisição Inka Cola – que deu à empresa 80% do mercado peruano –, ela declarou uma "guerra de cem dias" contra a Kola Real no início de 1999, com o objetivo de sufocá-los por meio de uma publicidade agressiva e redução de preços. Quando o conselho da Kola Real – que agora compreendia a família Añaños inteira – se reuniu para enfrentar esse desafio, um novo Peru estava emergindo das cinzas e a caminho de se tornar uma das estrelas econômicas da América Latina. Diz Carlos:

> Paradoxalmente, essa situação obrigou-nos a avaliar a internacionalização da empresa. Poderíamos investir na batalha por um maior crescimento no Peru, o que representava menos de 1% do mercado latino-americano, ou ingressar em mercados semelhantes aplicando a mesma fórmula.

Dessa vez, foi Mirtha quem declarou: "O planeta Terra é enorme". Seu sonho de replicar o sucesso da Kola Real em mercados estrangeiros similares aos do Peru, de fato, abrangia mais de dois terços da população mundial. A família de Mirtha compartilhou com ela esse sonho. Em 1999, o Grupo AJE, uma nova *holding* da família Añaños, conseguiu ganhar uma fatia de 10% do mercado venezuelano em seu primeiro ano de operação. Em 2001, foi a vez do Equador.

Mas o verdadeiro teste veio em 2002, quando a família Añaños decidiu ingressar no mercado mexicano. Com quase US$ 15 bilhões, o México era o segundo maior mercado de refrigerantes do mundo naquele momento. Também era a joia da coroa da Coca-Cola, que obtinha 11% do total de suas vendas e lucros no país, controlando mais de dois terços do mercado mexicano e dominando os seus vastos canais de distribuição (como a filial mexicana do Wal-Mart). Mas o Grupo AJE sabia que 75% da distribuição do México ainda era realizada por pequenos restaurantes gerenciados pelas famílias e decidiu concentrar-se nesses estabelecimentos com a mesma fórmula de *"calidad a precio justo"* e uma operação que verdadeiramente não dava lugar a supérfluos. Quando a "Big Cola" do Grupo AJE, produzida em sua recém-inaugurada e moderníssima fábrica em Puebla, conseguiu monopolizar 5% do difícil mercado mexicano em menos de dois anos, a empresa fez manchetes internacionais e tornou-se um estudo de caso nas escolas de administração e negócios dos Estados Unidos. A estratégia de globalização e de adaptação aos mercados locais da empresa estava de fato mudando os planos de gigantes como Coca-Cola e Wal-Mart, e seu sucesso continuou inabalável quando eles ingressaram no mercado costa-riquenho em 2003, na Tailândia em 2006, e na Colômbia em 2007, dobrando a participação da Big Cola no mercado mexicano para 10% por volta de 2007. Em 2008, a despeito de uma recessão global na economia, o crescimento do Grupo AJE atingiu 25% da receita global, tornando-se o maior produtor de bebidas de baixo custo na América Latina e o segundo maior produtor de bebidas do continente. Em 2009 era difícil prever qualquer interrupção no sucesso da empresa, uma vez que os grandes varejistas vendiam cada vez mais as marcas de baixo preço e bebidas gaseificadas em todos os lugares, da Alemanha e do Reino Unido até o Brasil, a Polônia e a China. Tal como no sonho de Mirtha, o planeta Terra é, de fato, um lugar enorme.

IMAGINANDO O FUTURO

Quando conheci Carlos Añaños em 2006 em sua fábrica da Kola Real no distrito industrial do norte de Lima, sugeri a ele que fora o *Sendero Luminoso*, curiosamente, quem havia permitido à família Añaños viver seu sonho. Mas Carlos me contou uma história diferente. Ele me disse que, quando a Kola Real já provava ser um sucesso, um de seus irmãos participou de um curso de estratégia empresarial em uma prestigiosa faculdade. Lá, aprendeu que os novos empreendimentos devem analisar os seus "pontos fortes, pontos fracos, ameaças e oportunidades" com antecedência. Quando o curso terminou, ele foi tentar aplicar essas lições na Kola Real. Foi-lhe fácil identificar a oportunidade inicial de sua família em 1988, quando o *Sendero Luminoso* transformou involuntariamente Ayacucho no mercado ideal para fazer vingar todos os tipos de novas marcas de consumo. Da mesma forma, a coluna denominada "ameaças" foi rapidamente preenchida com os nomes das grandes marcas de refrigerantes, ao lado do *Sendero Luminoso*. A lista de deficiências foi particularmente fácil de concluir, uma vez que, quando a Kola Real começou, não possuía recursos estratégicos sob a forma de conhecimento do setor, poder financeiro, tecnologia, experiência de gestão, e assim por diante. Mas, por mais que tentasse, ele não pôde identificar todos os pontos fortes. Pediu ajuda aos membros da família, mas sem sucesso. A coluna denominada "pontos fortes" manteve-se teimosamente vazia. Frustrados, mas "apenas para evitar que continuasse vazia", disse Carlos, os irmãos escreveram os seguintes pontos fortes: "capacidade de sonhar" e "determinação".

Acidentes e circunstâncias fortuitas, sem dúvida, deram um avanço ao novo empreendimento da família Añaños. Mas outras pessoas tiveram a mesma oportunidade. De fato, durante os trágicos acontecimentos da década de 1980, um amplo leque de marcas locais de consumo que vão desde artigos de higiene até alimentos surgiu em Ayacucho. Algumas delas ainda podiam ser encontradas em lojas da cidade em 2009. Mas nenhuma dessas marcas chegou até Lima, para não falar nos mercados internacionais. O que faz a Kola Real ser uma vitrine extraordinária do poder da imaginação em ação é que ela demonstra a diferença entre determinados indivíduos com a capacidade de "sonhar" – isto é, a capacidade de criar o futuro – e o resto. Essa é uma diferença que encontrei várias vezes em muitas outras pessoas e organizações extraordinariamente criativas e bem-sucedidas em todo o mundo.

Em primeiro lugar, a capacidade de sonhar significa acalentar um sonho tão obsessivamente e com tanto fervor que motiva as pessoas a agir positivamente, de forma ousada e consciente, a fim de realizar esse sonho. Isso é nitidamente diferente do devaneio fantasioso, no qual às vezes mergulhamos e que não se traduz em ações positivas, levando-nos a tomar medidas inconsequentes. Em vez disso, o que Carlos Añaños claramente tinha em mente quando identificou a capacidade de sua família de sonhar com uma força fundamental por trás do sucesso improvável da Kola Real foi a capacidade de imaginar um futuro novo, e tão apaixonadamente que poderia inspirar um grupo de pessoas com coragem de eliminar os obstáculos e encontrar maneiras criativas de transformar suas imagens mentais em realidade. Em junho de 2008, quase exatamente 20 anos depois de a Kola Real iniciar suas atividades no quintal da família Añaños em Ayacucho, o irmão de Carlos, Ángel Añaños, como presidente da multinacional Grupo AJE, partilhou com um grupo de empresários peruanos sua crença no poder real que essa capacidade de sonhar teve para criar futuros impensáveis:

> Eu desejo que hoje todos nós saiamos desta sala com um sonho. Ou, se já temos um sonho, desejo que todos nós trabalhemos muito para conseguir realizar nosso sonho. Saiam daqui com um sonho; se você ainda não tem um, trabalhe duro para conseguir o maior e mais belo sonho que possa ter e construa-o. Não só para você, mas também para seus filhos, a melhor coisa a fazer é acalentar um grande sonho.[1]

E em março de 2009, falando a 1.200 formandos em uma prestigiosa faculdade de administração e negócios peruana, Ángel Añaños insistiu novamente na importância crucial dessa capacidade de sonhar:

A mente gera a semente, o sonho é como a árvore que nasce dela, e as raízes da árvore são a sua paixão, que tira o seu sustento da terra. Atreva-se a dar o primeiro passo já pensando no próximo, ouse realizar seus sonhos.

Em segundo lugar, a capacidade de sonhar significa ser capaz de, corajosamente, condicionar a imaginação para formar imagens de esperança no futuro, mesmo diante da adversidade mais extraordinária. Se você morasse em Ayacucho em 1988 e olhasse com agudeza o desastre que fora a última década, suas imagens mentais do futuro provavelmente teriam se desenvolvido em cenas vívidas de uma fuga rápida. Na verdade, a maioria dos *ayacuchanos* simplesmente partiu para Lima, durante o final dos anos 1980, transformando vastas áreas da cidade em campos de refugiados. A família Añaños era diferente. Eles poderiam ter deixado Ayacucho em 1988 e recomeçado a vida em Lima ou em outro lugar com os US$ 8.000 que Eduardo conseguiu com a venda do equipamento agrícola da família. Em vez disso, decidiram partilhar os seus sonhos de criar a maior empresa de refrigerantes do Peru. E viram uma abertura ideal em Ayacucho, com a introdução de um novo tipo de refrigerante: um do qual toda a população peruana pudesse desfrutar. Não quer dizer que eles próprios tenham se isolado dos problemas de seu país – eles não podiam fazer isso, e não o fizeram. Quer dizer apenas que, em 1988, a família Añaños corajosamente impediu que as emoções sombrias fossem uma força esmagadora contra seus projetos. Em vez disso, eles permitiram que as imagens positivas de uma empresa inteiramente nova de refrigerantes capturasse sua imaginação. A capacidade de Eduardo Añaños de manter a cabeça fria em momentos de desespero, mas atenta o suficiente para perceber as oportunidades reais, foi algo que se revelou particularmente decisivo para sua capacidade de sonhar e de compartilhar o sonho com sua família.

Em terceiro lugar, a capacidade de sonhar é "sonhar grande", com um sentido de urgência ligado a ela. É fácil perceber que em Ayacucho, no final de 1980, a simples luta pela sobrevivência fornecia, tanto aos Añaños quanto a muitos outros empresários improvisados, a motivação para viver seus sonhos rapidamente, lançando-se imediatamente no mercado com uma série de produtos desesperadamente necessários à população local. Aqui, a principal diferença entre a família Añaños e o restante foi a de que aquele sonho foi, desde o início, um sonho muito maior, pois ele nasceu não só da necessidade de sobreviver, mas também da aspiração de criar algo inteiramente novo. Então, eles tinham um senso de urgência diferente e um conjunto múltiplo de prazos apertados atrelados a seu sonho. Como resultado, em 1991 a Kola Real abriu uma segunda fábrica em Huancayo, cidade vizinha, nos Andes centrais do Peru; em 1993 inaugurou uma terceira fábrica em Bagua, na selva amazônica; em 1994 foi a vez de Sullana, nas regiões costeiras do norte do Peru; e em 1997 a Kola Real chegou a Lima, a cidade grande. Quando a família Añaños foi desafiada pelas grandes marcas em Lima, ela caracteristicamente reagiu à adversidade ao sonhar ainda mais, dessa vez em uma escala de "planeta Terra". Mas a maioria dos outros empreendimentos que, uma década antes, foram lançados simultaneamente com a Kola Real ou desapareceu ou nunca foi muito além de Ayacucho.

Em quarto lugar, a capacidade de sonhar significa manter a mente livre de preconceitos largamente partilhados que – de forma genuína ou apenas aparentemente baseados na lógica – filtram as imagens mentais da maioria das pessoas, permitindo a passagem somente de imagens estreitas, projeções escassas do passado no futuro. O cenário socioeconômico aterrador de 1988 significava que o Peru simplesmente não era o local ideal para novos empreendimentos de bens de consumo. Com uma população relativamente pequena, mesmo para os padrões latino-americanos, o negócio principal do Peru fora historicamente baseado em recursos naturais que iam da mineração e da pesca aos produtos agrícolas. Além disso, com quase dois terços da população vivendo abaixo da linha de pobreza, o mercado peruano para bens de consumo era pequeno e, rapidamente, vinha encolhendo ainda mais. Além de tudo isso, historicamente, o mercado peruano de refrigerantes era um longo duopólio firmemente controlado pela Coca-Cola e pela Inka Cola. É muito difícil imaginar que muitos empresários racionais sonhassem "grande" em tal cenário. No entanto, a capacidade da família Añaños de sonhar virou de cabeça para baixo essa suposta racionalidade. Eles simplesmente foram capazes de enxergar que, mesmo com uma população angustiada e cuja renda encolhia, as bebidas de alta qualidade a um baixo custo poderiam alcançar um crescimento espetacular no Peru – e mesmo fora do país. Esse é um ponto muito importante. Em 1988, a família Añaños poderia simplesmente ter sido oportunista e colocado seu produto a preços iguais aos das então ausentes Coca-Cola e Inka Cola. Muitos outros empreendedores de primeira viagem de Ayacucho fizeram exatamente isso em setores diferentes, conseguindo grandes ganhos de curto prazo. Mas não a família Añaños. Desde o início, eles decidiram construir a maior empresa de refrigerantes do Peru, uma empresa que iria expandir o mercado, porque todos poderiam comprar seus produtos. Seu sonho era, de fato, a criação de um novo futuro – uma grande mudança a longo prazo – em vez de sobreviver de forma oportunista ao viver um sonho dentro de estreitas projeções "racionais" do *status quo* do Peru de 1988.

Finalmente, a capacidade de sonhar significa usar os próprios olhos e a própria imaginação para observar o que já existe ao nosso redor e criar o futuro como resultado disso, em vez de tentar prevê-lo objetivamente. Em 1988 e novamente em 1999, em vez de serem contagiados pelo pessimismo subjacente à maioria das previsões sobre o futuro, a família Añaños visivelmente agiu com base em observações subjetivas e imprimiu em seus sonhos sobre o futuro seus próprios valores pessoais, seus traços de caráter e suas experiências ao longo da vida.

Filho de Nivardo Añaños, Eduardo cresceu em Patibamba, a fazenda da família localizada nas zonas temperadas de Ayacucho, província de San Miguel. A cunhada de Eduardo havia se casado com Amaniel Castro, um personagem pitoresco que criou a primeira empresa de engarrafamento de San Miguel. Devido ao fato de ter conhecido Amaniel durante a década de 1970, Eduardo desenvolveu interesse pelo negócio de refrigerantes. Durante a mesma década, a família Añaños mostrou o velho estilo de valores de resistência, típicos de uma determinada classe de peruanos proprietários de terras, quando, na sequência de uma reforma agrária pelo regime autoritário do general Juan Velasco Alvarado, Nivardo se recusou a abandonar suas terras e, em vez disso, a distribuiu em parcelas menores entre os filhos. Foi assim que Eduardo conseguiu seu pedaço de terra – e, provavelmente, seu senso de determinação também. Como *ayacuchanos* proprietários de terras completamente provinciais, o clã Añaños também manteve, durante toda a vida, interação com a população rural de baixa renda, diferentemente da maioria dos educados gestores e empresários das áreas urbanas do Peru, que não tinham esse contato e nem sequer mostravam qualquer interesse real em desenvolvê-lo. Portanto, em 1988, a ideia da família Añaños de que a população rural de baixa renda do país estava pronta para se tornar consumidora potencial era algo que ela identificou por experiência própria, mas inimaginável para os empresários urbanos do Peru. Mais tarde, em 1999, a família Añaños desafiou novamente a sabedoria convencional do mundo dos negócios ao agir, com sucesso, com base na ideia impensável de que uma empresa de refrigerantes que viera de um mercado absurdamente pequeno poderia crescer rapidamente e atingir o status internacional da Coca-Cola em seu próprio território.

◦━ CRIANDO O FUTURO

É bastante óbvio que mesmo o sonho mais impressionante não tenha nenhum valor real além das próprias emoções individuais do sonhador. O que nos dá a capacidade de sonhar o poder de criar o futuro é, para usar as palavras de Carlos Añaños, a determinação. Aqui, o significado é claramente a "inabalável vontade e firme resolução" que você encontrará no dicionário. Vamos agora dar uma olhada na raiz da palavra "resolução", que destaca três características centrais do processo de criação do futuro, que eu encontrei no trabalho de indivíduos criativos e nas organizações mais bem-sucedidas em todo o globo.

A palavra resolução deriva do verbo latino *resolvere*, que, por sua vez, nos leva à palavra-raiz *solvo*, ou seja, solucionar ou afrouxar. Em inglês as palavras *solution*, *absolution*, *solve* e *dissolve* (solução, absolvição, solucionar e dissolver) derivam todas dessa raiz, no sentido da solução de um problema ou de afrouxar uma situação. Agora, quando os antigos romanos anexaram o prefixo *re-* a um verbo, eles – como nós – tinham a intenção de acentuar fortemente a ação. Em outras palavras, o verbo *resolvo* significa "esclarecer muitas vezes", e o termo latino *resolutio* relacionado a ele significava – geralmente dentro da matemática – a decomposição dos elementos de um problema em partes mais simples e várias vezes, até que o problema fosse resolvido.

Da mesma forma, o processo subjacente à criação do futuro é uma mostra da vontade individual e da resolução organizacional em três formas principais. Primeiro, eu descobri que o processo é iterativo e não limitado ao longo do tempo. Em segundo lugar, o processo tem elementos que fornecem informação constante em cada etapa e em cada iteração até que todos os problemas sejam resolvidos, fazendo que a equipe ou a organização fique pronta para o próximo ciclo. Em terceiro lugar, em todo o processo iterativo e ilimitado, é a vontade constante dos indivíduos e dos membros da equipe que leva esse processo a cabo, o que dá um sentido claro de direção para aquele futuro que foi sonhado em primeiro lugar.

O processo para criar o futuro é desdobrado pelas sete chaves da imaginação apresentadas no prefácio deste livro, proporcionando uma sequência ordenada de estágios. O processo todo pode ser dividido em três fases.

Em primeiro lugar, encontramos o *imaginário*, ou a capacidade aplicada de imaginar o futuro. Como ilustrado na seção anterior, um grande sonho é geralmente evocado primeiro por um único indivíduo – ou apenas algumas pessoas – que o transformará em uma missão com propósito.

Em segundo lugar, a missão é partilhada com outros para formar uma equipe que realiza a fase de *consolidação* do seu grande sonho. Isso é conseguido por meio de um processo criativo mais deliberado, que apresenta os compromissos específicos para gerar um protótipo inicial do que foi realizado até aquele ponto, não mais do que uma missão comum e uma imagem mental do futuro compartilhada. De modo geral, essa consolidação é um processo baseado na equipe, um processo iterativo e híbrido, de experimentação criativa, que combina pura imaginação com aplicações tecnológicas concretas e parâmetros econômicos bem definidos, a fim de gerar esse protótipo dos grandes sonhos da equipe. (Por "pura imaginação" entende-se a predisposição mental *trade-on* da equipe de imaginar ideias que conduzam a um protótipo muito radical, que gera valor para o cliente a um custo reduzido.)

Por último, a fase de *transformação* do processo permite que o protótipo recém-nascido venha a crescer em maturidade, em uma escala muito maior. Em seu núcleo, a transformação é uma fase de resultados, orientada para a inovação, geralmente envolvendo um conjunto de funções organizacionais de trabalho sistemático, uma abordagem clara, tecnológica e econômica capaz de liberar as sucessivas gerações do novo protótipo em momentos adequados e em grande escala. Quando se aprofunda na sequência de um grande sonho para o futuro – e seus protótipos associados –, uma fase de transformação é o marco que indica que um novo futuro foi criado pela equipe ou pela organização (ou por ambas), tornando-os prontos para outra iteração do processo inteiro (ver Figura 2).

Figura 2: O processo de criação do futuro.

O processo para criar o futuro é holístico, de certo modo, constituindo mais do que a soma das três fases (imaginar, consolidar, transformar), o "mais" sendo formado por um fluxo contínuo de novos futuros efetivamente entregues pela equipe ou pela organização. O processo também é holístico no sentido de que a interação harmoniosa entre as capacidades essenciais e os recursos necessários para efetivamente criar o futuro – a capacidade de sonhar, o processo criativo, o processo de inovação – é muito mais poderosa do que cada um deles atuando sozinhos.

O desafio para organizações e indivíduos criativos é, naturalmente, como manter o processo de criar o futuro que funcione suavemente como um todo integrado, uma vez que o espírito inerente e a dinâmica de funcionamento das fases que o compõem são muito diferentes. Por um lado, a capacidade de sonhar é um exercício de imaginação, decorrente da habilidade de algumas pessoas de utilizá-la, reforçada por experiências interiores de emoções e visualização de perspectivas, a fim de tornar visíveis as imagens mentais radicais do futuro. Por outro lado, o processo criativo diz respeito a alimentar um ambiente com um grupo de indivíduos confiantes, motivados e capacitados o suficiente para revelar em suas ideias interessantes uns aos outros – até mesmo aquelas mais "loucas" – e trabalharem juntos na construção de um protótipo novo e radical. Um agente facilitador crucial dessa capacidade de nutrir o ambiente é a habilidade de desenvolver uma linguagem comum e regras claras de conversação compartilhadas e praticadas por toda a equipe. Isso permite que rotineiramente surjam conversas criativas dentro do grupo, transformando-o em uma ótima e poderosa equipe. Finalmente, o processo de inovação significa a implementação da capacidade organizacional de modo a lançar novas ofertas em larga escala sistematicamente – em outras palavras, a capacidade de criar constantemente gerações de novos produtos e serviços amplamente acessíveis às pessoas e, assim, moldar o futuro que nos rodeia, em certa medida.

Nas partes restantes deste livro – em especial nos capítulos 4 e 7 –, veremos em detalhes como as equipes e as organizações criativas de sucesso desenvolvem a *liga comum* para manter íntegro um processo tão heterogêneo e multifacetado. Neste ponto precisamos apenas destacar dois capacitadores fundamentais para a realização dessa aspiração ilusória. Por um lado, é importante reconhecer duas etapas do processo para criar o futuro como particularmente relevantes para a equipe, porque assinalam etapas de transição entre as fases que o compõem. Em primeiro lugar, as *missões intencionais* – ou seja, aquelas que rompem radicalmente com o *status quo* vigente e ressoam fortemente nas emoções dos membros da equipe – transformam uma fase puramente imaginária em uma forma mais deliberada, destinada a criar um protótipo radical. Em segundo lugar, o estabelecimento de *acordos de cavalheiros* – em outras palavras, promessas específicas para liberar o protótipo radical em maior escala e dentro de prazos apertados – sinaliza a transição de uma fase de consolidação para uma fase de transformação, na qual o esforço central é a inovação organizacional. Por outro lado, durante todo o processo para criar o futuro é essencial exercer a *liderança Wiraqocha* – em outras palavras, a orientação com intento que combina atitude criativa, capacidade de consolidar a coesão de uma liderança forte, e paixão para cumprir o prometido.

○─ FAZENDO O FUTURO

Quando se trata de aplicar o processo para criar o futuro, descobri que pessoas criativas e organizações bem-sucedidas o usam com um ritmo constante ao longo do tempo, em vez de abordá-lo como um único exercício. Em certos casos, como a comunidade de San Patrignano, há um ritmo de alta frequência, o que significa que a organização se reinventa constantemente. San Patrignano, uma comunidade de reabilitação de dependentes de drogas que se autossustenta financeiramente por meio de suas próprias atividades comerciais e com levantamento de fundos privados, continuou a transformar-se dramaticamente desde a sua fundação em 1978. O objetivo da comunidade é a reabilitação de toxicodependentes e a maioria de seus negócios iniciais permaneceu inalterada, mas a adição constante de atividades inteiramente novas mantém San Patrignano como um lugar cada vez mais sofisticado. A mudança também foi física. Se você tivesse visitado a comunidade em 1999, e novamente em 2009, mal a teria reconhecido como sendo o mesmo lugar.

Do mesmo modo, a reinvenção radical da Zara em uma escala global durante a década de 1990 – transformando-a em uma experiência sazonal em lançamentos semanais – tem interferido e inspirado outras áreas cada vez mais. Assim, durante a primeira década do século XXI, o mundo da moda masculina, de roupas infantis e de acessórios para casa foi transformado pela abordagem revolucionária da Zara, com produtos de qualidade e a preços acessíveis, entregues em mais de setenta países a cada semana, tornando todos os tipos de acessórios acessíveis globalmente. O fato de que, em 2008, a Inditex – empresa-mãe da Zara – criou o maior complexo de logística da Europa, nos arredores de Zaragoza, foi a prova dos outros planos da empresa de expandir drasticamente seus negócios globais, tanto em volume quanto ao se aventurar em novos mercados que podem ser completamente reinventados pela fórmula vencedora da Zara.

No Peru, a família Añaños alimentou sua invulgar capacidade de sonhar o futuro no próprio quintal de casa. Juntamente a apenas quinze funcionários, em 1988 eles desenvolveram uma máquina de engarrafamento rudimentar, de codinome Atahualpa, o mesmo nome do líder inca do século XVI. Este foi o seu protótipo inicial, e seus testes em Ayacucho transformaram-se em uma curva de aprendizagem ao longo dos anos seguintes. Até o final de 1990 eles aperfeiçoaram a abordagem poderosa de alta qualidade a um preço justo e estavam prontos para grandes sonhos em larga escala. Um notável sucesso se seguiu, transformando o Grupo AJE de 2009 em uma organização multinacional poderosa, que controlava mercados significativos na América Latina e partes da Ásia, com um portfólio de marcas altamente diversificado, que incluía não só refrigerantes, mas também água mineral, bebidas energéticas e cerveja. E ao contrário de seus refrigerantes, que caracteristicamente se dirigem às populações de renda mais baixa, as incursões do grupo em água mineral, bebidas energéticas e cerveja foram posicionadas, desde o início, para abranger todo o mercado, dos setores de menor afluência até as áreas de maior poder aquisitivo. Ao fazer isso, empresas como o Grupo AJE nos lembram de que, afinal, qualidade a preços justos é um sonho quase universal.

Organizações como a americana Medtronic – que em 2009 foi classificada como a maior companhia do mundo em tecnologia médica – aplicam processos paralelos para criar o futuro. Fundada em 1949 por Earl Bakken e Palmer Hermundslie depois de eles terem inventado, em uma garagem doméstica, o primeiro marca-passo artificial implantável, o processo de inovação da Medtronic tornou-se tão eficaz que, em meados de 1990, 70% das receitas anuais da empresa vieram de novos produtos lançados nos últimos dois anos. Esses resultados constituíram uma melhoria sem precedentes sobre as inovações em "melhores práticas" anteriores, como as da 3M ou da Hewlett-Packard, em que cerca de 30% da receita anual originou-se de produtos lançados nos últimos cinco anos. Como resultado, o valor de mercado da Medtronic subiu de US$ 1,1 bilhão para US$ 60 bilhões durante a década de 1990, transformando, no processo, a indústria de dispositivos médicos além de qualquer reconhecimento. Bill George, presidente da Medtronic entre 1990-2001, presidiu essa extraordinária transformação. Como ele explica:

> Conseguimos fazer isso de uma forma diferenciada; ela era realmente uma empresa com duas culturas. Uma cultura de engenharia disciplinada, que cumpria tudo no horário.

E um grupo de pessoas que trabalhavam em equipes pequenas – de 10 a 15 pessoas – e faziam coisas realmente inovadoras, coisas muito, muito criativas. Foi daí que surgiram as novas ideias, e, em seguida, elas deveriam ser trabalhadas novamente no sistema convencional. Demos-lhes muita liberdade, deixando-os de fora do sistema disciplinado, já que [o nosso ciclo de lançamento de novos produtos] tinha de ser de 16 meses. Assim, essas equipes talvez estivessem trabalhando tanto em uma invenção que poderia levar um mês quanto em uma que poderia levar dez anos.

Além de seus processos inovadores para criar o futuro, lançando uma nova geração de produtos a cada dezesseis meses, a Medtronic usou uma versão diferente do mesmo processo para se reinventar a cada cinco anos. Esses processos paralelos foram bastante diferentes no conteúdo, mas ambos invocavam as mesmas capacidades subjacentes – a capacidade de sonhar, o processo criativo e o processo de inovação – e envolveram o mesmo grupo-chave de liderança a compartilhar uma missão e valores comuns. Bill George observa:

> Pouco depois que me tornei presidente escrevi um artigo chamado "Reinventando a Medtronic" que dizia que ela seria uma empresa totalmente diferente a cada cinco anos, mas que a missão e os valores [da empresa] nunca mudariam. Então, isso deu às pessoas certa confiança de que, sim, a estratégia pode mudar, as empresas podem mudar, podemos fazer as coisas de forma diferente, mas nós sabemos que ainda é a Medtronic.

A Medtronic lançou uma nova iteração desse processo de reinvenção na sua reunião de janeiro de 2000, sobre a direção estratégica global. Batizada de "Medtronic Vision 2010", o objetivo dessa iniciativa, que afetava toda a empresa, era a transformação radical: sair do posto de uma organização de dispositivos médicos que oferece produtos inovadores a cada 16 meses para se tornar a maior empresa de tecnologia médica do mundo oferecendo soluções duradouras aos pacientes com doenças crônicas. As soluções de longo prazo da empresa foram projetadas para melhorar a qualidade de vida de um grande número de pacientes em todo o mundo, reduzindo significativamente os custos dos tratamentos de saúde. Todos os membros do grupo de liderança da Medtronic – desde o presidente Bill George até os chefes das principais unidades globais – estavam pessoalmente envolvidos na implementação da Medtronic Vision 2010, trabalhando dentro de cinco equipes multifuncionais. Essas equipes identificaram as doenças com maior impacto na saúde do mundo e no bem-estar econômico; mapearam as experiências emergentes no novo sistema de fornecimento de cuidados de saúde do ponto de vista de todos os interessados (em outras palavras, não apenas os pacientes, mas também suas famílias); e analisaram os efeitos revolucionários de tecnologias médicas novas e emergentes, de informação e de comunicações nos negócios futuros da empresa. Em seguida, as equipes articularam minuciosamente a forma como a Medtronic poderia se colocar no topo dos novos negócios e das tecnologias médicas que haviam sido identificadas com o lançamento de soluções permanentes e que mudariam radicalmente a indústria até 2010. George abrangera tudo isso em seu discurso de janeiro de 2000 para o lançamento da Medtronic Vision 2010:

> Agora vocês podem ver por que eu disse que nós estamos em um ponto de inflexão na história da Medtronic. Durante a próxima década, a Medtronic vai se reinventar mais uma vez, oferecendo uma gama mais completa de produtos e serviços para um conjunto mais amplo de clientes: médicos, instituições de saúde e pacientes. As nossas soluções de gestão de paciente resultarão em melhor qualidade de vida para aqueles que sofrem de doenças crônicas, levarão a uma redução dos custos gerais de tratamentos de saúde, e fornecerão à Medtronic novos fluxos de receitas. A complexidade crescente do nosso ambiente de negócios exigirá novos recursos, que não residem dentro dos tradicionais pontos fortes da Medtronic. A criação de parcerias de negócio expandirá a nossa capacidade e aproveitará o que a Medtronic faz excepcionalmente bem.[3]

Inventar parcerias ou fazer aquisições definitivas para aumentar as próprias capacidades de criar o futuro que nos rodeia é algo que organizações como a Microsoft também têm feito de forma contínua. Desde a sua primeira aquisição, em 1987, da Forethought – cujo programa de apresentações se tornaria mais tarde o Windows PowerPoint –, a Microsoft adquiriu uma média de seis companhias por ano entre 1988 e 2009. Quase todas essas aquisições tendem a se encaixar muito bem em nichos específicos que ajudaram a Microsoft a evoluir, a fim de manter sua posição como a organização líder mundial em software. Curiosamente, quando se trata do esforço de criar o futuro, a estratégia de aquisições da Microsoft de 1987 a 2009 parece ser um movimento precoce em vez de um primeiro movimento, mas um movimento de eficácia incomparável, no entanto. A aquisição do Hotmail, o serviço de webmail gratuito fundado um ano antes por Jack Smith e Sabeer Bhatia, por US$ 500 milhões em 1997, tornou-a uma empresa dominante na revolução global do correio eletrônico que, ao longo dos anos que se seguiram, remodelou completamente a nossa forma de comunicação. Da mesma maneira, a aquisição da aQuantive (líder de publicidade na web) por US$ 6,3 bilhões em 2007 e a compra da Norwegian Fast Search and Transfer (uma empresa de tecnologia de busca na web) por US$ 1,9 bilhão em 2008 aumentaram a capacidade da Microsoft de compartilhar com o Google a transformação da internet em um recurso de conectividade verdadeiramente global – com aplicações que vão de pesquisas na web a mapeamentos online, redes sociais, compartilhamento de vídeo e produtividade nos escritórios.

Outras empresas transformaram a própria capacidade de criar o futuro em serviços essenciais para seus clientes. Este é o caso da IDEO, do Vale do Silício. Ao longo da década de 1990 e na primeira década do século XXI, essa empresa criou produtos e serviços radicalmente originados das experiências anteriores de clientes, uma ampla gama de clientes que vão desde indústrias automotivas e empresas de alta tecnologia até bancos e estúdios de cinema. Não é exagero dizer que esses clientes na verdade terceirizaram com a IDEO partes essenciais das etapas de criação e consolidação de seus próprios processos para imaginar o futuro. Além disso, cativados pela habilidade da IDEO de dar vida a experiências de seus clientes anteriormente impensáveis, muitos deles rotineiramente voltaram-se à IDEO para que esta os auxiliasse no desenvolvimento de uma cultura e de um conjunto de processos que os ajudasse a liberar os seus próprios poderes de imaginação e criatividade.

A Apple é, naturalmente, um exemplo de organização altamente criativa que, ao longo da década de 1980 e 1990, perdeu sua marca registrada de sonhar o futuro, apenas para recuperá-la espetacularmente no alvorecer do século XXI. Como resultado, em 2009, pessoas de todas as idades e localizações estavam comprometidas com um estilo de vida que, em muitos aspectos – desde os iTunes até os iPods e iPhones –, representa um futuro que a Apple e alguns outros criaram alguns anos antes. Organizações como a Apple – e personagens inspiradores, como seu fundador Steve Jobs – ilustram a capacidade e o processo de criação do futuro como algo que indivíduos, equipes e organizações podem decidir desenvolver a partir do zero, deixam desaparecer, ou reviver – ou até mesmo experimentar os três, ao longo do tempo.

Eu também analisei o grande número de equipes e organizações às quais faltava pelo menos uma fase do processo e, portanto, eram incapazes de criar o futuro de forma eficaz. Isso destaca, mais uma vez, a importância fundamental da aplicação de todas as três fases do processo para criar o futuro – imaginar, nutrir e transformar – como uma totalidade holística e integrada.

Por um lado, organizações como a Motorola e a Sun Microsystems demonstraram, durante a década de 1980, uma capacidade extraordinária de criar o futuro por meio da apresentação de, respectivamente, uma matriz de novos dispositivos de comunicação sem fio e do engenhoso servidor UNIX, que potencializava redes de computadores e websites. Contudo, ao longo da década de 1990, parece que essas empresas deixaram escapar sua capacidade de imaginar e sonhar o futuro e, consequentemente, perderam as inovações. Como resultado, durante a primeira década do século XXI, tornaram-se apenas seguidores que permitiram a outros, como Google, Nokia, Microsoft e BlackBerry, criar o futuro da conectividade global em torno deles. A linha do tempo sobre a qual esse tipo de situação se desdobra continua a diminuir drasticamente em todos os setores devido às forças combinadas da globalização e do rápido desenvolvimento científico e tecnológico global.

Por outro lado, durante a década de 1980 algumas organizações altamente criativas, como Philips, Xerox e IBM, tinham os indivíduos e as equipes com uma grande capacidade de sonhar o futuro (imaginação) com excelentes processos criativos para apoiar esses sonhos (consolidação). No entanto, faltou a essas organizações um processo de inovação confiável para acompanhar seus novos protótipos do futuro, ou seus processos de inovação estavam funcionalmente desconectados dos indivíduos-chave em termos de criatividade e equipes criativas. Como resultado, durante a década de 1980 essas organizações geraram continuamente novas tecnologias extraordinariamente úteis e até inventaram categorias inteiras de produtos inovadores – que vão desde sistemas operacionais de computadores pessoais até tecnologias iniciais de gravação digital – somente para os outros, como a Microsoft e a Sony, a fim de aproveitar a vantagem e construir novos futuros com base nelas.

○→ Prevendo o futuro

Sempre penso no meu antigo colega de escola Pedro Cabredo – uma figura esguia e sempre sorridente, com a testa larga e aquele ar de intelectual precoce – que sugeriu uma vez que qualquer pessoa poderia prever qualquer coisa, exceto o futuro. Naquele tempo, pensei nessa afirmação como nada mais do que uma observação inteligente. Cinco anos mais tarde, quando, nos Estados Unidos, eu estava estudando os métodos de previsão estatística no melhor programa de doutorado que o dinheiro poderia comprar – e cada vez mais em dúvida do seu poder de dizer alguma coisa realmente esclarecedora sobre o futuro – as imagens mentais de meu bom amigo Pedro voltavam de vez em quando. Você pode facilmente imaginar o meu sorriso nostálgico quando, muitos anos depois disso, deparei com as seguintes palavras do lendário autor Paul Drucker:

> A probabilidade de qualquer previsão se tornar verdade não é maior do que 2% [...]. A única maneira de prever o futuro de forma bem-sucedida é fazendo algo novo [...]. O futuro já aconteceu. A tarefa que devemos assumir é olhar para tudo o que já aconteceu, mas que ainda vai causar um impacto.[4]

Para parafrasear ligeiramente a citação de Drucker, criar o futuro é a única maneira de prever o sucesso dele. Mais exatamente, as histórias extraordinárias que acabamos de examinar sugerem que o processo de criação do futuro é uma capacidade que pode – e deve – ser desenvolvida por indivíduos e organizações. Os criadores do futuro fazem coisas positivas que exercem um impacto radical e reformulam o seu entorno de maneira irreconhecível. Eles são capazes de fazer isso mais de uma vez, porque veem, em seu meio, as coisas que os outros continuam a não enxergar, constroem sonhos corajosos sobre o futuro com base naquilo que veem, e avançam decididamente para transformar seus sonhos em realidade por meio de um processo ordenado.

Uma organização não precisa construir em casa todas as peças necessárias para criar o futuro. Como mencionado, participantes da indústria como a Microsoft regularmente compram capacitações criativas ou de consolidação das ideias quando são impelidos a criar novos futuros. Por outro lado, organizações como a IDEO usam sua criatividade e capacidade de sonhar a fim de contribuir para o fluxo de inovação dos outros. Entretanto, o que os criadores do futuro mantêm é a sua liderança sobre todo o processo de criação do futuro. Mesmo que, de tempos em tempos, outros sejam convidados a participar de partes específicas do processo, seja como parceiros, clientes ou aliados, o esforço para criar o futuro invariavelmente apela para uma liderança forte, capaz de fazer tudo funcionar como um processo holístico. Essa é uma espécie de capacidade elevada que dá ao seu detentor a supremacia sobre resultados surpreendentes de desempenho e valor econômico, geralmente conquistados pela criação de um futuro radicalmente novo.

Economias lucrativas da imaginação

Indivíduos e organizações como San Patrignano, Zara, Medtronic ou a família Añaños reinventam-se regularmente para criar o futuro à sua volta, fazendo com que as mudanças radicais internas sejam uma parte integral e harmoniosa das suas jornadas experienciais. Ao contrário deles, a maioria das organizações que tenho estudado age com o objetivo de alterar profundamente seu perfil ou reinventar-se apenas como uma resposta única a crises traumáticas ou ameaças competitivas perigosas. Muitas vezes, essas ações e ameaças se originam dos criadores do futuro, que transformaram radicalmente o campo de jogo, de repente transformando os antigos líderes em seguidores e as antigas organizações em organizações obsoletas e medíocres.

As histórias extraordinárias que examinamos também deixam claro que algumas coisas devem permanecer inalteradas ao longo de muitas décadas, a fim de permitir ao restante que mude constantemente e de forma radical. Esse núcleo fixo é constituído pelo sonho original do futuro, a criança cativante gerada na imaginação de um indivíduo – ou de um pequeno grupo. Esse sonho original, articulado tanto em uma missão com propósito quanto em uma fórmula voltada para o *trade-on* com o cliente, permanece teimosamente fixado, e a organização se agarra firmemente a ele durante todas as mudanças radicais e incontáveis reinvenções que ocorrerem. Assim, não importa quão radicais e diferentes forem as novas adições ao portfólio de alta qualidade de San Patrignano, o seu compromisso inicial de treinar pessoas marginalizadas e capacitá-las a realizar coisas extraordinárias manteve-se inalterado ao longo de três décadas. E durante o mesmo período, a fórmula de San Patrignano foi atingir a taxa mais alta do mundo na reabilitação de dependentes de drogas, e pela metade do custo anual por pessoa, em comparação a instituições similares. Ao longo de um período similar, a Zara permaneceu fiel à sua missão original de democratização da moda, e também, durante a primeira década do século XXI, expandiu cada vez mais a sua fórmula de mudanças rápidas e baratas por meio de projetos em muitos outros setores, tais como roupa masculina, moda infantil e acessórios para casa. Da mesma forma, no lançamento da Big Cola do Grupo AJE no México em 2002, o refrigerante foi produzido em uma fábrica altamente automatizada, muito diferente de Atahualpa, sua primeira fábrica estabelecida de forma rudimentar em Ayacucho, em 1988. Depois de quase uma década no mercado, por volta de 1999, a empresa se viu forçada a ampliar significativamente o seu sonho original de permitir que a maioria da população passasse a fazer parte do mercado de refrigerantes. Isso se deveu à política de guerra de preços da Coca-Cola, destinada especificamente a eliminar a Kola Real, e claramente uma estratégia para manter sua posição dominante no mercado peruano, em vez de perseguir sonhos radicalmente novos sobre o futuro. No entanto, as incursões do Grupo AJE no mercado mexicano em 2002 ainda mantiveram a sua fórmula inicial de "qualidade a preços justos" para o cliente, como a garrafa de Big Cola de 3,3 litros vendida por 12 pesos em comparação à garrafa de 2,5 litros de Coca-Cola a 15 pesos. Mas em 2007, quando o Grupo AJE lançou a Big Cola no mercado colombiano com enorme sucesso, o slogan de suas garrafas mudara – tanto ligeira quanto significativamente – para *calidad internacional a precio justo* (qualidade internacional a um preço justo), refletindo os novos e arrojados sonhos da empresa na arena global.

Curiosamente, quando a Medtronic lançou o programa Medtronic Vision 2010 em janeiro de 2000, ela alterou a sua missão principal de "restituir às pessoas vida e saúde integrais" (que se manteve inalterada desde a sua fundação em 1949) para "fornecimento de soluções que possam prolongar a vida das pessoas com doenças crônicas". A fórmula vencedora das soluções da Medtronic foi focalizar, simultaneamente, a melhora da qualidade de vida e a redução dos custos dos tratamentos de saúde. A memorável mudança de missão da empresa reflete o fato de, no alvorecer do século XXI, alguns líderes da Medtronic terem dado – nas palavras de Drucker – uma espiada em "tudo o que já havia acontecido e ainda não teve impacto", e decidido que era hora de sonhar grande, mais uma vez. Entre as principais coisas que já haviam ocorrido em 2000 e ainda não tinham exercido seu pleno impacto estavam a revolução nas conexões globais e o crescimento epidêmico de doenças crônicas tais como doenças cardíacas, artrite, enfisema, diabetes, câncer e AIDS; em conjunto, elas afetaram mais de 100 milhões de pessoas e representaram 80% dos custos de cuidados médicos diretos apenas nos

Estados Unidos. Nesse contexto, os líderes da Medtronic vislumbraram a imagem de sua empresa se tornando, até 2010, a líder mundial em aplicação da medicina de ponta e de tecnologias na informação e nas comunicações para as doenças crônicas que continuam a ter um impacto profundo no futuro bem-estar econômico e social de todo o mundo.

O fato de que o mesmo sonho radical do futuro, associado a uma missão com propósito e à fórmula de *trade-on* com o cliente, possa ser aplicado durante um tempo muito longo e em ambientes totalmente diferentes, e lá ser transformado além do reconhecimento inicial, foi uma das conclusões centrais da minha jornada de descobertas. Quando há uma única organização por trás dessas múltiplas transformações, isso impulsiona os resultados de forma surpreendente, em longo prazo e em praticamente todas as formas com que se possa medi-los, que vão desde mudanças sociais e motivacionais (como em San Patrignano), passando pela rápida inovação e criação de valor de mercado (como na Medtronic), pelo explosivo crescimento de receita e rentabilidade (Zara e Grupo AJE), e pela criação de valor excepcional para os clientes com baixo custo para a organização (como em todos os quatro).

Esses resultados de desempenho levam à ideia de economias da imaginação – ou de economias imaginárias – como distintas e complementares às economias de escala e escopo. Considerando que as economias de escala resultam da redução dos custos unitários, ao mesmo tempo em que aumentam os volumes de produção, e que as economias de escopo derivam de uma ampla aplicação de certos ativos com base no conhecimento (como as marcas e o know-how tecnológico), podemos definir as economias da imaginação como aquelas que trazem poderosas imagens mentais de um futuro novo e radical em suas áreas de geração original, levando-as para diferentes ambientes, nos quais possam florescer de forma vigorosa e impulsionar resultados econômicos extraordinários. Participantes como a Zara, a Medtronic ou a família Añaños podem explorar deliberadamente as economias de imaginação durante um longo período e por muitas décadas, porque os seus sonhos radicais sobre o futuro são apoiados por suas missões com objetivo e sua fórmula de comercializar na base do *trade-on*. Estes podem ser facilmente transferidos para uma escala global e para ambientes totalmente diferentes.

↢ LIBERTANDO O MÁGICO DENTRO DE VOCÊ

Como sugerido no capítulo anterior, o processo para criar o futuro pode ser descrito completamente em termos científicos, em particular a psicologia experimental, a neurociência e as disciplinas de gestão. Assim, os neurocientistas e psicólogos ligam a nossa capacidade de sonhar o futuro às faculdades cognitivas da imaginação, capazes não só de apreender a realidade atual, mas também de gerar alternativas mentais radicais para ela. As emoções individuais, o otimismo e os valores socialmente compartilhados podem condicionar esse processo de modo amplo, ao influenciar os tipos de coisas que as pessoas irão – ou não – sonhar. Um processo criativo depende da criatividade do grupo, o que tem se mostrado particularmente eficaz quando realizado dentro de equipes confiantes e que partilham um compromisso claro, uma linguagem comum e um conjunto único de regras comportamentais. O processo de inovação – em outras palavras, a capacidade organizacional para liberar sistematicamente novos produtos ou serviços em larga escala – é um tema clássico de estudo em economia e nas ciências da administração, destacando a importância de uma conexão funcional tranquila durante todo o processo, a fim de impulsionar as forças inovadoras de toda a organização.

No entanto, aspectos cruciais do processo de criação do futuro, particularmente o processo de imaginá-lo e consolidá-lo, também podem ser descritos adequadamente pelo prisma da magia natural da Renascença. E esse fato não surpreende: existe algo de mágico na tentativa de criar um novo futuro. Como descrito, os magos renascentistas realizavam rituais verbais e musicais para condicionar a imaginação, a fim de visualizar um resultado específico que eles, obsessivamente, idealizaram. Em seguida, criavam uma imagem física ou um modelo em menor escala do resultado imaginado e esforçavam-se para transformá-lo em um mecanismo funcional e em larga escala. Ao contrário daqueles que conduziam experiências científicas, os participantes do processo mágico não esperavam manter a objetividade ou confiar nas experiências anteriores o tempo todo. Muito pelo contrário; a magia natural operava por meio de uma abordagem distinta da comunicação social, que usava uma linguagem específica e ritualística, a fim de despertar as emoções dos participantes para que estes imaginassem as coisas positivamente e acreditassem no resultado final. Em sua essência, a magia natural renascentista era constituída pelo otimismo e pela imaginação subjetiva positiva, sustentados pela fé na obtenção de um resultado positivo; todas essas coisas eram realizadas por meio de fórmulas linguísticas ritualísticas para se fazer um trabalho em grupo.

A magia natural é, em essência, uma abordagem bastante semelhante ao processo de criação do futuro por meio da imaginação e do cultivo da ideia, com algumas diferenças importantes. Primeiro, o foco obsessivo de indivíduos como Muccioli, Ortega ou o clã Añaños invariavelmente reside em uma experiência com um cliente específico, como os toxicodependentes carentes do amor da família, o desejo das mulheres de poder adquirir roupas da moda a preços acessíveis, ou o anseio das massas de serem incluídas no mercado de bens de consumo. Em segundo lugar, os fortes componentes emocionais que condicionam a imaginação na magia natural estão também muito presentes no processo de criatividade, mas eles são desencadeados por interações diretas com pessoas reais, e não por experiências ritualísticas. Foram as fortes emoções ativadas pelo contato direto com pessoas reais que alimentaram a imaginação de Muccioli para pensar em uma grande família composta por toxicodependentes em reabilitação, que incentivaram os sonhos de Ortega com a democratização da moda, e que induziram a família Añaños a imaginar um novo refrigerante que todos tivessem recursos para comprar e apreciar esta nova bebida. Uma vez que o sonho do futuro é visualizado claramente, ele é linguisticamente ritualizado em uma missão com propósito, que ao mesmo tempo inspira e guia as ações do grupo. Em seguida, um modelo em escala reduzida do novo futuro é criado sob a forma de um protótipo radical, construído e cultivado pelo grupo. Ao longo dessa jornada, assim como na magia natural, vemos um grupo de pessoas altamente comprometidas que trabalham com otimismo e fé inabaláveis para viver seus sonhos compartilhados e cumprir sua missão comum.

Assim, com base no ponto de vista de uma pessoa, a criação positiva do futuro é um esforço racional que leva a resultados extraordinários para todos os participantes envolvidos. No entanto, com base em outro ponto de vista, sonhar com um futuro radicalmente novo e agir resolutamente para torná-lo real significa nada menos que libertar o mago interior. No mínimo, criar o futuro, em vez de prever o que pode acontecer, requer que seus protagonistas mantenham o otimismo entre as certezas tecnológicas e as esferas mágicas do que acreditamos, mas que permanecem desconhecidas para nós. É para nos ajudar a entrar nesses territórios e desbloquear essas possibilidades em nossa mente que articulei as sete chaves da imaginação. Vamos agora analisá-las mais detalhadamente.

Parte 2

AS SETE CHAVES

1 Primeira chave:

Tire partido da atitude mental

Neste mundo traidor
nada é verdade nem mentira,
tudo depende da cor
do vidro com que se olha.

Ramón de Campoamor (1817-1901), poeta espanhol

Quando os moradores da sofisticada cidade de Turim, no norte da Itália, descrevem sua metrópole como uma cidade "mágica", eles realmente querem dizer isso. Por algum motivo, Turim sempre foi considerada uma das capitais europeias da magia. A cada dia, multidões de visitantes participam ansiosamente de visitas guiadas para desvendar os misteriosos monumentos da cidade, as antigas galerias subterrâneas e as secretas orientações topográficas que supostamente revelam imensos talismãs mágicos ao ar livre intrigam a imaginação. Mas em 2009, todos esses passeios se esqueceram sistematicamente do Settimo Torinese, um dos subúrbios industriais de Turim e local do projeto experimental da casa sustentável, uma iniciativa que pareceu decididamente mágica para as pessoas envolvidas nele.

A casa sustentável foi fruto da imaginação de Mario Cucinella, famoso arquiteto italiano cujo lema pessoal "mais com menos" permeia sua vida e sua obra. Em 2007 ele surpreendeu as instituições italianas com o layout radical de uma casa de 100m² que armazenava a água da chuva em tanques subterrâneos e poderia ser recarregada, como um telefone celular, por meio de painéis solares, energia eólica e materiais de alta tecnologia. A casa custaria €1.000 por metro quadrado, em comparação com a média de € 2.636 por metro quadrado então prevalente na Itália. Além disso, os futuros proprietários seriam elegíveis aos subsídios do governo como resultado de baixas emissões de gás carbônico. Não só a casa sustentável de Mario Cucinella tem zero de emissão de carbono e praticamente elimina as contas de água, eletricidade e aquecimento das despesas mensais de seus afortunados proprietários; ela também produz um excedente de energia que pode ser vendido aos vizinhos ou ser utilizado para alimentar um carro elétrico. Apenas dois anos após o projeto inicial ser apresentado ao público, foram construídas as primeiras cinquenta casas sustentáveis em Settimo Torinese, anunciadas como a nova habitação para o futuro. Cucinella observou:

> Minha ideia é propor uma casa de estilo Ikea: com alto nível de design a baixo custo, acessível a todos. Estou convencido de que é uma grande expressão da democracia trazer o design para a nossa vida diária. Não devemos tornar o nosso trabalho demasiadamente exclusivo.[1]

Ikea, a organização que inspirou a visão das casas sustentáveis de Cucinella, sintetizava a ideia de fazer mais com menos desde que iniciou as suas atividades, em 1943. Em 2009 a

Ikea era o maior varejista de móveis do mundo, com cerca de 300 lojas em mais de 40 países. A empresa reinventou totalmente a maneira pela qual as pessoas de todo o mundo usavam e compravam móveis. Suas lojas gigantescas, nas quais os móveis bem-concebidos e baratos eram escolhidos, transportados e montados em casa pelos próprios clientes, ofereciam uma experiência de compra única, completa, com espaços para as crianças, cafés e restaurantes. Desde o início, o uso pioneiro da Ikea de fontes de informação globais, do autosserviço e do layout das lojas levou a uma operação de baixo custo que permitiu ao varejista oferecer um valor agregado maior aos clientes e desfrutar de margens anuais de dois dígitos e crescimento de receita durante o processo.

Em seu livro seminal *Co-opetition*, publicado pela primeira vez em 1996, os autores Barry Nalebuff e Adam Brandenburger cunharam a expressão *trade-on*s para explicar a noção de busca de alta qualidade e custos mais baixos ao mesmo tempo, no contexto da estratégia de negociações e da teoria dos jogos.[2] Os *trade-offs*, por outro lado, tratam da obtenção de alta qualidade por meio de custos mais elevados (ou vice-versa). Tanto a casa sustentável quanto os produtos Ikea oferecem exemplos claros de *trade-on*s. No entanto, os indivíduos como Mario Cucinella ou os colaboradores da Ikea não buscam os *trade-on*s apenas no sentido transacional de resultados de "alta qualidade a baixo custo" que Nalebuff e Brandenburger conceberam. Descrever o projeto da casa sustentável ou a experiência do cliente Ikea apenas como um valor superior para o dinheiro não faz justiça à variedade incomum de transformações positivas, aplicações úteis e respostas emocionais que essas inovações criam em clientes, acionistas e sociedades inteiras. Quando o projeto da casa sustentável e a experiência da Ikea começaram, cada detalhe tratava de fazer algo, recebendo e experimentando muito mais com muito menos dentro de um conceito radical da habitação do futuro, o que fez que cada indivíduo que entrasse em contato com pessoas dessas organizações ficasse um pouco mais perto de compartilhar a mesma nova filosofia. Em outras palavras, em vez de ocasionais transações *trade-on*, é uma mentalidade *trade-on* de longo alcance que se origina de indivíduos como Mario Cucinella ou da organização Ikea, permeando todos os aspectos da sua jornada existencial e seu entorno por meio de novas ideias, emoções, criações, ofertas e experiências.

Os imóveis sustentáveis de Cucinella são, na verdade, blocos de apartamentos de quatro andares em que os indivíduos ou famílias vivem lado a lado. Há tetos altos, enormes janelas e portas de vidro em toda parte, com um esquema de cores predominantemente composto de verde claro e branco, o que oferece um sentido predominante de leveza, simplicidade e serenidade. Os blocos de apartamentos contíguos são interligados por largas passagens transparentes, com grades, que podem ser acessadas, vindo da rua, por meio de escadas bem concebidas, ou diretamente das entradas principais dos apartamentos. Os dispositivos tecnológicos que fornecem a energia das casas sustentáveis estão discretamente integrados na estética e na funcionalidade das casas. Os tetos verdes transparentes que protegem os prédios da chuva e do excesso de luz solar são, de fato, os painéis solares. Os tanques de armazenamento de água da chuva para grande consumo e geração de hidrogênio estão escondidos no subsolo. Mesmo as lâminas de concepção notável, que giram com o vento na parte superior de colunas de 15 metros de altura parecidas com esculturas modernas são na verdade sistemas de energia eólica. O grande terreno gramado em frente ao edifício e o bem-equipado conjunto de aparelhos de jardim são de propriedade comum de todos os moradores. Emiliano Cecchini, físico italiano que desenhou um dispositivo eletrolítico do tamanho de uma pequena caixa que é alimentado por energia solar e que extrai gás hidrogênio da água para gerar eletricidade para a casa sustentável, observa:

> Literalmente falando [a casa sustentável é] totalmente *off-grid*. Com isso queremos dizer que não dependemos das empresas privadas ou públicas que oferecem [água ou] energia em troca de dinheiro. Pense em um agricultor que vive da terra; o sistema *off-grid* segue a mesma lógica. O condomínio de apartamentos vive da energia que eles próprios cultivam, de uma forma totalmente limpa.[3]

Não se trata apenas de dizer que a casa sustentável de Cucinella e de Cecchini se mostre algo de valor incrivelmente bom para o dinheiro. Ao morar nela, os inquilinos, os seus visitantes e a comunidade que os rodeia inevitavelmente recebem fortes estímulos mentais decorrentes das ideias radicais incorporadas no ambiente das novas habitações. Como resultado, sua vida e seu trabalho são susceptíveis à adaptação ao "fazer mais com menos", mentalidade característica dos produtores de energia do século XXI. Você realmente não precisa visitar uma casa sustentável ou conhecer os inquilinos de tal casa para sentir os seus poderosos efeitos; entrar em contato com a ideia já é o suficiente. Enquanto eu olhava fotos das maravilhosas casas de Cucinella durante um voo de volta para o Peru, novas imagens do meu projeto sem fins lucrativos para criar um museu de arte contemporânea andina, em Lima, de repente capturaram minha imaginação. Eu vi que ia ser igual à casa sustentável de Cucinella: um bonito edifício com emissão zero de gás carbônico, autossustentável, o primeiro de seu tipo no mundo. Imediatamente senti que minha nova visão precisava estar em estreita sintonia com a mentalidade do século XII, e com a antiga mentalidade andina de ir com a natureza, não contra ela.

As visões de Cucinella e Cecchini para a habitação do futuro encerram o conceito de *mentalidade trade-on*: a predisposição generalizada, profundamente enraizada, para perceber e interpretar a realidade com os olhos mentais do ser, fazendo e ganhando muito mais com muito menos. Quando uma mentalidade *trade-on* é aplicada para se imaginar futuros novos e positivos, ela libera imagens mentais radicais, impensáveis para a maioria das pessoas, mas desbloqueiam de imediato a sua imaginação para pensar e agir no mesmo sentido benéfico de ser, fazer e ganhar muito mais com muito menos.

Minhas visitas à uma loja Ikea, fora de Genebra, com meu filho Leonardo durante suas férias escolares, estará sempre entre minhas lembranças mais queridas. Foi a maneira perfeita de combinar uma produtiva manhã profissional com o tempo passado junto de meu filho. O local das crianças era uma mesa em forma de U muito grande, ao lado da área do restaurante, com todos os tipos de videogames e brinquedos coloridos espalhados no interior do U. As crianças iam em bandos para lá, a fim de brincar durante horas. Eu tomava goles de café e trabalhava no meu laptop, enquanto Leonardo brincava bem diante de mim com seus novos amigos. De vez em quando ele se aproximava de mim para dizer: "Você viu que eles estão passando um filme legal, pai?" ou "Pai, quero que conheça o meu novo amigo, Eric!". Depois de algumas horas, fomos comer no restaurante barulhento e divertido, e então voltamos para casa. Havia um circuito cuidadosamente projetado que precisávamos seguir para alcançar a saída, porém nos obrigava a andar um pouco mais pela loja e a olhar para todos os tipos de novos produtos Ikea. Leonardo sempre me pedia para comprar uma luminária nova, uma cadeira monstro ou um kit de desenho. Muitas vezes, eu comprava também uma ou outra coisa de que precisávamos em casa. Afinal, os produtos eram ótimos, os preços, bastante acessíveis, e Leonardo e eu estávamos muito felizes juntos.

Após cerca de um ano e meio, nossa casa se parecia um pouco com um daqueles interiores exibidos nos catálogos da Ikea ou na própria loja em si: divertido e carinhoso para as crianças, sóbrio, simples, confortável e muito funcional para toda a família. Com base no design interior da nossa casa suíça, a filosofia subjacente da Ikea lentamente abriu seu caminho em meu modo de pensar e agir em um contexto mais amplo. Eu me vi cada vez mais disposto a abraçar a simplicidade como um valor intrínseco e desenvolvi uma vontade maior de evitar todo tipo de desordem – física, digital, intelectual ou emocional. Eu não era o único. Durante as duas últimas décadas do século XX e em todos os principais países europeus, uma "geração Ikea" inteira cresceu sob influências análogas. Basta pensar em Mario Cucinella e Emiliano Cecchini e suas visões da arquitetura, que – como a própria experiência Ikea – representam a essência de uma mentalidade *trade-on*: a predisposição de levar a vida com a intenção de ser, fazer e ganhar muito mais com muito menos.

◦— A CHAVE PARA O PENSAMENTO MÁGICO

Os psicólogos que estudam a "mentalidade" ou o pensamento o definem como um autoconceito que as pessoas usam para estruturar o Eu, para guiar o seu comportamento e interpretar a realidade. Carol Dweck, uma das principais especialistas em pensamento e psicologia da personalidade, sustenta que a nossa mentalidade se desenvolve ao longo de nossa infância e idade adulta, moldando a nossa personalidade, formando todo o nosso mundo mental e dirigindo todos os aspectos de nossas ações, desde os relacionamentos familiares até nossas relações no trabalho e nos esportes.[4] Há também mentalidades partilhadas e autoconceitos coletivos que auxiliam a explicar por que determinados grupos, organizações e até sociedades inteiras diferem uns dos outros em seu raciocínio comum, traços de caráter e desempenho ao longo do tempo. Dweck sugere que cada indivíduo tem uma mentalidade e modo de pensar fixo ou em desenvolvimento. A mentalidade fixa é a crença de que seus talentos e habilidades são uma quantidade determinada e estável e isso não vai mudar mais em sua vida: ou você os tem ou não tem. Se quiser provar a si mesmo que é inteligente ou talentoso, você deve fazer isso correndo o risco de descobrir que não é, e pagando o preço por isso. Por outro lado, uma mentalidade em desenvolvimento significa ter fé na ideia de que talentos excepcionais e habilidades raras podem ser desenvolvidos ao longo do tempo. Você não está limitado às cartas que lhe foram dadas. Pode manter essas cartas, mas adquirir outras e virar o jogo em seu favor. Os limites superiores para as suas possibilidades de crescimento, na verdade, são desconhecidos; e cabe a você, durante sua vida, descobrir quais são eles.

Considerando que uma mentalidade *trade-off* pode ser descrita como uma mentalidade fixa que trabalha sobre o comportamento pessoal, bem como na tomada de decisões, então tanto a mentalidade *trade-on* quanto uma mentalidade em desenvolvimento baseiam-se na mesma crença: a de que há possibilidades ilimitadas e otimismo interior, crenças que definem os indivíduos como Mario Cucinella e organizações como a Ikea, levando-os ao caminho do sucesso. Além disso, uma mentalidade *trade-on* – a predisposição para ser, fazer e ganhar muito mais com muito menos – tem uma série de qualidades específicas associadas a ela.

Simplificando, uma mentalidade *trade-on* é o estado de espírito de ter crenças positivas sobre o Eu e a Natureza. Isso nos leva a ver o mundo com uma perspectiva corajosa e autoconfiante, na qual a excitação da curiosidade natural há muito venceu o medo inato do desconhecido. Ela se baseia na crença profunda de que tudo o que você estiver procurando, no final, se revelará com certeza algo extraordinariamente bom. Ela decorre da fé nas forças da natureza, inerentemente positivas para todas as criaturas. É uma relação de profunda confiança no poder nutritivo das emoções positivas, mesmo em face do aparentemente terrível meio ambiente lá fora – assim como todas as tempestades são, para as pessoas com mente *trade-on*, apenas condições temporárias, invariavelmente seguidas pelo sol. É a mentalidade que todos nós, possivelmente, tivemos quando éramos crianças.

É também a mentalidade subjacente aos mágicos. Em seu clássico volume *Magic, Science and Religion*, publicado pela primeira vez em 1948, o proeminente antropólogo Bronislaw Malinowsky (1884-1942) foi pioneiro no campo de estudos etnográficos sobre os diferentes pontos de vista de culturas nativas, inclusive aquilo que chamou de "sagrado" domínio da magia e da religião, em oposição ao "profano" domínio da ciência. Segundo Malinowsky, não houve povos – mesmo primitivos – sem religião e sem magia. Dentro de qualquer sociedade, Malinowsky viu a "função mágica" como a ritualização do otimismo humano e a expressão de fé na vitória da esperança sobre o medo, da confiança sobre a dúvida, da estabilidade sobre a incerteza, das emoções positivas sobre o pessimismo.[5] As observações de Malinowsky caracterizam adequadamente o estado de espírito dos proponentes da magia natural – que variam de Marsilio Ficino e Pico della Mirandola a Giordano Bruno e Athanasius Kircher – cujas obras e abordagens floresceram na Itália e em muitos outros países europeus durante o período do Renascimento (ou seja, do século XIV ao XVII). Eles tinham uma mentalidade com claras características de *trade-on*; além disso, suas vidas e carreiras certamente oferecem um exemplo daquilo que Carol Dweck define como uma mentalidade em desenvolvimento.

A maioria das pessoas permite, em certos momentos da vida, que os neurônios *trade-on* prevaleçam em seu território mental. No entanto, muitas delas lentamente adquirem uma mentalidade *trade-off* – em geral, em idade muito precoce – que gradualmente fecha sua capacidade de pensar e agir com base em uma perspectiva *trade-on*. Para que essas pessoas possam realinhar o seu "equilíbrio mental", encontrei duas abordagens simples – mas não simplistas – que podem reativar seus neurônios *trade-on*, com um efeito positivo sobre a forma como eles auxiliam os indivíduos a imaginar o seu futuro, tanto pessoal como profissional. Eu chamo a primeira abordagem de "rotação emocional" e a segunda de "tempestade emocional". Como os nomes sugerem, as duas abordagens baseiam-se no uso positivo da chave emocional para desbloquear uma torrente de sentimentos positivos que podem ter sido contidos e reprimidos por algumas pessoas.

Ao contrário do que se pode esperar, a notícia realmente ruim aqui não é o fato de você ser um pessimista "nato", que muitas vezes se traduz como pessoas que se tornam excessivamente presas a uma mentalidade *trade-off*. Os psicólogos descobriram que as mesmas pessoas podem, simultaneamente, demonstrar um alto grau de otimismo e de pessimismo na maneira de avaliar as suas escolhas, sugerindo que o otimismo e o pessimismo são apenas duas maneiras de expressar nossos altos níveis de envolvimento emocional. E, como vimos no capítulo que falava da "magia da imaginação", os cientistas modernos e os antigos magos igualmente descobriram que as emoções exacerbadas poderiam dirigir a nossa imaginação de modo poderoso e positivo. Portanto, se você perceber que a sua perspectiva geral está se inclinando para o lado pessimista, isso significa que já está muito envolvido emocionalmente e precisa apenas fazer uma volta de 180 graus em seu núcleo emocional (uma "rotação emocional") para começar a ver o mundo – e imaginar o futuro – de maneira mais otimista. A notícia ruim é: se, de fato, você se encontrar emocionalmente vazio, frequentemente se levará a uma forma desnecessariamente cínica de ver o mundo em geral. Se for esse o seu caso – e se pretende voltar a envolver-se emocionalmente, a fim de liberar seus poderes criativos –, você pode estar pronto para uma experiência de "tempestade emocional" que de repente pode trazer de volta seus neurônios *trade-on*.

As rotações emocionais funcionam melhor – e levam a resultados mais rápidos – tanto com as pessoas otimistas quanto com as pessimistas, mas que sejam indivíduos de mente aberta e bons observadores. O sistema consiste em desafiar implacavelmente a si próprio ou a sua equipe a ocupar a mente com imagens que provoquem emoções positivas e, em seguida, observar todo o seu entorno com novos olhos, a fim de identificar exemplos de *trade-on*s de excelência. Se você estiver trabalhando individualmente, então vai desafiar-se a identificar cada vez mais as opções *trade-on* em seu processo de tomada de decisões pessoais, bem como em seu processo de tomada de decisões profissionais. Se estiver fazendo esse exercício com sua equipe, você vai desafiar seus colegas a apresentar os próprios exemplos de *trade-on* para os outros e discuti-los. Se fizer isso de forma contínua durante um período, você encontrará a si mesmo e à sua equipe, de repente e naturalmente, gerando um número crescente de ideias, opções e escolhas com base na perspectiva de oferecer muito mais e melhores resultados, enquanto necessitam de recursos muito menores.

Como professor, gosto de fazer rotações emocionais entre os participantes da sala de aula durante meus cursos. Depois de falar sobre *trade-on*s e fazê-los concentrar-se em emoções positivas, eu os desafio a evocar imagens mentais de tudo o que experimentaram a partir do momento em que acordaram naquela manhã. Então eu lhes dou apenas alguns segundos para identificar alguns *trade-on*s. Enquanto os participantes apresentam os seus exemplos para todo o grupo, pode-se geralmente organizar o seu trabalho em três categorias básicas. Um primeiro grupo – geralmente uma minoria – chega a encontrar muito rapidamente diversos exemplos de *trade-on*s que realmente observaram, desde o restaurante que oferece café da manhã self-service e a tecnologia USB que alguns deles usam para gerenciar digitalmente as apresentações dos seus clientes até seus sites favoritos de comércio eletrônico. Um segundo e maior grupo ou traz ideias de *trade-on* que eles inventaram no próprio local, em vez de tê-los observado, ou apresenta exemplos de *trade-offs*, em vez de *trade-on*s. Finalmente, um terceiro grupo geralmente não apresenta nada, reclamando que o exercício é muito difícil ou que a própria noção de *trade-on*s não segue nenhuma lógica. Os dois primeiros grupos são compostos geralmente por pessoas que já mostram as características de uma mentalidade de *trade-on* confiável e indivíduos que necessitam apenas de um pouco de treinamento nessa forma de pensar. É o terceiro grupo que representa o maior desafio para a mudança de mentalidade, porque geralmente inclui indivíduos extremamente cínicos, que entendem o poder da imaginação na íntegra, mas lutam para desenvolvê-lo. É aqui que entra a tempestade emocional.

A ideia de uma tempestade emocional é uma maneira de desbloquear a imaginação das pessoas na direção do *trade-on* e baseia-se no fato de que a mentalidade acaba por ser generalizada e muito contagiosa. Todo mundo que já tentou viver, em qualquer tempo, com um grupo de pessimistas ou um grupo de otimistas, sem dúvida encontrou atitudes predominantes em relação a eles. Sabemos também que uma das melhores maneiras de transformar um cínico em um crente é enfrentá-lo com a esmagadora evidência física de algo cuja existência tem sido teimosamente questionada. Essa tempestade emocional abala igualmente o coração e a mente dos céticos e cínicos, uma vez que seu *self* foi mergulhado em um ambiente em que as pessoas reais fazem coisas extraordinárias com muito pouco e contra todas as probabilidades.

Meu lugar preferido para viver essa tempestade emocional é, sem dúvida, a comunidade de San Patrignano. Nunca esquecerei a primeira vez em que levei até lá um grupo de 20 executivos carrancudos, profundamente cínicos e bastante ocupados, todos com mentalidade essencialmente *trade-off*. Na noite antes da visita, anunciei que iríamos passar o dia seguinte em uma comunidade de reabilitação de dependentes de drogas e pedi-lhes que cada um dissesse uma frase que lhe viesse à cabeça para descrever um toxicodependente. As palavras "lixo humano", "lixo da sociedade", "pessoas doentes", "escravos fora de controle", "perdedores desgraçados" e outras do mesmo teor foram pronunciadas e prontamente escritas em um quadro.

Na manhã seguinte, eles visitaram a comunidade imaculadamente limpa na qual 2.000 pessoas vivem e trabalham como uma família, em um lugar que mais parecia um resort cinco estrelas do que um hospital. Os executivos ficaram surpresos ao saber que dois terços dos homens e mulheres sorridentes e com aparência saudável que eles encontraram em toda a comunidade eram HIV positivos. Eles também ficaram espantados ao perceber que San Patrignano rotineiramente consegue atingir a maior taxa do mundo em reabilitação de toxicodependentes, e com a metade do custo por pessoa em comparação com seus pares, sem utilizar drogas substitutas nem médicos. Esses executivos ficaram ainda mais assombrados quando entenderam o negócio de ponta que eles gerenciavam e os resultados de alta qualidade que produziam e vendiam, tudo por si mesmos. As soberbas instalações para produção de vinho de San Patrignano, o qual conquistou os principais prêmios da Itália durante os últimos quatro anos, os assombraram particularmente. Mas o verdadeiro choque foi a área de cavalos de salto e as medalhas de ouro que San Patrignano ganhara em 1994 no World Championship em The Hague — apenas cinco anos após o início das atividades, com um grupo inicial de cavalos salvos do matadouro. Um executivo timidamente perguntou se as medalhas de ouro foram "na verdade do 'campeonato do mundo real', ou apenas de uma espécie de 'Olimpíadas Especiais'". O chefe da equipe de salto, ele próprio um ex-dependente de drogas reabilitado em San Patrignano, sorriu quando respondeu que "Claro que as medalhas de ouro vieram do 'verdadeiro' Campeonato Mundial", acrescentando que "Nós não ganhamos a medalha de ouro nos Jogos Olímpicos ainda, mas estamos trabalhando duro para ganhá-la em breve". Por alguma razão, só o ex-dependente de drogas riu. Os executivos não acharam graça, apenas ficaram em silêncio e hipnotizados, observando cada detalhe com atenção e muito respeito.

Naquela noite, após a visita de um dia, fomos de volta à mesma sala de aula que compartilháramos na noite anterior. As palavras "lixo humano", "lixo da sociedade", "pessoas doentes", "escravos fora de controle", "perdedores desgraçados" e muitas mais eram claramente visíveis no quadro. Fiz três perguntas. Primeira: "Quantos de vocês ganharam medalhas de ouro no Campeonato do Mundo de qualquer esporte olímpico?". Descobriu-se que apenas um deles ganhara uma medalha de bronze em um campeonato universitário. A minha segunda pergunta foi: "Se você vê os toxicodependentes como doentes, o que constrói para resolver esse problema?". Um coro de vozes respondeu: "Um hospital!". Minha última pergunta foi: "Se você vê a toxicodependência como um problema educacional – principalmente como resultado de pessoas que não têm uma família que as apoie por várias razões –, o que constrói para resolver esse problema?". Dessa vez, a resposta veio mais devagar: "Uma família amorosa". Um silêncio desconfortável se seguiu. Eu podia ver muitos deles lutando para conter as próprias lágrimas. Demos o dia por encerrado e fomos dormir. Na manhã seguinte, a aula foi rápida – muito rápida. Esses executivos já sabiam sobre *trade-on* de alguma forma. Para eles, tornou-se mais do que apenas outro conceito inteligente, foi na verdade uma experiência inesquecível que viveram juntos. E todos eles estavam sorrindo.

Poucos meses depois encontrei uma maneira de criar e produzir um vídeo sobre a comunidade de San Patrignano. Desde então, tenho mostrado esse vídeo para inúmeras pessoas em muitos países, de modo que qualquer um que queira experimentar a mentalidade *trade-on* e o poder sem limites da imaginação humana – e não apenas teoricamente, mas aprender sobre ele – pode visitar a comunidade de San Patrignano, pelo menos de forma virtual.[6] E ele nunca deixou de provocar em pessoas de todo tipo a mesma tempestade emocional que vi acontecer com o primeiro grupo que levei até a comunidade. Uma tempestade emocional que, para muitas das pessoas que patrocinam esse tipo de mentalidade e foram retratadas neste livro, originou-se de uma variedade de fontes e experiências pessoais, mas trouxe os mesmos efeitos radicais e transformadores sobre a maneira como enxergavam seu mundo e imaginavam seu futuro.

A história de Stelios Haji-Ioannou, fundador da easyJet – companhia aérea classificada como uma das maiores empresas de aviação da Europa em 2009 – oferece um exemplo notável de como essa tempestade emocional pode motivar uma mentalidade *trade-on* que moldará – ou não – as escolhas para imaginar o nosso próprio futuro, tanto em nível pessoal quanto organizacional. São escolhas estratégicas que primeiro concebemos em nossa mentalidade orientada pela imaginação, mas que, em última instância, influenciarão – fortemente – o nosso desempenho ao longo da vida, e de maneiras muito concretas.

IMAGINANDO NOVOS FUTUROS COM UMA VISÃO *TRADE-ON*

Filho de um armador grego-cipriota magnata que foi, na década de 1980, um dos maiores proprietários independentes de petrolíferas do mundo, Stelios Haji-Ioannou – cujo cartão de visitas laranja descreve-o como um "empreendedor serial" – conseguiu muito mais, e muito mais cedo, do que qualquer um de seus pares. Ele era jovem quando alcançou grande sucesso internacional – fundou a easyJet em 1995, aos 28 anos –, mas continuava ainda jovem quando provou o verdadeiro fracasso. A tragédia golpeou sua família em 1991, quando um dos navios de seu pai – o *Haven* – explodiu no porto italiano de Gênova, matando cinco pessoas e derramando 50.000 toneladas de petróleo bruto naquele que foi o pior desastre ecológico no Mediterrâneo até então. Stelios e seu pai foram acusados de homicídio em conjunto e de tentar subornar as testemunhas. O sobrenome Haji-Ioannou foi arrastado na lama antes de o Supremo Tribunal italiano absolvê-los em 1999. Muitos anos depois, em 2006, Stelios falou sobre essa experiência em uma entrevista com Jane Martinson para o *Guardian*:

[Eu ainda sou perseguido por essa] experiência traumática da minha juventude. Foi o suficiente para fazer qualquer um pensar duas vezes sobre o que queria fazer na vida. Foi uma lição de vida. A pior coisa era que eu não podia provar que as alegações estavam erradas até que o caso fosse para o tribunal. Os fatos são irrelevantes para o público. Nessa altura, eu era o inimigo, o vilão. Isso é o que eu odiava. Eu não podia explicar que não era o vilão. Eles não se importavam.[7]

No meio dessa experiência arrasadora, Stelios resolveu que provocaria uma mudança radical em sua vida. Em vez de trabalhar como sócio do pai no negócio de transporte de petróleo da família, ele caminharia sozinho e dedicaria sua vida a se tornar popular entre as pessoas, fazendo com que produtos e serviços fora do alcance do consumidor fossem acessíveis para as massas:

Eu decidi [...] que a maneira de fazer a diferença na minha vida e na vida de outras pessoas seria oferecer-lhes serviços e produtos que na verdade são para muitos e não para poucos. Porque isso torna você mais popular. [...] Porque é melhor do que ser impopular. Melhor do que ser odiado.[8]

Foi durante esse período, em um voo para Londres, que Stelio sentou-se ao lado de um amigo de escola que lhe ofereceu a oportunidade de comprar ações de uma empresa grega que fazia uma rota franqueada para Virgin Atlantic, a inovadora companhia aérea fundada por Richard Branson.

Stelios recusou a oferta, mas conheceu Branson, um personagem exuberante, admirado pelo público e pela mídia. E não muito tempo depois, durante um voo da Southwest – a companhia aérea americana cujo sucesso se baseou no simpático serviço de bordo e na criação de rotas ponto-a-ponto –, uma imagem mental de um "ônibus no ar", voando ponto-a-ponto e de fácil acesso, uso e desfrute de todos, de repente surgiu na mente de Stelios. Ele disse:

> [Em 1995...] eu estava a ponto de construir uma marca da qual me sentisse orgulhoso... me identificasse com ela e trocasse o ruim pelo bom. Eu não posso simplesmente entrar e sair dos negócios. Sou um investidor de longo prazo.[9]

Foi assim que Stelios chegou a imaginar o conceito "fácil" como uma marca que significava fazer coisas que as massas achassem populares e favoráveis, como tornar acessíveis a todos aqueles produtos e serviços que estavam fora do seu alcance. Uma companhia aérea do tipo "ônibus aéreo" ponto-a-ponto, que oferece um valor monetário incomparável, parecia ser um primeiro passo óbvio para Stelios, devido à liberalização e desregulamentação do espaço aéreo que vinha varrendo a Europa desde a década de 1990. Stelios explicou como o nome "fácil" ("easy") de fato surgiu:

> Acho que eu estava em um bar uma noite [risos]. Realmente, o título da operação foi StelAir, mas eu pensei que era muito egocêntrico. Então comecei a procurar algo que se encaixasse no posicionamento que eu pretendia dar à

companhia aérea, que era valorizar o dinheiro. Com o passar do tempo, me veio o nome "fácil". [10]

Stelios começou a easyJet com a imagem mental de um ônibus "amigável" no ar, com sua experiência como passageiro e com 5 milhões de libras do pai. Quatorze anos depois, em 2009, ele era presidente do EasyGroup, um grupo de investidores que detinha a marca "easy" e tornava grande número de produtos e serviços acessíveis a todos por meio de dezenas de empreendimentos, que vão desde a easyJet até a easyCar (uma operação de locação de automóveis); easyCruise (uma linha de navios de cruzeiros); easyMoney (uma empresa de cartão de crédito); easyInternet (uma cadeia de cyber-cafés); e easy4men (uma linha masculina de produtos de toalete). A venda da Stelmar Shipping, feita em 2005 – seu primeiro empreendimento, criado em 1992 –, por US$1,3 bilhão, o transformou em um dos homens mais ricos da Europa. Além de sucesso nos negócios, Stelios, aos 42 anos, se tornou uma das personalidades mais influentes do Reino Unido, com um título de cavaleiro e quatro doutorados honorários, e uma reputação crescente como filantropo. Loucas Haji-Ioannou, pai de Stelios, foi citado como tendo dito, pouco antes de morrer, em dezembro de 2008:

> Meu Stelios é dez vezes melhor do que eu. Ele, sozinho, fez o impensável.[11]

Acreditar, como Stelios, que, mesmo em face de experiências extremamente angustiantes, você pode fazer mais do que parece com as cartas que lhe foram distribuídas e muito cedo na vida, na verdade começar a fazer o impensável é a marca de uma mentalidade *trade-on* em nível pessoal. Além disso, a easyJet e as dezenas de empreendimentos revolucionários iniciados por Stelios sob a marca "easy" demonstram como essa atitude pode ser compartilhada e se transformar em uma mentalidade coletiva dentro das organizações.

Trade-ons duplos

Desde o início, a easyJet foi uma empresa destinada a criar uma experiência em voar radicalmente diferente, "sem enfeites", e que agregasse um valor incomparável ao dinheiro dos clientes. O fato de ela garantir que diversos *trade-on*s foram incorporados na experiência de seus clientes não apenas tornou-a única, mas também lhe deu enormes vantagens em termos de valor para os clientes e de eficiência nos custos. Um *trade-on* duplo é algo que simultaneamente representa maior valor para o dinheiro dos clientes e reduza os custos para a empresa. Em 1995, quando muitos dos clientes tinham apenas ouvido falar da internet, alguns deles podiam a qualquer momento comprar bilhetes da easyJet dentro de suas próprias casas, visitando o site – fácil de utilizar – de comércio eletrônico da companhia. Para esses clientes, isso significou a eliminação do trabalho de se dirigir à agência de viagem mais próxima e pedir ao agente a recomendação de um trajeto ou uma companhia aérea por meio de um processo complicado. Para a empresa, isso eliminou totalmente o aumento de dois dígitos no preço do bilhete das agências de viagens.

O site de e-commerce da empresa foi um *trade-on* para o cliente e para a organização: um *trade-on* duplo – mas ele estava longe de ser o único. Pelo simples fato de poder fazer seu check-in no aeroporto com um número de reserva gerado pelo site da easyJet – ou simplesmente mostrar sua identificação no caso de esquecer o código –, os clientes não tinham mais que se preocupar em guardar os bilhetes em local seguro e a empresa não precisava mais imprimi-los: outro duplo *trade-on*. No portão de embarque, os clientes percebiam que não havia reserva de assentos, então eles deviam chegar mais cedo para conseguir os melhores lugares, o que, por sua vez, ajudou a easyJet a desenvolver um registro de pontualidade desde o início: outro duplo *trade-on*. Os clientes também perceberam que as tarifas da easyJet sistematicamente ficavam mais altas perto das datas de partida, então, eles faziam reservas antecipando para conseguir preços inacreditavelmente baixos. Depois que os passageiros descobriam que não havia mais lugares baratos disponíveis, eles compravam passagens da easyJet de qualquer maneira, porque mesmo as tarifas mais altas da companhia ainda eram consideravelmente mais baratas do que as de seus concorrentes. Isso, juntamente à estrutura de rotas ponto-a-ponto e o fato de que a empresa inicialmente utilizava apenas um tipo de aeronave, significou que a easyJet pôde, desde o começo, apresentar um dos mais altos índices de ocupação da indústria aérea e que seus aviões podiam voar onze horas por dia, em vez da média da indústria de seis horas diárias. Assim, o rendimento da easyJet, suas aeronaves e a gestão de rotas geraram mais um – e dessa vez enorme – duplo *trade-on* para o cliente e para a empresa.

Uma vez no interior da aeronave, os clientes podiam ver que o avião era novo, que tinha uma equipe de bordo sorridente, e que eles poderiam comprar a um preço justo qualquer refeição ou bebida do menu de bordo. Não era preciso comer o que alguém decidira de antemão que deveria ser servido durante o voo. E para a empresa, isso significava transformar um item de custo (o *catering*) em um centro de lucro: um *trade-on* duplo. Uma vez que um grande número de pessoas se sentia bem sem pedir qualquer bebida durante um voo de duas horas, a easyJet pôde instalar somente dois banheiros, em vez de quatro, em seus aviões Boeing 737-300, e o espaço adicional foi preenchido com mais assentos: outro duplo *trade-on*. Uma vez que a experiência em voar pela easyJet não tinha "enfeites" e foi construída sobre esses grandes e pequenos *trade-on*s, desde o início a empresa foi capaz de obter elevados níveis de satisfação do cliente cobrando preços que muitas vezes eram dois terços mais baratos do que os de seus concorrentes, e, ao mesmo tempo, gerando margens de lucro e retorno sobre ativos muito superiores à média da indústria aérea. Isso realmente foi um caso de vários *trade-on*s duplos.

A mentalidade *trade-on* de Stelios migrou naturalmente para a easyJet, em primeiro lugar, e para todas as suas empresas "easy" depois, em grande parte porque ele atraiu e recrutou pessoas talentosas com mentalidade semelhante e as mesmas paixões: criar uma marca muito popular que tornasse acessíveis a todas as pessoas produtos e serviços fora do alcance da maioria. Mesmo dentro do contexto do século XXI, cada vez mais ambientalmente consciente, a easyJet ganhou as manchetes em 2007 no Paris Air Show, revelando seu protótipo "ecoJet", um conceito de design radical que poderia transportar o mesmo número de pessoas e custar o mesmo que o Airbus A320, estabelecendo novas normas de emissão extremamente baixas – outro duplo *trade-on*. Executivos das fabricantes de aviões presentes ao show aéreo, surpresos, mostraram visíveis esforços para encaixar aquele ecoJet não convencional em seus planos de entrega para a próxima geração de aviões comerciais.

⸺ VENDO O MUNDO ATRAVÉS DE LENTES *TRADE-OFF*

Eu continuo a encontrar amigos que exibem as características de uma mentalidade *trade-on*, especialmente entre os profissionais criativos, como artistas, escritores, arquitetos, empresários e designers. No entanto, fico espantado ao descobrir que os executivos de grandes e pequenas empresas em toda parte, em sua maioria, não apenas aplicam uma mentalidade *trade-off* unilateral, de forma muito cuidadosa e deliberada, na carreira profissional, mas também atraem pessoas com mentalidades similares para participar de suas equipes. Muitas vezes, isso é uma preferência incentivada por um contexto envolvente, que inclui partes da literatura científica e especializada – principalmente em determinadas áreas do campo da administração. Afinal, a exemplo do que psicólogos como Carol Dweck sugerem, nossa atitude determina o que vamos ou não imaginar, e isso pode ser verdade também para os cientistas sociais. Pense no que disse o principal estrategista de gestão Michael Porter, cujas noções de "estratégias genéricas" de 1980 sugeriam que todas as empresas concorrentes na arena dos negócios poderiam adotar uma estratégia de diferenciação – quer dizer, prestação de ofertas muito diferentes que implicam custos mais elevados – ou liderança de custos em detrimento da oferta de produtos ou serviços diferenciados para os clientes.[12] Essa maneira de pensar sugere claramente uma mentalidade *trade-off* em ação que, no caso particular de Porter, exerceu profunda influência sobre toda uma geração de executivos, acadêmicos, estudantes e consultores. Dezesseis anos depois, em um influente artigo intitulado "O que é estratégia?", Porter insistiu que "os *trade-offs* são essenciais para a estratégia. Eles criam a necessidade de escolha e propositadamente limitam o que uma empresa oferece";[13] e acrescentou que: "uma posição estratégica sustentável requer *trade-offs*".[14] As autoconfiantes prescrições de Porter em apoio aos *trade-offs* situados no coração da estratégia de gestão foram ilustradas com exemplos que incluíam o setor aéreo:

> Simplificando, um *trade-off* significa que ter mais de um implica ter menos de outro. Uma companhia aérea pode optar por servir refeições – acrescentando custos e diminuindo o tempo de espera no portão de embarque – ou escolher não fazer isso, mas ela não pode fazer as duas coisas ao mesmo tempo sem que isso resulte em quebras da eficiência.[15]

Em 1996 (ano da publicação de "O que é estratégia?"), a easyJet de Stelios Haji-Ioannou já estava no negócio havia um ano, e o livro *Co-opetition* de Nalebuff e Brandenburger – em que se cunhou o termo *trade-on* – fora publicado. Todos os três teriam provavelmente implorado para discordar do exemplo de Porter.

∘— MENTALIDADES ESTRATÉGICAS PARA IMAGINAR O FUTURO

Não se trata tanto de dizer que qualquer guru da administração em particular deverá ser declarado "certo" ou "errado" em sua perspectiva sobre a estratégia corporativa e de negócios. Trata-se mais do fato de que deveríamos reconhecer os preconceitos lógicos generalizados que favoreceram o modo de pensar em *trade-offs* durante toda a década de 1980 e 1990 condenando o seu complemento natural – a mentalidade *trade-on* – próxima do esquecimento em determinados círculos. A visão de "co-opetition" de Nalebuff e Brandenburger, que seria a execução simultânea de estratégias tanto competitivas quanto cooperativas, bem como os esquemas de *trade-off* e *trade-on* como forma de obter vantagens transacionais comerciais, apresenta uma visão mais ampla, que vai muito além da perspectiva competitiva unilateral de Porter. Da mesma forma, a noção da obra *A estratégia do oceano azul* de 2005, por W. Chan Kim e Renée Mauborgne, que é a busca simultânea de diferenciação e de baixo custo, a fim de criar espaços de mercado inexplorados, sugere claramente abordagens mentais diferentes do pensamento estratégico *trade-off* para imaginar o futuro.[16] De fato, tanto os *trade-ons* quanto os *trade-offs* são partes essenciais do portfólio de cada um dos instrumentos mentais que nos auxiliam a traçar o campo inteiro de possibilidades que podemos imaginar se desdobrando à nossa frente. Vamos aplicar essa perspectiva abrangente à questão de como as pessoas podem continuar imaginando orientações estratégicas futuras para si mesmo e para suas empresas. Em mais de duas décadas, durante as quais me dediquei a examinar essa questão, encontrei semelhanças – assim como diferenças profundas – no modo como as pessoas imaginam o futuro de forma estratégica.

Vamos começar com as semelhanças. Descobri que a maioria das pessoas e organizações ativas no seio das sociedades e economias razoavelmente abertas compartilha duas obsessões transacionais quando pensam em como transformar em realidade suas ideias recém-concebidas para o futuro. Por um lado, elas se preocupam com o valor que essas novas ideias trarão para seus futuros clientes na forma de novos produtos e/ou serviços que conduzirão certas experiências dos clientes. Podemos pensar sobre o valor de qualquer experiência do cliente em termos da avaliação que pessoas como você e eu fazemos ao considerar todos os acontecimentos positivos ou negativos, quando passamos a consumir um determinado produto ou serviço, e comparar com o preço que pagamos por isso. Podemos expressar esse valor como uma avaliação da relação, em que a soma de todas as experiências positivas ou negativas dos clientes é o numerador e o preço pago pelo cliente é o denominador. Por outro lado, as pessoas e organizações com novas ideias também estão preocupadas com os custos a que precisam se expor para realmente poder entregar as novas ideias a seus futuros clientes na forma de novos produtos e/ou serviços. Por "custo de entregar a experiência do cliente" quero dizer a contabilidade detalhada de todas as despesas (de pesquisa, desenvolvimento, produção, estoque, logística, propaganda, marketing, vendas, financeiro etc.), ocorridas a partir da primeira concepção de uma nova ideia até o momento de realmente lançá-la no mercado, na forma de produtos inovadores e/ou serviços disponíveis aos clientes. Esses custos podem ser divididos por unidades de produção (ou serviços), a fim de se obter uma "unidade de custo de entregar a experiência do cliente", que pode ser comparado aos custos dos concorrentes, o custo unitário médio da indústria e assim por diante.

Mas aqui terminam as semelhanças. Encontrei pelo menos quatro mentalidades distintas em ação quando diferentes pessoas começam a pensar estrategicamente sobre suas escolhas futuras, ao lado das duas obsessões que acabam de ser descritas: o valor da experiência do cliente e do custo unitário de entregá-la. Vamos chamar essas quatro aplicações distintas e restritas de mentalidade de "mentalidade estratégica".

Uma maneira de pensar *trade-off* – a crença arraigada de que mais de uma coisa implica, automaticamente, menos de outra coisa (ou vice-versa) – geralmente leva a imaginar escolhas que jogam o valor da experiência do cliente contra os custos unitários incorridos na entrega dessa experiência. Assim, os indivíduos e as organizações com mentalidade *trade-off* imaginam suas escolhas estratégicas em termos do seguinte dilema: ou criamos o maior valor possível para os clientes, mesmo que isso nos deixe com custos unitários bem superiores aos dos nossos concorrentes; ou nos concentramos em ter o custo unitário mais baixo que se possa imaginar, mesmo à custa da redução do valor da oferta aos nossos clientes. Eu chamo a abordagem mental anterior de mentalidade estratégica de "diferenciação *trade-off*", e esta última de mentalidade estratégica de "mercadorias comuns". Não surpreendentemente, essas duas mentalidades estratégicas são muito semelhantes às noções de Porter de estratégias genéricas. As fórmulas de clientes que logicamente emergem dessas mentalidades estratégicas também são exemplos claros do modo de pensar *trade-off* e podem ser sintetizadas como: "Podemos diferenciar os produtos ou serviços de tal modo que os clientes estarão dispostos a pagar um preço especial por eles (o que nos manterá no negócio, apesar de nossos custos serem superiores ao custo unitário médio); ou podemos oferecer mercadorias comuns, mas tão baratas que nossos clientes ainda irão comprá-las (e vamos conseguir sobreviver, apesar dos baixos preços que cobramos, porque os custos unitários estão muito abaixo da média)".

Outra maneira de pensar, que pode ser chamada "mentalidade de operar em baixa", consiste em imaginar uma escolha estratégica que deixará você e seu cliente em pior situação: oferecer uma experiência do cliente de baixo valor enquanto cria custos mais elevados para a própria empresa. A isso eu chamo mentalidade estratégica monopolista, porque é bastante óbvio que só as organizações que desfrutam de uma posição monopolista – ou quase – poderiam realmente sobreviver com essa maneira de pensar, a não ser em um prazo muito curto.

No entanto, existe outro grupo de pessoas que sempre aplica uma mentalidade estratégica de duplo *trade-on* ao imaginar as escolhas e as fórmulas de clientes que, simultaneamente, criam experiências altamente valiosas para os clientes e resultam em custos unitários abaixo da média para entregá-las. Como mencionado, essas pessoas e organizações realizam sistematicamente esse truque espantoso ao imaginar experiências do cliente com um grande número de *trade-on*s duplos construídos nelas mesmas. Pense nos inúmeros *trade-on*s de clientes que a easyJet construiu de forma pioneira – desde a agência de viagens na internet e os preços superbaratos para a reserva antecipada até o bilhete virtual ou o menu de bordo pago –, o que também significou dramaticamente menores custos por assento e taxas de ocupação muito altas para a indústria. Pense também nos *trade-on*s duplos da casa sustentável de Cucinella, e nos da Ikea também. Não considere apenas isso. Pense em todas as histórias extraordinárias narradas neste livro: a comunidade de San Patrignano, em primeiro lugar do mundo em taxas de reabilitação de dependentes de drogas, com metade do custo; as soluções da Medtronic, por toda a vida, para algumas das doenças crônicas mais letais do mundo juntamente as drásticas reduções nos custos; a capacidade da Zara de levar novos artigos de vestuário de baixo custo duas vezes por semana para milhares de pontos de venda em todo o mundo, ao mesmo tempo em que gera margens superiores e crescimento explosivo da receita; e as vendas anuais de dois dígitos e o aumento da rentabilidade do Grupo AJE, obtidos fazendo bebidas de alta qualidade acessíveis às massas em todos os países de média ou baixa renda. Todos eles são exemplos claros da mentalidade estratégica de *trade-on*s duplos aplicados em imaginar *trade-on*s duplos embutidos nas experiências de clientes que ajudem a criar futuros inteiramente novos para as pessoas.

A mentalidade estratégica diferente também pode ser vista claramente em jogo nas escolhas que as pessoas imaginam para seus próprios futuros individuais, tanto pessoais quanto profissionais. Um exemplo clássico são as escolhas estratégicas que o indivíduo faz ao investir na própria educação e desenvolvimento profissional durante toda a vida adulta, o que, obviamente, traçará suas opções futuras no mercado profissional. Por um lado, há indivíduos que tendem a gastar muito em termos de tempo e dinheiro para melhorar seus talentos e salários com potenciais empregadores. Por outro lado, encontramos uma série de pessoas que oferecem habilidades pouco qualificadas a preços mais baixos e que podem representar vantagens de custo para os empregadores que as contratam. Muito raramente, como quando há uma extrema escassez de trabalhadores disponíveis e isso dá ao trabalhador não qualificado um poder incomum de negociação com os empregadores, podemos ver o pagamento de salários relativamente altos para competências sem qualificação. No entanto, uma mentalidade estratégica de duplo *trade-on* aplicada nas próprias escolhas educacionais e profissionais de uma pessoa abrange pelo menos duas categorias de trabalhadores com qualificação que experimentaram um crescimento significativo durante a primeira década do século XXI. Uma delas é o grupo daqueles que combinam o horário de expediente com o trabalho remoto em casa, levando a um melhor equilíbrio entre a vida pessoal e a vida no trabalho, enquanto continuam sendo capazes de manter níveis relativamente elevados de produtividade e de salário. A outra categoria consiste em profissionais altamente talentosos – como estilistas, enólogos, artistas, pessoas que desenvolvem videogames, ou esportistas – que construíram suas profissões em torno de suas verdadeiras paixões e cujos níveis excepcionais de criatividade e/ou produtividade são tão proeminentes que seus empregadores quase sempre conseguem obter um retorno extraordinário para os salários pagos. Mesmo que estes sejam fixados em níveis incrivelmente elevados.

A Figura 3 mostra esquematicamente a interação entre as diferentes mentalidades estratégicas e as opções disponíveis para os indivíduos e organizações, a fim de que possam imaginar e construir o próprio futuro com base no valor da experiência do cliente e nos custos unitários de entregá-la.

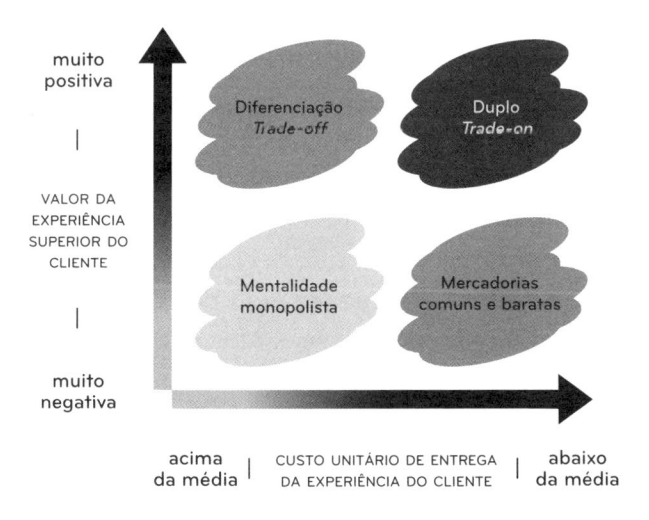

Figura 3: Mentalidade estratégica para imaginar o futuro

○— A MENTALIDADE PARA A CRIAÇÃO
DE FUTUROS SUPERIORES

Embora muito tenha sido escrito sobre as implicações individuais e organizacionais tanto das mentalidades estratégicas *trade-off* quanto da mentalidade monopolista, relativamente pouca atenção tem sido dedicada ao significado mais amplo da mentalidade *trade-on*, em que ela se aplica à questão estratégica de imaginar o futuro. Aqui, encontrei uma série de características notáveis típicas e comuns a todas as histórias extraordinárias de aplicação da mentalidade *trade-on*. Uma vez mais, os exemplos não têm o objetivo de ilustrar uma mentalidade particular estratégica como inerentemente superior a outra. Eles dizem respeito a como nos tornar conscientes das naturezas radicalmente diferentes dessas mentalidades estratégicas e de suas implicações de longo alcance, sempre que imaginamos possíveis opções estratégicas para o nosso próprio futuro e o de nossas organizações.

Comecemos por compreender a noção de experiência do cliente indicada na Figura 3. A experiência superior do cliente é o nível crescente de poderes que os clientes adquirem em sua vida como resultado de consumir um determinado produto e/ou serviço. Muitas vezes, esse poder e essa capacitação permitem às pessoas construir seus próprios novos futuros por si mesmos. Para entender se determinado produto ou serviço leva a experiências superiores do cliente, é preciso observar essas experiências no contexto mais vasto do desdobramento da vida dos clientes.

As empresas aéreas que mais valorizam seu dinheiro, como a easyJet, abriram um impensado mundo novo de possibilidades para multidões de pessoas em toda a Europa. De repente, os europeus do norte, carentes de sol, poderiam ir para as ilhas do Mediterrâneo, como Mallorca, Córsega ou Rodes, de onde poderiam, então, tomar um voo semanal para trabalhar em Frankfurt, Londres ou Bruxelas. Incrivelmente, isso significava tempos menores de viagem com custos de transporte que se mostraram realmente inferiores às viagens anteriores de carro entre a casa e o trabalho. Como residente europeu na década de 1990, fiquei surpreso ao perceber que, em determinado ponto, o número total de voos regulares diários para a ilha espanhola de Mallorca era maior da Alemanha para lá do que da Espanha para a Alemanha. Em uma cidadezinha em Mallorca, o número de moradores de origem alemã era tão superior ao número de residentes espanhóis que eles elegeram um prefeito alemão e lançaram um jornal alemão. Não irei muito longe ao dizer que toda uma geração de europeus está crescendo e desfrutando de uma qualidade de vida e grau de exposição cultural que eram inimagináveis sem o que a easyJet proporcionou. A vasta disponibilidade de voos que avaliam com clareza o custo-benefício, junto a uma revolução na tecnologia das comunicações, também significou que, de repente, milhões de pessoas foram capazes de viver o sonho de se tornar empresários independentes, consultores e artistas, e desfrutar de uma vida plena como resultado dessa oportunidade. Europeus de todos os países se misturaram, trabalharam juntos em todos os tipos de empresas e até mesmo se casaram como nunca antes havia acontecido em sua longa e respeitável história. De certa forma, as experiências reais mais elevadas ocorreram com os clientes da easyJet à medida que saíam do avião. Da mesma forma, os membros da comunidade San Patrignano, cuja abordagem eficaz em termos de custo para a reabilitação de dependentes de drogas era trabalhar em iniciativas empresariais que visavam alcançar padrões mundiais de excelência, simplesmente tiveram sua vida de volta e se projetaram a novas alturas que ninguém – especialmente eles e suas famílias – poderia imaginar antes, mesmo nos sonhos mais loucos. A oferta altamente rentável de bebidas de alta qualidade do Grupo AJE, que mesmo as pessoas de renda mais baixa poderiam comprar, incentivou o surgimento de inúmeros participantes que objetivavam operações pelo ponto de vista do custo-benefício em todos os tipos de indústrias de bens de consumo; pela primeira vez essa oferta começou a abranger multidões de pessoas, em países de renda mais baixa, como parte do mercado: uma experiência superior e enormes *trade-on*s duplos para esses participantes, para seus clientes e para os países.

Exemplos como a easyJet, San Patrignano e o Grupo AJE ilustram como uma mentalidade estratégica de duplos *trade-on*s pode motivar essas experiências superiores dos clientes muito naturalmente. Em vez disso – e quase por definição –, as fórmulas de clientes decorrentes de uma mentalidade estratégica de diferenciação por *trade-off* pode se transformar em experiências superiores só para o número extremamente baixo de super-ricos, para quem um produto de elite ou um serviço tão luxuoso e caro que desafia a imaginação, no entanto, representa apenas uma despesa insignificante. Foi o caso de viagens aéreas internacionais durante os anos 1960 e 1970, as quais só os ricos e famosos – a então chamada elite "jet set" – podiam se dar ao luxo de usar à vontade, enquanto o resto da população era basicamente deixado de fora desse mercado de passageiros frequentes ou de programas de milhagem.

A mentalidade estratégica de duplos *trade-on*s pode ser tão difundida como a diferenciação dos *trade-off*. No entanto, ela não se aplica apenas a ideias do tipo produtos e serviços sem luxo, ou a produtos baratos, ou a serviços para as massas. Aplica-se a tudo. Considere o caso do caviar, as ovas de esturjão que durante séculos foram consumidas nas mesas da realeza europeia e dos poucos milionários gourmets que tinham recursos para comprar o melhor Beluga, Osetra e Sevruga. Durante a década de 1980, a pesca ilegal, a poluição e a instabilidade política na região do mar Cáspio – o habitat tradicional de colônias de esturjão da mais alta qualidade no mundo – elevaram os preços do caviar russo e iraniano a níveis ainda mais altos. Isso incentivou um número de empresários, como o britânico Alan Jones, a imaginar a reconstituição das colônias de esturjão europeu no clima mais quente do sudoeste da França, onde os peixes haviam desaparecido durante o século XIX. Por acaso, esses criadores de peixes descobriram em 1993 que o esturjão siberiano de água doce (*Acipenser baerii*) poderia se reproduzir em cativeiro e com sucesso no novo habitat. Essa descoberta levou a um *trade-on* duplo que reviveu a indústria francesa de caviar, a qual, por volta de 2005, produzia 17 toneladas de caviar por ano (produção maior do que qualquer país europeu, fora a Rússia), com preços de até € 2.000 o quilo. Naquele mesmo ano, Claudia Boucher, uma executiva da indústria francesa de caviar de esturjão, observou:

> Até alguns anos atrás, a simples ideia de caviar [francês] de Aquitaine ainda fazia as pessoas rirem. Então, a revista *60 millions de consommateurs* realizou uma degustação no escuro com especialistas, na qual o caviar francês obteve a mesma pontuação do caviar russo Sevruga, vendido pelo dobro do preço. Isso acabou com todos os preconceitos.[17]

Métodos de pesca melhores, maior proximidade com o mercado e logística mais confiável fizeram do caviar francês um negócio altamente rentável, com a metade do preço da sua variedade russa. No entanto, mesmo com níveis tão baixos de preço, até 2009 o caviar francês de alta qualidade continuava uma iguaria para poucos e ricos conhecedores – apesar do preço mais acessível do que o do caviar do mar Cáspio. Assim, se você achou que os participantes com mente *trade-on* pensam exclusivamente em produtos e serviços sem luxo para as massas, pense novamente. Eles podem já estar produzindo o caviar top de linha que você um dia vai ousadamente provar como uma nova experiência de vida.

Embora a ideia de "ter muito mais com muito menos" possa parecer absurda para alguns à primeira vista – ou mesmo suspeita –, uma mentalidade estratégica sobre os duplos *trade-on*s depende da própria lógica forte e de sua racionalidade. Se os psicólogos como Carol Dweck estão certos ao afirmar que a nossa mentalidade cria todo o nosso mundo mental, segue-se que o pensamento lógico e o pensamento racional são um subconjunto de mentalidades, e não o contrário. Assim, se uma mentalidade estratégica de duplos *trade-on*s soou um pouco "ilógica" para você, quando leu sobre isso no início deste capítulo – como acontece rotineiramente com muitas pessoas que conheço –, pode apenas apontar de onde você veio, ou com o que você está acostumado, com relação à mentalidade. Os pensamentos lógicos, ideias e resultados conduzidos por uma mentalidade estratégica de duplos *trade--on*s são tão racionais como aqueles decorrentes da diferenciação *trade-off*, como inúmeras instituições e indivíduos têm demonstrado ao longo do tempo. É apenas uma lógica radicalmente diferente – mas igualmente poderosa – em comparação com a racionalidade *trade-off*.

Como ilustrado por organizações como a Zara, a easyJet ou o Grupo AJE, a mentalidade estratégica de duplos *trade-on*s leva a imaginar futuros que realmente criam experiências do cliente sem precedentes e diversos novos mercados. Uma vez que essas experiências de clientes têm diversos *trade-on*s duplos embutidos, muitas vezes conseguem obter um crescimento explosivo mesmo em condições de mercado recessivo, que afetam os competidores menos orientados para o cliente e para a eficiência em conseguir baixo custo em suas operações. Como mencionado no capítulo anterior, o crescimento espantoso é também o resultado bem-sucedido de ideias do futuro baseadas no *trade-on*, tipicamente expandindo-se lateralmente por meio de economias de imaginação; ou seja, por intermédio da transferência de imagens radicais do futuro, juntamente a uma missão com propósito e uma poderosa fórmula de clientes *trade-on*, em mercados completamente diferentes, nos quais tais características estão prestes a florescer. Aproveitando o sucesso enorme da easyJet, Stelios Haji-Ioannou aplicou o mesmo sonho ("a construção de uma marca popular entre as massas"), a mesma missão intencional ("trazer produtos e serviços fora do alcance, e fazendo-os acessíveis a todos") e a mesma fórmula *trade-on* do cliente ("dar valor inigualável ao dinheiro dos clientes") a outras indústrias com características semelhantes às do transporte aéreo comercial europeu no início de 1990; ou seja, a falta de transparência e orientação ao cliente, o excesso de regulamentação, a demasiada complexidade e a pouca oferta de produtos e serviços com boa relação custo-benefício.

Embora – para os indivíduos-chave dentro dessas extraordinárias organizações – tenha sido a tempestade emocional que deixou sua imaginação voar em direção ao *trade-on*, nós invariavelmente encontramos clientes reais – ou figuras equivalentes aos clientes – no olho do furacão. Seja uma tragédia pessoal, o terrorismo mortal nas montanhas andinas, os encontros casuais com os dependentes de drogas em uma praça italiana, ou uma paixão pela profissão – seja o que for que tenha desencadeado fortes emoções em Stelios, na família Añaños, em Vincenzo Muccioli e em Amancio Ortega, foi de fato a conjugação dessas emoções com os clientes reais que os fez imaginar a easyJet, a Kola Real, a comunidade de San Patrignano e a Zara. No capítulo seguinte descreveremos como os encontros decisivos e emocionalmente férteis como esses podem estimular sonhos radicais do futuro, que detêm o poder de transformar profundamente a vida de todas as pessoas envolvidas neles.

2 Segunda chave:

Obsessão pelo cliente

Atuar é a habilidade de viver de verdade sob circunstâncias imaginárias.
Sandy Meisner (1905-1997),
ator americano e professor de arte dramática

Tudo foi tão cansativo que não percebi, em princípio, que finalmente conseguira. Ao longo dos cinco dias anteriores, eu caminhara pelas florestas tropicais e mal percebera as trilhas que rodeavam penhascos verticais de tirar o fôlego, com vista para os rios que ribombavam muito abaixo. Eu procurava Hatun Vilcabamba, a lendária capital do reino inca no exílio, no século XVI, que, após a invasão espanhola, sobrevivera por mais de quarenta e tantos anos profundamente incrustada no interior da selva inóspita que circunda o rio Apurimac, um dos principais afluentes do Amazonas. Após o seu fim em 1572, Hatun Vilcabamba foi esquecida durante séculos, a tal ponto que muitos historiadores do século XX acreditavam que aquilo era não mais do que um mito. Agora eu estava de pé em cima de um cume de difícil acesso, ladeado por um vale impressionante, delimitado por uma cadeia de montanhas majestosas totalmente cobertas com vegetação. Atrás de mim havia os restos de duas torres militares soberbamente colocadas de modo que as sentinelas de Vilcabamba poderiam ver de muito longe qualquer um que se aproximasse. Na minha frente, uma admirável estrada real inca descia todo o caminho até a misteriosa capital, escondida por árvores gigantescas. Uma tempestade tropical irrompeu de repente, e um sentimento do passado prendeu-me enquanto visitava os impressionantes edifícios de pedra de Hatun Vilcabamba sob uma chuva torrencial. Imaginei os últimos jovens e cansados guerreiros incas olhando os mesmo edifícios, e talvez murmurando antigas orações ensinadas pelo Hamawtha Wiraqocha, a fim de recuperar suas forças e inspiração para continuar a lutar.

Ao longo do caminho para Vilcabamba, eu me hospedara nas casas dos hospitaleiros moradores de Ututo, Vista Alegre, Urpipata e Concevidayoc. Uma vez que em 2006 as estradas ainda eram de má qualidade e prejudicadas pelas frequentes chuvas tropicais, os veículos não se aventuravam além da passagem de Collpaqasa, a 3.500 metros de altitude, e a cinco dias de caminhada até Hatun Vilcabamba. Os habitantes locais comercializavam os seus produtos agrícolas e têxteis no mercado de Pampaconas, ao lado de Collpaqasa, e lá eles carregavam suas lhamas e mulas com alimentos e outros suprimentos e pegavam a estrada de volta para suas aldeias. Suas casas eram extremamente simples: apenas uma sala de cerca de 40m^2, na qual uma família inteira de até cinco pessoas cozinhava e comia, se divertia e dormia. Eles compartilhavam tudo o que tinham com seus visitantes, pareciam felizes e nunca reclamavam. De Concevidayoc, que fica a oeste, era mais dois dias de caminhada pela floresta tropical até alcançar o rio Apurimac, que marca a fronteira entre as divisões territoriais peruanas de Cuzco e Ayacucho. Se você cruzar o rio e continuar a caminhada para oeste durante mais quatro dias, chegará a San Miguel Arcángel, a capital da província de Ayacucho La Mar.

Na década de 1950, quando Eduardo Añaños crescia e seu pai era um bem-sucedido proprietário rural em San Miguel, a cidade não diferia muito das vilas rurais ao longo da margem oriental do Apurimac que eu visitei em 2006. A ausência de boas estradas e a inacessibilidade do território de La Mar, onde as montanhas escarpadas andinas se encontravam com a vegetação exuberante e impenetrável da Amazônia, faziam de San Miguel um local encantador, mas isolado. Como resultado, os ricos proprietários viviam em suas fazendas coloniais sem eletricidade, nem telefones, e sem os bens de consumo que beneficiavam os centros urbanos andinos maiores e mais conectados. Os menos abastados, que eram maioria, dividiam as mesmas privações, com a diferença crucial de que os seus parcos rendimentos rurais eram insuficientes para comprar até mesmo os bens de consumo mais básicos. A atmosfera bucólica oferecia uma qualidade de vida simples e calma que, todavia, fazia que todos – o proprietário e o camponês – ansiassem pela variedade de comodidades e artigos de luxo que havia nas cidades mais sofisticadas.

Em 2006 a maioria dos moradores adultos de San Miguel ainda se lembrava muito claramente da primeira vez em que os refrigerantes apareceram nas lojas locais. O evento memorável aconteceu durante a década de 1970, quando muitos ainda eram apenas crianças. A marca líder local do Peru, Inka Cola, estabelecera a sua primeira fábrica de engarrafamento em Ayacucho para começar a distribuir seus produtos em toda a região central andina. A Coca-Cola e outras marcas vieram logo depois disso. Desde então, os cidadãos abastados de La Mar tinham recursos para um fornecimento regular de refrigerantes, mas o resto da população poderia fazê-lo apenas uma ou duas vezes por ano, principalmente para comemorar seus aniversários e o Natal. Cerca de uma década depois, em 1988, as lembranças da infância na província de San Miguel provavelmente voltaram à mente de Eduardo Añaños quando dois de seus filhos lhe falaram em lançar uma nova bebida não alcoólica, dando o passo incrivelmente imaginativo de se colocar na pele da grande maioria dos habitantes rurais de baixa renda do Peru.

Adotar a perspectiva de alguém com tanta habilidade, de modo que se possa realmente experimentar suas sensações e pensamentos, é uma espantosa capacidade humana que começou a atrair a atenção dos psicólogos durante o século XX, mas fora praticada por atores muito antes disso. As profissões enfatizam o papel central que a imaginação, as emoções e a capacidade de observação bem afiada exercem, permitindo que os indivíduos mentalmente se transformem em outra pessoa temporariamente. Na verdade, como salientado no capítulo anterior, em todos os exemplos de grandes organizações citadas até agora neste livro, verificamos que seus fundadores soltaram a imaginação para sonhar futuros impensáveis como resultado de sua empatia emocional com o cliente, ou provável cliente.

⚬⇁ A DESAFIADORA ARTE DA TOMADA DE PERSPECTIVA

No limiar do século XXI, a pesquisa psicológica fez a distinção entre duas formas diferentes de "tomada de perspectiva" – que significa perceber a situação de alguém. Por um lado, uma "perspectiva de se autoimaginar" ocorre quando pensa em como *você* veria uma situação se estivesse na posição do outro e experimenta como se sentiria, como resultado dessa atitude. Por outro lado, uma "perspectiva de imaginar o outro" ocorre quando você pensa como outra pessoa vê e sente a sua situação.[1] As duas formas de tomada de perspectiva são distintas daquilo que os psicólogos chamam "teoria da mente", isto é, uma série de crenças baseadas na percepção que usamos para representar o Eu como distinto dos demais e para explicar as ações tanto de outras pessoas quanto as nossas. Em vez disso, qualquer forma de tomada de perspectiva, somada a uma teoria da mente, exige a realização de um ato de imaginação. Você realmente não se transforma em outra pessoa, nem literalmente enxerga com os olhos de outra pessoa, quando toma a perspectiva dessa pessoa. Em vez disso, por meio da observação – ou com base em informações obtidas de outras maneiras – você apenas imagina como as coisas são e se parecem com base na perspectiva de alguém.

Os psicólogos experienciais constataram que a capacidade de as pessoas assumirem a perspectiva do outro sustenta muitos aspectos centrais para a compreensão social e a interação humana, desde a capacidade de evocar as preocupações empáticas para com os outros e se engajar em alguma forma de cooperação até o potencial de se comportar de forma altruísta. Aqui, a distinção é feita de forma significativa entre a compreensão e o saber objetivamente – isto é, separado e imparcial daquilo que está sendo observado ou considerado – e da compreensão sensível e da "responsabilidade do saber" que resultam do ato de assumir a perspectiva das necessidades de outra pessoa, seus sentimentos e desejos. Os psicólogos associam a ausência ou deficiência no desenvolvimento das habilidades dessa tomada de perspectiva com alguns dos tipos mais desumanos de comportamento.

Descobriu-se que a perspectiva de se autoimaginar é psicologicamente diferente de imaginar outra perspectiva. Esta última não deve ser considerada como uma simples projeção ou simulação mental da primeira. Na verdade, quando foi disponibilizada informação suficiente aos participantes de experiências em laboratório, os psicólogos descobriram que esses indivíduos poderiam pensar e sentir como o outro sem pensar primeiro em si mesmos. Além disso, uma perspectiva de se autoimaginar não deve ser considerada um trampolim para uma perspectiva de imaginar o outro; ela é, na melhor das hipóteses, uma pedra escorregadia. A situação a seguir ilustra isso:

> O fato de saber que um amigo foi recentemente 'chutado' por um parceiro romântico pode lembrá-lo da própria experiência no ano passado, quando lhe aconteceu a mesma coisa. Você pode estar tão preso em reviver a própria experiência que não sente a dor do seu amigo. Especialmente se você teve uma recuperação fácil, pode comparar a própria

experiência com a de seu amigo, que está lutando para se recuperar. Em vez de oferecer compreensão sensível e enfática preocupação, você pode responder com impaciência e críticas.[2]

A perspectiva de imaginar o outro também difere da perspectiva de se autoimaginar com base em um ponto de vista neurofisiológico. Em um clássico experimento de 1969 sobre empatia, o psicólogo Ezra Stotland pediu a dois grupos de participantes que observassem um modelo (um jovem que passava por um doloroso tratamento de diatermia, em que o calor da eletricidade é usado para cortar tecidos ou estancar sangramento dos vasos sanguíneos), adotando, respectivamente, uma perspectiva de imaginar o outro e de imaginar-se. Enquanto o primeiro grupo mostrou mais vasoconstrição, o segundo grupo experimentou suor nas palmas das mãos e disse ter sentido mais tensão e nervosismo. Stotland interpretou esses resultados como reflexo da preocupação dos observadores que usaram a perspectiva de imaginar-se no outro "em relação aos sentimentos que perceberam no modelo em determinado momento"; enquanto isso, os observadores que se autoimaginaram sentiram um tipo de aflição pessoal "que não estava tão ligada à experiência do modelo".[3] Os estudos de neuroimagem têm dado um apoio adicional a esses tipos de descoberta. Os exames de ressonância magnética funcional revelaram que os indivíduos que conduzem outras tarefas mentais ligadas à autoimagem e à imagem do outro ativam regiões cerebrais corticais – tais como a amígdala e os polos temporais – que estão envolvidas na experiência das emoções. Outros estudos de neuroimagem sugerem também diferenças consistentes entre as duas formas de tomada de perspectiva. Por exemplo, as pessoas que veem fotos de pessoas em situações da vida cotidiana dolorosas e não dolorosas, com base em uma perspectiva de imaginar-se e imaginar o outro, revelaram ativação de áreas cerebrais envolvidas na experiência afetiva da dor. No entanto, aqueles indivíduos que tomaram a perspectiva de se autoimaginar relataram mais intensidade da dor e ativação mais extensa na parte posterior da ínsula, enquanto os outros participantes, que tomaram a perspectiva de imaginar o outro, ativaram a parte anterior. Em um experimento diferente, os participantes que receberam estimulação elétrica dolorosa nas costas da mão direita mostraram aumento da ativação do lado direito do lóbulo parietal inferior; enquanto isso, os participantes que foram indicados pelo seu cônjuge ou parceiro romântico – que se sentou ao lado deles quando receberam a estimulação elétrica dolorosa, apenas com as mãos visíveis – apresentaram aumento da ativação do lado esquerdo.[4]

Empatia

Como mencionado, a maioria das pesquisas psicológicas destaca a empatia como um elemento crucial para se adotar uma "perspectiva de imaginar-se no outro". Nesses estudos, a empatia é vista como a capacidade de se colocar deliberadamente na posição de outra pessoa e partilhar as suas emoções, para melhor perceber e compreender as preocupações, ideias, sentimentos, desejos e reações dela. Além disso, os psicólogos usam o termo "precisão empática" para descrever o quão perto uma pessoa é capaz de inferir os pensamentos e sentimentos encobertos do indivíduo-alvo. Uma suposição comum é pensar que quanto maior o nosso grau de precisão empática, melhores serão as nossas probabilidades de sucesso social. Outra suposição comum é a de que dois participantes importantes que auxiliam a aumentar o nível de precisão empática são o grau de preocupação que uma pessoa sente pelo indivíduo-alvo e em que medida o comportamento real do alvo durante uma interação é utilizado como uma importante fonte de informação. No entanto, uma experiência realizada com uma grande amostra de casais recém-casados, estudados durante um período de três anos, constatou que o nível de precisão empática entre os casais diminuiu ao longo do tempo; no entanto, seu uso apurado dos estereótipos – ou seja, as generalizações mentais dos parceiros sobre o quanto seus pensamentos e sentimentos diferem uns dos outros – aumentou durante o mesmo período.[5] Esses resultados sugerem que, ao longo do tempo, as pessoas parecem confiar mais em construções mentais e simulações criativas do que no comportamento real da pessoa-alvo, para inferir o que ele ou ela pode estar pensando e sentindo. No caso dos casais recém-casados do estudo:

> É como se a simulação [mental] de como uma cozinha desarrumada se pareceria para um cônjuge ou de que maneira acessar um [roteiro] mental de como o cônjuge reagiria a um passeio surpresa no fim de semana fosse tão importante – ou mais importante – do que o acompanhamento

da verdadeira reação do companheiro quando os casais tentassem se entender.[6]

Além disso, o mesmo estudo também constatou que o grau de precisão empática de um indivíduo não é necessariamente um indicador de sua realização social – e, claro, isso inclui o sucesso conjugal:

Por exemplo, enquanto Kilpatrick e colaboradores (2002) observaram que a precisão empática teve um impulso inicial sobre o comportamento acomodativo e o bem-estar entre os recém-casados, o efeito da precisão empática perdeu força após o primeiro ano de casamento. Em outras palavras, ser mais preciso (ou impreciso) sobre os pensamentos e sentimentos do cônjuge não parece ter benefícios a longo prazo para o *status* da relação enquanto que outras variáveis claramente o fazem, como sendo simplesmente 'gentis' entre si, por exemplo (Gottman & Levenson, 1992). Às vezes, ser "bom o suficiente" funciona perfeitamente bem na vida real.[7]

Vários estudos têm fornecido apoio adicional para esses resultados, o que leva à pergunta óbvia: se a precisão em discernir melhor os pensamentos e sentimentos de alguém não é necessariamente o que nos dá a vantagem social, então o que existe acerca da empatia que pode aumentar nossas probabilidades de sucesso social? Psicólogos descobriram que – com a possível exceção de determinadas profissões, tais como a diplomacia, na qual um grau extremo de exatidão empática pode fazer toda a diferença – o que dá à empatia seus efeitos sociais positivos é o alto nível de motivação e de inteligência verbal de um indivíduo; isso lhe fornece recursos para criar uma representação mental coerente e consistente da pessoa-alvo, que é constantemente modificada e revisada, a fim de incluir novas percepções e interpretações.

A palavra motivação foi registrada pela primeira vez em 1873. Ela é derivada do latim *motionem*, passando por *motiver*, antiga palavra francesa que significa "passar à ação". O sentido psicológico de ser um "estímulo interior ou social para realizar uma ação" data de 1904.[8] Significativamente, *motionem* também está na raiz da palavra *emoção*. Se tomarmos a etimologia e as interpretações psicológicas da palavra motivação e, como sugerido, relacioná-la com empatia, isso nos lembrará de que as pessoas tendem a permanecer profundamente sensibilizadas com as nossas preocupações sinceras e esforçam-se para melhor compreendê-las; e muitas vezes estão bastante prontas a perdoar sempre que perceberem que a nossa inferência sobre os seus pensamentos e sentimentos está incorreta. Assim, paradoxalmente, em vez de conseguir evidências consistentemente altas na precisão empática, o que parece fazer a diferença quando se toma uma perspectiva de imaginar o outro é uma motivação forte e aguda aplicada às habilidades verbais para nos tornarmos bons o suficiente em inferir pensamentos e sentimentos dos outros.

No entanto, pode haver mais empatia do que podemos enxergar. Como os indivíduos e as organizações criativas demonstram a cada dia, e em todo o mundo, tomar a perspectiva de imaginar o outro de forma empática muitas vezes resulta em visualizar alternativas radicalmente diferentes para a realidade. Habitar uma pessoa tem o poder de desencadear fortes emoções. Esses sentimentos agitam a nossa imaginação no sentido de visualizar coisas que nunca pensamos ser possíveis. Quase literalmente, a nossa mente imagina novos mundos vistos pelos olhos de alguém. Esse foi, de fato, o primeiro passo de indivíduos como Vincenzo Muccioli, Amancio Ortega, Stelios Haji-Ioannou ou a família Añaños na criação de novos futuros que, naquele tempo, eram simplesmente inconcebíveis para a maioria das pessoas.

Contudo, os psicólogos experienciais nos alertam sobre a diferença crucial entre aqueles que possuem a faculdade de se imaginar no lugar de outra pessoa e sua capacidade de utilizar adequadamente essa notável faculdade. Nicholas Epley e Eugene M. Caruso, psicólogos da Universidade de Chicago, ilustram sucintamente esse dilema da seguinte forma:

> Como qualquer pessoa que comprou recentemente um telefone celular, um computador ou qualquer outro dispositivo tecnológico sabe muito bem que possuir uma tecnologia impressionante e utilizá-la corretamente são duas coisas completamente diferentes.[9]

De acordo com esses psicólogos, alguns dos principais obstáculos que restringem as nossas habilidades de tomada de perspectiva são: a falha em "ativar" essa faculdade em tempo, em primeiro lugar; permanecer travado em tendências egoístas que nos impedem de estender a nossa empatia além das nossas próprias experiências e em direção a outra pessoa;

e ser incapaz de extrair informações de muitas fontes não egocêntricas existentes lá fora para criar uma representação mental "aprimorada" do que a outra pessoa pensa e sente. Os psicólogos Michael W. Myers e Sara D. Hodges especularam que a capacidade dos escritores – e, devo acrescentar, dos participantes – de criar personagens fictícios de forma convincente se compara aos tipos de habilidade necessários para que possamos eliminar essas barreiras e agir de forma eficaz sobre nossa faculdade de tomada de perspectivas.[10]

A CHAVE DE UM ATOR PARA HABITAR AS OUTRAS PESSOAS

Quando o premiado ator britânico Daniel Day-Lewis se preparava para viver um personagem com paralisia no filme de Jim Sheridan *Meu pé esquerdo* (baseado na história real de Christy Brown), ele quebrou duas costelas, por ter ficado em uma posição arqueada sobre uma cadeira de rodas durante várias semanas. Após sua representação impressionante de Christy Brown, pela qual ganhou seu primeiro Oscar em 1989, Day-Lewis se apresentou no palco como Hamlet no Royal National Theatre, em Londres. Durante a cena dramática em que o fantasma do pai de Hamlet aparece pela primeira vez ao filho, Day-Lewis sucumbiu, chorando convulsivamente e precisando ser substituído por outro ator. Embora o incidente fosse oficialmente atribuído ao estresse, rumores diziam que Day-Lewis vira o fantasma do próprio pai no palco. Mais tarde, em uma entrevista na TV com Michael Parkinson, Day-Lewis confirmou que esses rumores eram verdadeiros. Nos anos seguintes, Day-Lewis submeteu-se a um treinamento físico rigoroso e aprendeu a viver e caçar na floresta como pesquisa para seu personagem em *O último dos moicanos*; perdeu peso substancial (e passou um tempo em uma cela de prisão, insistindo em que água fria fosse jogada nele), a fim de se preparar para o papel do injustamente condenado Gerry Conlon; e treinou durante dois anos com o ex-campeão mundial de boxe Barry McGuigan para interpretar o personagem principal no filme *O lutador*.

A carreira de Daniel Day-Lewis é um exemplo notável do modo de atuar conhecido como Método, um conjunto de técnicas que conta com a imaginação dos próprios participantes, com suas emoções e lembranças para trazer profundidade a um papel e proporcionar realismo à atuação. O Método é amplamente considerado como uma abordagem americana para as artes dramáticas, mas apesar de ter sido primeiramente ensinado em Nova York por Ryszard Boleslawski no American Laboratory Theatre, que ele fundou em 1923, Boleslawski fora aluno do diretor de teatro e ator russo Konstantin Stanislavski, pioneiro em usar o Método no final do século XIX. O método de Stanislavski se inspirara, por sua vez, na escola russa de teatro do realismo psicológico desenvolvido por Alexander Pushkin, Nikolai Gogol e Mikhail Shchepkin no Teatro Maly de Moscou. Entre os alunos de Boleslawski em Nova York estavam Lee Strasberg e Stella Adler que, junto a Sandy Meisner, Cheryl Crawford, Harold Clurman e 28 outros participantes, formaram o Grupo de Teatro em 1931, o primeiro grupo americano a seguir as ideias de Stanislavski. O Grupo de Teatro se dispersou depois de alguns anos, mas Strasberg e Adler passaram a desenvolver seu próprio método de ensino independente e suas carreiras, o que revolucionou o treinamento do ator americano, e muitos de seus alunos se tornaram alguns dos atores mais conhecidos de Hollywood de todos os tempos, incluindo Marlon Brando, Paul Newman, Robert de Niro, Al Pacino, Julie Harris, Geraldine Page, Ellen Burstyn, Warren Beatty, Martin Sheen e Benicio del Toro.

Strasberg e Adler tinham debates ferozes sobre a interpretação do Método Stanıslavski, que confrontava a distinção que os psicólogos experienciais fazem entre as perspectivas de autoimaginar-se e de imaginar as outras pessoas. Por um lado, Strasberg ensinou aos participantes a utilizar as memórias emocionais – em outras palavras, evocar as próprias emoções experimentadas em eventos passados –, a fim de se relacionar com um personagem e trazer profundidade ao papel. Isso é algo análogo ao uso de uma perspectiva de se autoimaginar como um ponto de partida para imaginar outra perspectiva. Em contrapartida, Adler retrucou: "Não use seu passado consciente. Utilize sua imaginação criativa para criar um passado que pertence ao seu personagem".[11] Em termos psicológicos, essa postura é semelhante ao nosso mergulhar direto na perspectiva de imaginar o outro sem pensar primeiro em nós mesmos.

Na realidade, os excepcionais praticantes do Método parecem ter seguido uma mistura de técnicas de interpretação ao longo de suas carreiras. Enquanto Brando se baseou em suas profundezas psicanalíticas pessoais para montar seu retrato perturbador de um viúvo americano no filme sexualmente carregado *O último tango em Paris*, Day-Lewis evocou os fantasmas da própria família no seu papel de Hamlet. Os mesmos participantes se prepararam para outros papéis memoráveis fazendo uma imersão na vida de seus personagens definida no roteiro e nos contextos físicos que viveram, mesmo à custa de extremo e permanente sofrimento psicológico e físico. Há exemplos semelhantes em abundância; estes sugerem que os grandes seguidores do Método utilizam tanto as próprias memórias emocionais quanto os programas cuidadosamente elaborados com experiências físicas e emocionais reais estreitamente relacionadas aos seus papéis, a fim de aumentar a imaginação e habitar empaticamente seus personagens. Como resultado, esses atores puderam passar às pessoas interpretações extraordinariamente "aprofundadas" que muitas vezes foram muito além do que os roteiristas originais ou dramaturgos tinham em mente. Na peça de Tennessee Williams *Um bonde chamado desejo*, Stanley Kowalski é retratado como uma pessoa irracional, além de estuprador. No entanto, o desempenho de Brando na tela deu a Kowalski uma mistura contraditória de crueza física – contudo atrativa – e inteligência implacável, mas encantadora, que cativou o público. A interpretação de Brando evidencia uma identificação psicológica de profunda empatia com seu papel, que transformou sua versão de Kowalski em um papel muito mais sedutor e complexo do que o personagem desagradável concebido por Williams. Do mesmo modo, no filme *O poderoso chefão*, veja como Brando acaricia um gato, compra doces dos vendedores de rua, cheira uma rosa e espontaneamente realiza uma infinidade de outros detalhes; nenhum deles está no retrato original que o novelista Mario Puzo fez de Don Vito Corleone, sugerindo, no set de filmagens, improvisações decorrentes de uma imaginação fértil obsessivamente imersa no personagem.

Ao longo de suas carreiras, os seguidores do Método ilustram duas qualidades cruciais para assumir, de modo convincente, a perspectiva de um personagem. Primeiro, eles demonstram um elevado grau de abertura de espírito e motivação empática para pesquisar seus personagens – mesmo que estes sejam desagradáveis ou repugnantes. Conforme mencionado, a raiz etimológica da palavra motivação sugere uma compulsão franca e sincera para agir, para mover-se em certa direção. Assim, uma segunda característica dos artistas do Método é mergulhar obsessivamente na psicologia de seus personagens, imergindo nos textos e subtextos dos roteiros, bem como por meio de experiências físicas reais, as mesmas – ou muito semelhantes – àquelas vividas por seus personagens ficcionais (ou da vida real). Como resultado, eles desenvolvem uma compreensão empática da psicologia de seus personagens e geram uma riqueza de informações externas que estimulam sua imaginação para criar representações mentais extraordinariamente ricas e coloridas de seus papéis.

Esse foco obsessivo externo também ajuda os seguidores do Método a evitar as tendências egocêntricas, um problema que segue em paralelo com as observações de psicólogos experimentais de que usar uma perspectiva de se autoimaginar como um trampolim para imaginar o outro na vida real pode realmente inibir a nossa capacidade de nos relacionar empaticamente com o que a outra pessoa sente e pensa. Esse problema, que Day-Lewis viveu quando sucumbiu durante *Hamlet*, já havia sido levantado por Stanislavski, quando ele observou que os participantes que usam – e abusam – da memória emocional eram suscetíveis a crises de histeria. Tratar com cuidado as emoções passadas é um conselho clássico que os diretores de teatro mais experientes dão aos participantes profissionais e iniciantes. Eu sempre me lembro, de volta a 1982, de nosso diretor de teatro universitário Carlos Gassols nos alertando – um bando de participantes amadores adolescentes – contra o uso indisciplinado das nossas lembranças emocionais, que levavam ao palco nossos próprios personagens, em vez dos papéis que a plateia esperava nos ver representar.

A OBSESSÃO PELO CLIENTE MOTIVANDO FUTUROS IMPENSÁVEIS

Ao contrário dos artistas, a maioria dos indivíduos que toma a perspectiva do outro na vida real tem como alvo as pessoas reais, em vez de personagens fictícios, e eles não precisam possuir o talento brilhante de um Marlon Brando para ser muito bem-sucedidos nisso. Contudo, tenho observado que alguns indivíduos, ao tomar a perspectiva de algumas pessoas com a mente aberta, a empatia e o compromisso obsessivo de um ator experiente no Método, podem ter como resultado a libertação de sua mente para imaginar futuros impensáveis para elas. De volta a meados dos anos 1970, Vincenzo Muccioli observou jovens dependentes de drogas que viviam nas ruas de sua Rimini natal e começou a aproximar-se deles. Inicialmente, foi rejeitado ou ignorado, mas continuou a visitá-los durante um ano, e, lentamente, começou a conhecê-los. Muccioli construiu uma tradição de convidar vários deles para se juntar à sua família durante o Natal em sua fazenda de San Patrignano. Após um desses encontros de Natal, ele teve uma longa conversa com sua esposa Antonietta, e assim os dois decidiram convidar alguns jovens dependentes a viver em San Patrignano. Eles vieram morar e trabalhar no local, juntamente a seus filhos, mas sob duas condições: que parassem de consumir drogas e que concordassem em não pedir um centavo ao Estado ou ao governo local.

Como Muccioli, muitos grandes seguidores do Método que estivessem se preparando para viver o papel de um jovem dependente de drogas teriam ido para as ruas por um ano para, de forma empática e imparcial, se misturar com eles. Foi, naturalmente, uma motivação completamente diferente – o compromisso de ajudá-los ao longo da vida – que fez a experiência de Muccioli se destacar. Durante o ano em que se dedicou a conhecer esses jovens, ele fez duas descobertas cruciais. Primeiro, percebeu que as pessoas dependentes de drogas não eram intrinsecamente doentes, embora o seu vício exercesse uma exigência extrema em sua mente e em seu corpo. Em segundo lugar, ele se tornou ciente de que a maioria desses jovens acabou nas ruas porque não tinha o apoio da família. Ao mesmo tempo em que fazia essas descobertas, Muccioli e sua esposa começaram a ficar ainda mais perto de jovens toxicodependentes ao comemorar o Natal com eles. Por sua vez, essa experiência levou a um experimento ainda mais ousado: convidar alguns deles para se tornar uma parte ampliada da família dele. Foi dessa maneira organizada e espontânea que a comunidade de San Patrignano nasceu.

A primeira coisa que acho incrível nessa história toda é o grau incomum de empatia de uma mente aberta e de motivação corajosa que, desde o início, Muccioli mostrou aos jovens que viu nas ruas de Rimini. A maioria das pessoas que viam os mesmos jovens simplesmente optava por reprovar seus atos ou passar sem enxergá-los. Outros – desde cidadãos bem-intencionados a assistentes sociais – os abordavam, mas se viam desencorajados por uma recepção inicial agressiva, ou iam embora após ter dado alguma ajuda material, uma palavra de apoio ou uma severa reprimenda. Apenas os Mucciolis demonstraram a coragem e a motivação para continuar com uma mente aberta, aparentemente não afetada por preconceitos comuns contra jovens toxicodependentes que vivem nas ruas. Ao fazer isso, os Mucciolis exibiram um impressionante grau de preocupação amorosa que lhes permitiu agregar profunda empatia por esses jovens e revelar as qualidades extraordinárias enterradas profundamente em seus corpos esquálidos. Se, como os psicólogos sugerem, tomar a perspectiva de imaginar o outro é uma coisa extremamente difícil de fazer, Vincenzo e Antonietta mostraram que dominar essa capacidade com uma mente aberta pode trazer transformações impactantes, mesmo com os membros mais marginalizados da nossa sociedade.

O ato de tomar corretamente e amorosamente a perspectiva de jovens dependentes de drogas que viviam nas ruas fez os Mucciolis ver e sentir coisas que os outros cidadãos de Rimini não viam ou preferiam ignorar completamente.

Como resultado, o casal pôde experimentar, em primeira mão, o sofrimento desses jovens e sentir seu anseio de inclusão e de amor familiar. Alguns anos de convivência com um grupo deles reafirmou a descoberta inicial dos Muccíolis de que eram principalmente a falta de apoio familiar e os efeitos psicológicos da marginalização social que separavam esses jovens dos membros da sociedade considerados pessoas mais normais. Não há outra maneira de explicar por que os Muccíolis dariam o passo surpreendente, durante a década de 1970, de convidar um número crescente de jovens dependentes a deixar as ruas e se juntar a San Patrignano; não como pessoas doentes ou diminuídas, mas como membros de pleno direito da própria família e de quem esperavam que atingissem padrões de excelência em tudo que fizessem. Por esse tempo, Vincenzo Muccioli pôde, em suas próprias palavras, descrever como ele e sua esposa tinham chegado a imaginar San Patrignano como uma enorme e solidária família, uma espécie de comunidade na qual os membros poderiam voltar a despertar suas paixões e a desenvolver de novo o próprio brilhante futuro, até então de maneiras inimagináveis:

> Eu não estou aqui para libertar toxicodependentes das drogas. No centro do drama não está o haxixe, a cocaína, a heroína ou o ecstasy, não há sintomas de abstinência, mas existe um homem que se arrisca a ser engolido pelo seu próprio medo e vazio. É por isso que eu não gosto de dizer, ou ouvir as pessoas dizerem, que somos uma comunidade de dependentes de drogas. Nós somos uma Comunidade de Vida, na qual as pessoas começam a viver novamente depois de

anos passados à margem da sociedade. Bem, se nós realmente precisamos encontrar uma definição, San Patrignano é uma comunidade contra a exclusão.

Durante muitos anos, os Mucciolis compartilharam todos os hábitos mais prejudiciais dos toxicodependentes, a fim de obsessivamente penetrar em seus pensamentos e sentimentos e, como resultado, foram capazes de compreendê-los e ajudá-los como nenhuma outra pessoa o fizera. Da mesma forma, o sonho de Eduardo Añaños de transformar a vasta e historicamente marginalizada população de baixa renda do Peru em clientes reais resultou, sem dúvida, do fato de realmente partilhar suas privações como um garoto que crescia em zonas rurais e isoladas de San Miguel. Foi assim também com Stelios Haji-Ioannou, que fora um passageiro frequente de companhias aéreas, antes de imaginar uma empresa aérea que transformou uma viagem numa coisa incrivelmente fácil para todos nós. Essas histórias e muitas outras semelhantes a elas sugerem fortemente que os grandes criadores do futuro realmente vivem em primeira mão as experiências de seus clientes potenciais e veem o mundo pelos olhos desses clientes bem antes de vir a imaginar os seus sonhos radicais. Invariavelmente, a oportunidade de destravar sua mente para imaginar sonhos tão poderosos do futuro surgiu devido a eventos fortuitos e emocionalmente férteis.

Atmosferas emocionalmente férteis geram os cenários decisivos em que os criadores do futuro escolhem habitar as vidas de seus clientes com a mesma empatia e obsessiva motivação altruísta demonstrada pelo mais consumado ator do

Método. A vida dos Mucciolis mudou radicalmente, como resultado dos encontros emotivos de Vincenzo com os toxicodependentes nas ruas de Rimini. A imaginação da família Añaños foi ampliada com intensidade ao sonhar com um refrigerante novo depois que os terroristas do *Sendero Luminoso* destruíram sua fazenda de San Miguel. E Stelios Haji-Ioannou imaginou uma vida drasticamente diferente depois do trauma profundo decorrente da perda trágica de um dos navios da família. De modo semelhante ao dessas histórias, eu poderia encontrar um poderoso gatilho emocional por trás de cada grande criador do futuro.

Uma vez que provoca um sonho radical do futuro, tomar a perspectiva do cliente pode evoluir para uma obsessão duradoura para as pessoas que decidem viver esse sonho, permeando todos eles para transformá-los em realidade, seja para construir uma cativante cultura corporativa ou experimentar uma avançada aplicação tecnológica, até mesmo para o lançamento de uma matriz extraordinariamente inovadora de produtos e serviços. Pense na história de Renzo Rosso, estrela da moda italiana, cujo impressionante sucesso com sua marca de jeans e roupas Diesel fez com que um importante comentarista italiano escrevesse, em 2003, que "para compreender o significado da realização de Renzo Rosso com a Diesel, [é preciso] imaginar uma empresa americana de uma pequena cidade da América reinventando o macarrão como produto e se tornando a marca líder de macarrão na Itália."[12] Em 2003 a marca Diesel de fato ultrapassou a Levi's como a principal marca de jeans no mercado americano, e muitos dos jovens que compravam esse jeans acreditavam que Diesel era uma marca local. Contudo, Rosso fundara a companhia em 1978 em Molvena, uma cidade rural do nordeste italiano com população de apenas 2.000 pessoas, na qual uma década antes só havia um carro e um telefone. A obsessão de Rosso pelo jeans como algo maior do que apenas um produto barato destinado às massas começou muito cedo, e fez dele um precursor que conquistou uma nova geração de clientes. Rosso disse:

> Comecei a produzir, cortar e costurar o meu próprio jeans quando tinha 15 anos, e desde então só tenho usado jeans todos os dias da minha vida. É uma coisa viva. É como uma casa velha e uma casa nova. Uma casa velha é muito mais aconchegante. E com os jeans estamos fazendo a mesma coisa.

Em 1996, quando Rosso abriu sua primeira loja em Nova York, os clientes de imediato perceberam que o jeans Diesel era diferente. Eles traziam cinco bolsos posicionados de forma diferente aos da tradicional Levi's 501s, com tecidos elásticos e um corte baixo que era atraente à cultura jovem. Mesmo a marca Diesel estava em um lugar diferente do habitual. Durante a década de 1990, a ideia de jeans Diesel como item da moda, com uma gama alta de preços, era tanto corajosa quanto inovadora, e vinha refletida no lema da companhia: "Só para os corajosos". As lojas de varejo foram escolhidas com cuidado e a empresa deliberadamente adotou uma estratégia de inovação implacável de ponta, produzindo perto de 1.500 novos modelos de jeans a cada seis meses. O modo como a Diesel imaginou esses novos modelos também foi diferente. Renzo Rosso rejeitou a contratação de talentos ou designers de outras confecções da moda. Em vez disso, ele formou uma equipe multicultural de cerca de 30 designers, com 25 anos, em média, e incentivou cada um a criar um "design só para si" e a ficar "aberto às coisas novas, ouvir a intuição e ser honesto consigo mesmo". Para facilitar esse estado de espírito criativo, a Diesel adquiriu o hábito de enviar seus jovens designers em viagens ao redor do mundo duas vezes por ano, para inspiração. Eles mergulharam nas realidades sociais das diferentes áreas geográficas que escolheram – de Cuzco e Mombasa para Nova Délhi e Sydney – locais em que se misturavam com a juventude local, coletando uma grande quantidade de roupas vintage, música, vídeos, livros, acessórios e muitos outros bens culturais. De volta à Molvena, os designers da Diesel teciam suas impressões para as próximas coleções. Em 2005, Wilbert Das, diretor criativo da empresa, observou:

> [Na Diesel] encontramos inspiração o dia inteiro. É um processo de 24 horas. Acho que quando se é criativo, você é como uma esponja e absorve tudo o que vê em sua vida. E a inspiração vem exatamente quando você precisa. Mas muitas vezes temos o luxo de viajar ao redor do mundo e não vamos só para as capitais da moda, mas também para a África ou a Ásia central ou onde quer que achamos que devemos ir. E sendo uma esponja, você [absorve] todos os tipos [de] impressão, leva tudo de volta para casa e depois aperta a esponja.

No mesmo ano, Antonella Viero, diretora de comunicações da Diesel, descreveu a cultura da empresa, voltada para a criatividade e a inovação corajosa:

> Eu acredito que há uma maneira de fazer as coisas do jeito Diesel. Gosto de descrevê-la como uma lente pela qual você olha para cada aspecto da realidade. Você pode ver as situações sociais, os hábitos ou mesmo apenas como a realidade aparenta ser, mas olha de uma perspectiva Diesel [de] fazer as coisas de uma maneira diferente, fazê-las antes dos outros, fazê-las de uma forma inesperada e imprevisível.

Fiel à sua maneira de fazer o inesperado com coragem, a publicidade da Diesel foi, desde o início em 1991, nada menos que revolucionária. Os anúncios provocadores, irreverentes e bem-humorados faziam um comentário irônico sobre as normas modernas de trabalhar, de brincar a respeito da sexualidade, do culto à juventude e até mesmo da desigualdade de distribuição de renda entre os hemisférios norte e sul. Essas campanhas publicitárias quebraram todas as regras dos livros de publicidade, sem comunicar nenhuma mensagem clara e, em alguns casos, não mencionando o produto, nem mesmo a marca. A abordagem radical da Diesel nas comunicações fez que o lendário fundador da Nike, Phil Knight, comentasse: "Há duas eras na publicidade: antes e depois da Diesel".

Semelhante à sua filosofia de design de vestuário de ponta, os anúncios Diesel operavam fora da tendência dominante da mídia de massa, favorecendo mais os canais segmentados, como MTV, revistas internacionais selecionadas e internet. Como resultado de toda essa forte onda publicitária e da inovação, a receita da Diesel, em 2001, cresceu 40% em mais de cem países, e até 2003 as vendas subiram rapidamente, atingindo US$ 760 milhões em todo o mundo, sendo os Estados Unidos seu principal mercado. Apenas quatro anos depois, em 2007, a corporação "Only the brave" de Renzo Rosso – detentora da Diesel, bem como de uma dúzia de outras marcas, incluindo Staff International, Martin Margiela e Victor & Rolf – quase triplicou as vendas para mais de US$ 2 bilhões. Além do sucesso do negócio, e começando no final dos anos 1990, a Diesel e Renzo Rosso ganharam uma sucessão de prêmios internacionais em reconhecimento à sua contribuição fundamental para moldar as atitudes culturais globais e as tendências socioeconômicas do novo milênio. Em 1997, por exemplo, a Ernst & Young elegeu Rosso o Empresário do Ano, em reconhecimento às realizações da Diesel nos Estados Unidos, enquanto no mesmo ano a revista *Select* escolheu-o como uma das cem pessoas mais importantes do mundo, e em 2005 a edição alemã da *GQ* indicou-o como o Homem do Ano. Foi um longo caminho da obsessão adolescente de Renzo Rosso, ao costurar jeans com aparência rebelde, mas jeito de uma casa antiga e acolhedora.

Esses exemplos ilustram vividamente como a obsessão pelo cliente – isto é, a capacidade mental de empatia constante e de adotar a perspectiva de clientes reais ou potenciais com paixão – pode estimular a nossa imaginação a sonhar futuros impensáveis para eles. Esses exemplos mostram também como a obsessão pelo cliente pode se tornar um modo de vida para certas pessoas, tanto motivando-as a agir de modo positivo quanto permeando todas elas a fim de transformar os seus sonhos de futuro em realidade. No entanto, muitos indivíduos ostensivamente hábeis em tomar a perspectiva do cliente não irão desenvolvê-la em uma obsessão causadora de uma mudança de vida. Nós ainda precisamos nos perguntar: o que estimula indivíduos como Vincenzo Muccioli, Stelios Haji-Ioannou, Eduardo Añaños ou Renzo Rosso a dar o passo decisivo de criar um sonho cativante do futuro por meio dos olhos de seus clientes, e depois dedicar sua vida à busca incessante desse sonho? No capítulo seguinte mostraremos como as missões com objetivo são as naves que permitem a esses indivíduos fazer esse tipo de travessia na vida com sucesso. Muitas vezes esses navios navegarão em mares ainda desconhecidos, com seus corajosos capitães apenas acalentando as imagens mentais de terras promissoras que esperam do outro lado do oceano. E, assim como analisaremos as suas velozes embarcações, também exploraremos alguns dos principais traços de caráter que dão a esses capitães a força para navegar com sucesso contra as ondas e atravessar as tempestades.

3 Terceira chave:

Missão com objetivo

*A história de sua vida
não é a sua vida, é a sua história.*
John Barth (1930-), escritor e contista americano

Apenas momentos antes de um padre católico conseguir livrá-lo do pelotão de fuzilamento, o comerciante Isaías Fermín Fitzgerald López, de 17 anos, deve ter refletido sobre a ironia absurda de ter sobrevivido depois de ser esfaqueado pelo bandido Benigno Izaguirre, apenas para ser confrontado com a morte mais uma vez. Duas escapadas dessas em menos de um ano deveriam ter sido suficiente para convencer alguém a optar por uma vida tranquila. Mas Isaías Fermín era um jovem precoce de determinação incomum, com energia inesgotável. Depois de sobreviver ao fatídico encontro com Benigno Izaguirre e após a morte de seu pai, William Fitzgerald, um marinheiro americano, não havia mais nada que o mantivesse em San Luis de Huari, uma aldeia remota do norte do Peru com vista fabulosa da Cordillera Blanca, onde Isaías Fermín nasceu em 6 de julho de 1862. Ele decidiu tentar a sorte no Oriente distante, o nome que os peruanos dão para a vasta área da exuberante floresta amazônica que se encontra a leste da agradável região costeira e dos vales andinos.

Em 1879, quando Isaías Fermín fixara o olhar sobre o Oriente, a maior parte dessa região permanecia inexplorada e inacessível a todos, exceto às centenas de grupos étnicos que, durante milhares de anos, continuaram a viver no interior da selva misteriosa. Mapear a enorme área da Amazônia que representava dois terços do território do Peru fora uma prioridade do governo durante a última parte do século XIX. Mas, em 5 de abril de 1879, o Chile declarou guerra ao Peru. Em seu caminho para o Oriente, com mapas dos rios amazônicos mas sem documentos de identificação pessoal, Isaías Fermín foi capturado por uma patrulha militar, acusado de espionarem para os chilenos, e rapidamente condenado à morte. Após o seu perdão dramático, ele mudou seu nome para Carlos Fernando Fitzcarrald e foi se esconder nas florestas amazônicas. Por quase dez anos ninguém viu nem ouviu falar dele. Era como se a floresta tivesse engolido aquele homem.

Ele só ressurgiu em 1888, como o mais rico barão da borracha do Peru. Carlos se estabelecera em Iquitos – então uma cidade atrasada na margem peruana da Amazônia – juntamente a sua esposa Aurora Cardoso, a enteada peruana de um rico comerciante brasileiro, e seus quatro filhos, a quem enviou na mais tenra idade para estudar na França. Mas Carlos Fitzcarrald não era um homem para fincar raízes em lugar nenhum. De 1890 a 1893, ele explorou uma área virgem cinco vezes maior do que o tamanho da Holanda, margeada pelos rios Ucayali, Apurimac, Urubamba e Madre de Dios, e que variava em altitudes de 500 a 4.000 metros acima do nível do mar. Para penetrar nesse território desafiador, Carlos desenvolveu um método inovador de desmontar seu navio e transportá-lo peça por peça pelas cadeias de montanhas. Foi dessa forma que ele descobriu uma passagem terrestre entre o Mishaua, um afluente do rio Urubamba, e Manu, um afluente do rio Madre de Dios. Através dessa passagem, que desde então recebeu o nome de Istmo de Fitzcarrald, ele entrou numa espetacular área natural que um século mais tarde se tornaria a Reserva de Biosfera del Manu, Patrimônio Mundial da Unesco e um dos maiores parques nacionais e de maior biodiversidade do mundo, habitat de mais de 15.000 espécies de plantas, 250 variedades de árvores e 1.000 espécies de aves – mais do que o número total de espécies de aves que existem nos Estados Unidos e Canadá juntos. As explorações de Fitzcarrald abriram a primeira rota fluvial da cidade boliviana de Riberalta para Iquitos, cruzando mais de 2.000 quilômetros de selva espessa. De Iquitos, o percurso continuava por milhares de quilômetros ao longo da Amazônia e do norte do território brasileiro, descendo até Manaus e o porto de Macapá no Atlântico. De lá, todos os principais portos europeus poderiam ser alcançados dentro de alguns meses, por mar. A nova rota aberta por Fitzcarrald era consideravelmente mais rápida e fácil, e muito mais econômica, do que o árduo itinerário seguido pelos comerciantes oitocentistas bolivianos e brasileiros ao longo dos rios Beni e Madeira até Manaus.

Após seus quatro anos de exploração da Amazônia, Fitzcarrald voltou para Iquitos e comprou um navio, o *Contamana*. Com ele, continuou suas explorações a um ritmo frenético, fundando prósperas colônias agrícolas ao longo dos rios Mishaua e Madre de Dios. Em 1896 o governo peruano concedeu a Fitzcarrald os direitos de navegação exclusiva em Madre de Dios e Ucayali. Em abril de 1897 ele voltou a Iquitos para formalizar uma parceria de negócios com Antonio Vaca Díaz – um boliviano de Riberalta extremamente rico – para o transporte de mercadorias provenientes da Bolívia e do Peru para Londres e vice-versa, por meio da rota que ele abrira. Dois meses mais tarde, enquanto navegava pelo rio Urubamba, o navio *Adolfito*, com Fitzcarrald e Vaca Díaz a bordo, naufragou em um redemoinho. Os dois homens morreram afogados no dia 9 de julho de 1897, apenas três dias depois do aniversário de 35 anos de Fitzcarrald. Duas semanas depois, quando uma equipe de busca encontrou os corpos, os braços de Fitzcarrald ainda estavam unidos em torno do cadáver de Vaca Díaz. Isso fez surgir a lenda de que Carlos Fernando Fitzcarrald – um excelente nadador – morrera na vã tentativa de resgatar o amigo. Com base nessa lenda, foi construído o mito de Fitzcarrald, transformando-o em epítome dos aventureiros e exploradores da Amazônia do século XIX.

Mitos à parte, Fitzcarrald surge como uma personalidade complexa, capaz de conversar diplomaticamente com o povo da Amazônia em seus próprios idiomas, de fornecer-lhes medicamentos e suprimentos de que eles muito necessitavam e, ao mesmo tempo, de envolver-se em confrontos sangrentos com os homens da tribo Mashcos, que se opunham violentamente a suas explorações. Perto do final de sua vida, ele poderia comandar um exército privado de 10.000 soldados, constituído por Ashanincas cegamente leais, Machiguengas, Piros e outras tribos locais. No entanto, rejeitava firmemente propostas para encabeçar uma República independente na

Amazônia, ameaçando atirar em qualquer um que se opusesse à soberania do Peru sobre a área de Madre de Dios. Além disso, durante toda a vida, Fitzcarrald demonstrou uma fascinação obsessiva pelas forças primordiais e agrestes da natureza, além de uma verdadeira paixão pelos ornamentos sofisticados da civilização europeia.

Foi talvez o último aspecto da personalidade complexa de Fitzcarrald que, quase cem anos depois de sua morte, estimulou o cineasta alemão Werner Herzog a fazer um filme inspirado no explorador peruano. O filme *Fitzcarraldo*, de 1982, se tornou instantaneamente um sucesso cult, estrelado por Klaus Kinski como um quase insano "Fitzcarraldo" e Claudia Cardinale como Molly, sua amante, que dedica o seu dinheiro e suas energias para ajudá-lo a realizar o sonho obsessivo de Fitzcarrald de construir uma ópera no meio da selva amazônica e convidar Caruso – o tenor mais famoso do mundo na época – a cantar na inauguração. Tal como aconteceu com *Apocalypse now* de Francis Ford Coppola, e *2001: uma odisseia no espaço*, de Stanley Kubrick –, dois filmes com os quais *Fitzcarraldo* de Herzog é muitas vezes comparado – o *making of* foi tão dramático como o próprio filme. Desde o início, Herzog precisou enfrentar problemas inesperados. A guerra de fronteira entre Peru e Equador tornou inviável a primeira locação; assim, Herzog precisou se embrenhar ainda mais na selva amazônica e passar muitos meses extenuantes lá, junto a sua equipe de filmagem e ao elenco. Ele ficou obcecado por fotografar uma cena em que o barco de Fitzcarraldo, *Molly Aida* – uma réplica detalhada de 340 toneladas de um navio a vapor do século XIX – era arrastado sobre uma montanha íngreme, sem efeitos especiais. Mas na metade da filmagem, Jason Robards, o ator original que Herzog escolhera para interpretar Fitzcarraldo, caiu gravemente doente com disenteria, e Mick Jagger, que desempenhou o papel de um ajudante, precisou sair em turnê com os Rolling Stones. As filmagens precisaram começar do zero, e assim Herzog deixou a selva para conseguir mais apoio de investidores. Quando lhe disseram para desistir da ideia de arrastar o navio até o alto da montanha e lhe perguntaram se não seria mais sábio parar de filmar completamente *Fitzcarraldo*, Herzog respondeu:

> Como você pode fazer essa pergunta? Se eu abandonar esse projeto serei um homem sem sonhos, e eu não quero viver assim. Eu vou viver a minha vida ou o fim de minha vida será com esse projeto.[1]

No final, Herzog conseguiu levantar mais dinheiro e voltou para a selva, onde continuou a filmar em condições extremas. Kinski substituiu Robards e todas as cenas com Jagger foram cortadas. Não só o navio de 340 toneladas foi transportado montanha acima – em uma das cenas mais extraordinárias da história do cinema –, mas também as filmagens do barco caindo pelas corredeiras foram feitas a bordo, ferindo três membros da equipe no processo. A luta contínua teve seus efeitos tanto sobre Herzog quanto sobre o emocionalmente instável Kinski; os dois brigavam constantemente e até trocaram ameaças de morte em frente aos mais serenos figurantes Ashaninca. *Burden of Dreams*, um documentário de 1982 feito por Les

Blank e Maureen Gosling, que tratou da realização de *Fitzcarraldo*, mostra Herzog e sua equipe amotinada profundamente marcados por toda a experiência de fazer esse filme. No quarto ano de seu calvário na Amazônia, um exausto Herzog diz:

> "Eu não tenho mais tempo para a fantasia. Não sei o que mais pode acontecer agora. Mesmo se eu conseguir que o barco suba a montanha, ninguém nesse mundo vai me convencer de ficar feliz com isso, nunca, até o fim dos meus dias".

Em outro momento no documentário, Herzog parece tão perto da insanidade como o seu próprio personagem fictício Fitzcarraldo, quando ele amargamente descreve a floresta como "vil e abjeta", acrescentando que "é uma terra que Deus, se existiu, estava com raiva quando a criou". No entanto, com uma firme determinação que o verdadeiro Carlos Fernando Fitzcarrald teria certamente apreciado, Herzog de alguma forma conseguiu concluir *Fitzcarraldo*.

Apesar de quase um século os separar, os aspectos centrais da história de Carlos Fernando Fitzcarrald se sobrepõem fortemente tanto com os de Werner Herzog quanto com os da *persona* ficcional de Fitzcarraldo. Todas as três são histórias de quase-fracasso, dominadas por personagens imperfeitas que foram, no entanto, capazes de abraçar obsessivamente os seus sonhos radicais de futuro, lutando contra todas as adversidades e com a paixão ardente dos verdadeiros visionários. Para o Fitzcarrald real, o sonho era explorar as profundezas da misteriosa selva amazônica e alcançar imensa riqueza e reconhecimento no processo. Para ambos, Herzog e o Fitzcarraldo ficcional, o sonho significava trazer sua sofisticada ideia europeia de arte para o coração da selva peruana. A forma intransigente que os três homens prosseguiram em busca de seus sonhos, bem como a natureza intrínseca dos próprios sonhos, levanta questões morais agudas. Elas se perguntam se o preço pessoal e econômico – e, no caso de ambos, o real e o ficcional Fitzcarraldo, os terríveis custos sociais, ecológicos e culturais envolvidos na realização desses sonhos – realmente valeu a pena. No entanto, os três homens demonstraram a capacidade de comunicar seus sonhos radicais tão poderosamente que outras pessoas puderam compartilhá-los e segui-los. Por último, essas histórias e as histórias de vida dos homens por trás delas são inseparáveis: qualquer um que leia sobre as explorações na área de Manu no final do século XIX ou assista a *Fitzcarraldo* terá a probabilidade de obter um conhecimento real dos valores e personalidades de Carlos Fernando Fitzcarrald, de Werner Herzog e do Fitzcarraldo ficcional.

As características comuns dessas três histórias veiculam a noção de uma *missão com propósito*, em outras palavras, um sonho radical do futuro que se encaixa na personalidade interior do sonhador e em seu núcleo emocional de maneira tão forte e completa que se torna parte integrante de seu próprio Eu e uma fonte motivadora para agir, a fim de realizá-lo. Como as histórias de Fitzcarrald, Herzog e Fitzcarraldo demonstram, não há necessariamente algo lógico sobre uma missão com propósito – embora os sonhadores originais, muitas vezes, possam chegar a atitudes extremas para envolver outras pessoas, a fim de antever um plano de ação de forma racional e, com perseverança, realizá-lo. Em vez disso, uma missão com propósito diz respeito a uma sincera obsessão pessoal, ou de um grupo, de transformar um sonho corajoso em realidade, um empreendimento que muitas vezes traz todos os envolvidos à beira dos seus sistemas de valores morais e de resistência psicológica.

◦⇁ QUANDO A IMAGINAÇÃO MAIS DESVAIRADA ATENDE ÀS SUAS EMOÇÕES MAIS PROFUNDAS

A *missão com propósito* é levada adiante quando uma imagem radical de um futuro potencial encontra o seu habitat natural no núcleo emocional do indivíduo – o seu coração. É o acontecimento casual de produtos desvairados da própria imaginação se encontrando com suas emoções mais profundas que traz o brilho aos seus olhos e faz surgir a inspiração missionária que há dentro de você. Nas linhas de abertura de seu livro autobiográfico de 2009, *Conquest of the Useless*, Werner Herzog dá um ideia poderosa desse processo, descrevendo vividamente – depois de mais de 25 anos – as imagens mentais originais que acabaram levando à sua obsessão com as filmagens de *Fitzcarraldo*:

> Uma visão tomou conta de mim, como a fúria demente de um cão que afunda os dentes na perna de uma carcaça de veado e fica tremendo e puxando e arrastando o animal morto tão freneticamente que o caçador desiste de tentar acalmá-lo. Foi a visão de um grande barco a vapor escalando uma colina com seus próprios motores, abrindo ca-

minho por uma encosta íngreme na selva, enquanto acima dessa paisagem natural, que faz estremecer os fracos e os fortes com uma ferocidade igual, sobe a voz de Caruso, silenciando toda a dor e todas as vozes da floresta primitiva e abafando todos os cantos de pássaros. Para ser mais preciso: os pássaros choram, pois nesse cenário, deixado inacabado e abandonado por Deus em um momento de ira, os pássaros não cantam, eles gritam de dor, e as árvores se entrelaçam confusas umas com as outras, lutando como Titãs, de horizonte a horizonte, em uma criação desordenada ainda em formação. Ofegantes e exaustas, elas estão nesse mundo irreal, na dor irreal – e eu, como uma estrofe de um poema escrito em uma língua desconhecida, estou abalado até o âmago. [2]

Esta é a linguagem angustiante de um homem possuído. O retrato de Herzog é tão rico e poderoso que convida o leitor não só a ver suas imagens da prisão na selva, mas também a ouvir com extraordinária clareza os sons incríveis evocados por sua imaginação. Uma atmosfera excruciante permeia toda a sua descrição, afetando-nos e envolvendo-nos. É como se ele quisesse compartilhar conosco a antecipação que deve ter sentido quando se preparava para a prova extenuante de realmente filmar sua assombrosa imagem mental nas profundezas da selva amazônica.

Um sentimento misto de fascínio e apreensão é frequentemente experimentado no limiar de uma missão intencional – especialmente quando é a nossa. Sentimos o fascínio de um sonho radical do futuro, como se tivéssemos esperado secretamente por algo parecido com isso o tempo todo. Ao mesmo tempo, temos medo do sonho, porque no fundo sabemos que ele pode mudar completamente nossa vida e a das pessoas que amamos. E às vezes isso representa uma perspectiva assustadora. Então, em princípio nós duvidamos desse sonho fatídico, e até mesmo tentamos esquecê-lo completamente – muitas vezes sem sucesso. É quando percebemos que, se não vivermos o nosso sonho, isso pode nos prejudicar mais do que realmente persegui-lo, então convocamos a coragem que nos falta para transformar esse sonho em nossa missão com propósito. Em outros momentos, acontecimentos fortuitos – como quando o jovem Fitzcarrald perdeu seu pai e sobreviveu a dois encontros com a morte, tudo em menos de um ano – nos deixam com pouco a perder e tudo a ganhar se seguirmos os nossos sonhos, tornando mais fácil para nós abraçar a nossa missão com propósito. Em outras ocasiões, é um sentimento profundo de responsabilidade pessoal e social que leva algumas pessoas a transformar um sonho extraordinário do futuro em uma missão com propósito e dedicam suas vidas a realizá-lo. O último caso é frequentemente o que acontece com os missionários socialmente inspirados, como Vincenzo Muccioli e Antonietta, os fundadores da comunidade de San Patrignano para a reabilitação de dependentes de drogas. Seu filho Andrea Muccioli, que chefiou a comunidade depois da morte inesperada de Vincenzo em setembro de 1995, disse:

> Se meu pai tivesse continuado a culpar as instituições e a sociedade por não fazer aquilo que deveria ter sido feito,

e se ele não tivesse feito alguma coisa pessoalmente, esse lugar nunca teria nascido. Você está vivo e rico se conseguir compartilhar o que é com outra pessoa e construir alguma coisa com os outros. Acho que isso fazia parte dos princípios educacionais que [meu pai] aprendeu com sua família.

O sonho dos Mucciolis era extraordinário e flagrantemente positivo: a criação de uma enorme família na qual mesmo alguns dos membros mais marginalizados da sociedade – como os dependentes de drogas – seriam amorosamente incluídos e apoiados de forma que eles pudessem recomeçar suas vidas e desenvolver seus notáveis talentos. Em muitos outros casos, porém, é preciso olhar com cuidado, por meio de uma lente moral, a natureza dos sonhos radicais do futuro, as suas missões com objetivo e as formas escolhidas para realizá-las. Afinal, é, em grande medida, o resultado combinado de tais missões – realizadas por grupos de pessoas apaixonadas em toda parte e em todos os domínios da atividade humana – que está constantemente moldando o futuro que nos rodeia. E isso diz respeito a todos nós.

O TECIDO MORAL DAS MISSÕES COM PROPÓSITO

As verdadeiras missões com propósito criam um mundo melhor sob todas as perspectivas, em especial do ponto de vista moral e ético. Quando este não for o caso, provavelmente estamos falando de missões profundamente falhas. Mas surge um problema quando torna-se difícil distinguir uma de outra. De fato, alguns dos personagens mais assustadores da história foram capazes de hipnotizar as pessoas em massa para segui-las, em grande parte como resultado da capacidade diabólica de imbuir suas missões de um senso enganoso – mas bastante palpável – de retidão moral. Os historiadores têm mostrado que o sucesso inicial de Hitler e de Stalin foi baseado, de forma significativa, na sua capacidade de disfarçar seus intentos malignos com um tom messiânico e de justiça social. Quando as pessoas perceberam o engano, era tarde demais. Isso levanta a questão de submeter, desde o início, a própria missão e propósito em relação aos outros a alguma forma de teste moral e ético. Só quando essas missões calam profundamente em nossa mente e tocam nosso coração é que devemos seguir adiante para realizá-las. Sempre que este não for o caso, os padrões morais e éticos mais saudáveis devem nos guiar, quer para nos deixar surdos aos falsos gritos no deserto – não importa quão sedutores eles pareçam – quer para continuar trabalhando duro, a fim de transformar essas missões sedutoras, mas falhas, em missões com objetivo.

A ética e a moral fornecem uma orientação essencial para o comportamento prático em todas as sociedades, pois elas se constituem também no principal tema de várias disciplinas acadêmicas. No entanto, em vez de adotar uma abordagem acadêmica na maior parte deste livro, prefiro ressaltar que a maneira como as missões com propósito dizem respeito a questões éticas e morais no mundo real se encaixam, e muito bem, nas raízes etimológicas dessas palavras. O termo "ética" deriva do termo grego *ethos*, que significa o caráter natural de uma pessoa, suas predisposições e hábitos tradicionais. Por sua vez, a palavra "moral" vem da expressão latina *mores*, que descreve o comportamento de uma pessoa (seja bom ou ruim) e seu temperamento. Assim, nas civilizações clássicas do Mediterrâneo, *ethos* e *mores* foram utilizados para descrever o caráter por trás dos hábitos e da conduta de uma pessoa, em vez das ações físicas em si. Foram os filósofos como Aristóteles que codificaram de forma pioneira a tradição ocidental de princípios "éticos" levando a "bons costumes", o que, por sua vez, levava ao "bem mais elevado" para a sociedade. Podemos encontrar noções semelhantes mais ancestrais nas tradições espirituais de muitas civilizações antigas – desde a China, a Índia e o Oriente Médio ao Peru –, o que torna evidente que o estabelecimento de "bons" códigos éticos e morais de conduta social é uma aspiração universal de toda a humanidade e que antecede a civilização ocidental. Isto fez com que muitos historiadores se perguntassem se é possível encontrar um conjunto universal de "bons" princípios éticos e morais de conduta que fossem comuns a todas as grandes civilizações ao longo da história. Nessa área, eles depararam com boas e más notícias.

A boa notícia é o princípio da reciprocidade positiva que simplesmente diz: trate os outros como gostaria que tratassem você. Os historiadores chamaram a isso de "A Regra de Ouro", pois ela foi considerada algo básico a todas as principais religiões e filosofias espirituais do mundo; está presente do confucionismo, taoísmo, hinduísmo ao racionalismo da filosofia grega, o judaísmo e as grandes religiões monoteístas, o zoroastrismo e as doutrinas andinas mais antigas da Pacha-Yacha ensinadas pelo lendário Hamawhta Wiraqocha. Mais recentemente, a Regra de Ouro passou a constituir um princípio fundamental contido na Declaração Universal dos Direitos Humanos das Nações Unidas de 1948, bem como na Carta Internacional dos Direitos Humanos de 1976. Além disso, assistimos como a aplicação da Regra de Ouro pela comunidade global tem sido cada vez mais ampliada para incluir o direito de tratamento correto aos ecossistemas naturais. Isto mostra como a aplicação do princípio universal e antigo da reciprocidade positiva está longe de ser estático. Como um diamante de beleza suprema, cujas diferentes facetas cintilam de modo diferente sob a luz do dia em constante mutação, praticar corretamente a Regra de Ouro apresenta incessantemente novos desafios para a humanidade enquanto nossa história cósmica continua a evoluir dinamicamente.

A má notícia é a aplicação literal do antigo princípio da justiça equitativa, contida na Lei de Talião, que dizia: "olho por olho, dente por dente". A aplicação generalizada desse princípio conduziu frequentemente ao uso da lei de forma vingativa e como retaliação, levando a uma guerra sem fim ou à marginalização social – ou mesmo à destruição – de certos grupos de pessoas por outros. É fundamental ressaltar que, historicamente, o princípio da justiça equitativa não foi defendido de modo universal por todas as principais religiões do mundo ou sistemas filosóficos – mas, infelizmente, o caso é que podemos perceber com facilidade que essa lei foi ampla e praticada sem prudência pela maioria das sociedades em todas as épocas.

A ideia principal aqui é que, como sonhadores e entusiasmados com as missões com objetivo, os criadores do futuro são os agentes condutores da evolução social, que muitas vezes enfrentam em primeira mão os desafios práticos da aplicação da Regra de Ouro – e evitam os excessos da lei de Talião – em cenários em grande parte desconhecidos e praticamente inexplorados. Enquanto eles criam o seu novo meio, é quase inevitável que a falta de dados e o aparecimento dinâmico de problemas sem precedentes conspirem contra os criadores do futuro, fazendo que uma compreensão profunda, sólida e prudente da Regra de Ouro não apenas seja um atributo desejável, mas uma necessidade absoluta para se conseguir atingir uma missão com propósito. Caso contrário, as probabilidades de tudo correr mal serão grandes.

Ao realizar uma missão com propósito, observar uma conduta ética – o que queremos dizer aqui colocando em prática o princípio universal da Regra de Ouro – pode ser algo tão importante quanto a própria missão. Só quando os sonhadores do futuro aplicam corretamente esse princípio precioso tanto em suas aspirações quanto em seu comportamento é que podemos nos referir corretamente a seus anseios como missões com objetivo. No entanto, fazer esse tipo de avaliação moral nem sempre é fácil no mundo real e, como resultado, nesse campo, a maioria de nós precisa receber uma formação ou um treinamento. A história de Carlos Fernando Fitzcarrald fornece uma boa ilustração disso. Será que Fitzcarrald foi um explorador e um líder respeitado, que mobilizou pessoas de diversos grupos étnicos e culturais para alcançar uma vida melhor em seu próprio ambiente natural? Ou ele foi um aventureiro ganancioso e inescrupuloso, um predador da selva amazônica e de seus povos? Desde sua morte, em 1897, o júri foi constituído, com defensores e detratores apresentando seus próprios argumentos.

Por um lado, os críticos de Fitzcarrald destacam suas expedições punitivas matando dezenas de índios da Amazônia e eliminando os concorrentes, bem como o comportamento selvagem dos barões da borracha do século XIX, que deixaram um rastro de devastação. Por outro lado, aqueles que apoiam Fitzcarrald argumentam que as histórias negativas sobre ele são apenas calúnias feitas por um punhado de concorrentes invejosos e burocratas interesseiros dos governos da Bolívia e do Brasil, que criaram uma lenda negra sobre ele após sua morte. Na realidade, Fitzcarrald mostrou muito cedo uma obsessão verdadeira pela exploração da Amazônia, que – tão diferente do comportamento dos barões da borracha típicos da época – continuou pela vida inteira, mesmo depois que ele ficou muito rico e se estabeleceu como homem de família. Suas realizações excepcionais como explorador, abrindo uma rota muito melhor, que liga os vastos territórios da Amazônia aos principais portos europeus e americanos, foram amplamente elogiadas no mundo inteiro enquanto Fitzcarrald ainda vivia. O coronel francês La Combe, que explorou a vasta área do Istmo de Fitzcarrald alguns anos após sua morte, escreveu em 1904 que "Só um gigante do porte de Fitzcarrald poderia ter realizado tal tarefa em tempo tão curto".[3] Testemunhas oferecem depoimentos confiáveis sobre a política de Fitzcarrald de convencer os povos da Amazônia a participar de seus empreendimentos exploratórios e comerciais; falam também de seu uso da violência apenas como último recurso para repelir os ataques dos povos Mashcos, bem como as invasões armadas dos seringueiros brasileiros em suas tentativas de transformar uma enorme área de selva peruana em território do Brasil (o que eles realmente conseguiram fazer imediatamente após a morte de Fitzcarrald). A passagem da montanha que Fitzcarrald construiu através do istmo que ele descobriu – evitando o corte de árvores e permitindo que dois sistemas fluviais previamente separados pudessem ser conectados por meio de uma confortável caminhada de 50 minutos – certamente continua a ser uma realização admirável, mesmo pelos padrões do século XXI. Em comparação, os barões da borracha que vieram antes e depois de Fitzcarrald, em sua maioria, tinham a aparência vulgar de mercenários que representavam interesses comerciais estrangeiros, sem nenhum dos traços do explorador peruano, a visão a longo prazo que ele possuía e a sensibilidade demonstrada no tratamento dos povos nativos. Do mesmo modo, a manipulação que Fitzcarrald fez das florestas da Amazônia, deixando a sua incrível biodiversidade praticamente intacta, oferece um forte contraste com o modo de atuação das madeireiras do século XXI e com a mineração e agricultura da Amazônia, que têm criado um enorme desafio ambiental de proporções planetárias.

Enquanto pesquisava a literatura histórica sobre Carlos Fitzcarrald para escrever este capítulo, ocorreu-me que a sua abordagem na exploração e gestão das florestas tropicais estava, em muitas maneiras, bem à frente do seu tempo e foi acentuadamente diferente dos métodos mais brutais dos outros exploradores da América do Sul e da África Central tropical nesse período. Portanto, eu me vi inclinado a considerar sua movimentada vida e carreira como guiadas por uma verdadeira missão com propósito, de abrir a selva amazônica peruana para a exploração racional e comercial. Seria excessivo – talvez até injusto – esperar de um explorador do século XIX padrões de sustentabilidade ecológica mais científica em todos os momentos, e só por esse motivo estou plenamente ciente de que essas opiniões têm pouca probabilidade de se afirmar como sendo a apreciação definitiva de uma figura tão controversa como Carlos Fernando Fitzcarrald. Mas essa é a razão pela qual sua história constitui uma parábola adequada para ilustrar algumas das questões centrais que estamos considerando. Ele exemplifica que a verdadeira questão não é elaborar belamente uma declaração de sua missão para que seja lida como uma missão com propósito. Ao contrário, trata-se mais do fato de você e eu estarmos conscientes de que viver nossos sonhos radicais de um novo futuro provavelmente seja algo que venha ampliar a nossa compreensão atual do que o comportamento moral e ético quer dizer. Isso significa que, como criadores do futuro, devemos estar preparados para assumir riscos, a fim de aplicar a mais antiga das normas com solidez, a Regra de Ouro, quando entrarmos em um novo território, estabelecendo novos padrões de liderança moral que outros possam seguir.

Outra questão importante, também ilustrada pelas buscas de Fitzcarrald, é ser capaz de, com firmeza, manter um curso de ação moral, apesar dos acontecimentos desafiadores e da crítica generalizada que os grandes inovadores quase invariavelmente atraem em certos pontos de suas carreiras. No caso de personagens poderosos como Fitzcarrald, as críticas provavelmente nunca acabam. Pelo contrário, com o passar do tempo, elas acabam fornecendo mais profundidade e um acentuado aroma de realidade à figura histórica do excepcional explorador da Amazônia do século XIX. No entanto, em outros casos, como o ilustrado pelas experiências de Vincenzo Muccioli durante a criação da comunidade de San Patrignano, as críticas inesperadamente podem se transformar em perseguição.

O desenvolvimento de San Patrignano não foi isento de controvérsia. Vincenzo Muccioli tornou-se alvo de uma série de ações judiciais. Ele aprendera por experiência como as crises de abstinência podem alterar até mesmo os dependentes de drogas mais decididos e, às vezes, a pedido destes, ele os enclausurava. Em 1980, a polícia de Rimini, alertada por um dos convidados em fuga, invadiu San Patrignano no meio da noite, ao descobrir que Muccioli acorrentara quatro convidados. Muccioli foi levado sob custódia, mas depois liberado. Julgado em Rimini em 1985, ele foi condenado. O tribunal de apelações em Bolonha o absolveu em 1987 e o Supremo Tribunal confirmou a absolvição em 1990. O "julgamento das correntes", como apelidado pela imprensa, foi seguido de perto pela televisão, e para muitos italianos, tornou-se sinônimo de Vincenzo Muccioli.

Este não foi o único incidente que o trouxe para a ribalta. Em meados da década de 1990, Muccioli foi julgado novamente, dessa vez por não divulgar seu conhecimento da suspeita de homicídio de um convidado, Roberto Maranzano, por outro hóspede. Um de seus acusadores foi um terceiro convidado de San Patrignano, que comentou na imprensa:

Nós, os dependentes de drogas, construímos [San Patrignano] como escravos modernos de um 'padrone', que nunca levantou um dedo [para trabalhar] e que sempre tinha a repressão pronta para aqueles que não concordavam com suas regras.

(Essa mesma pessoa foi readmitida por Vincenzo Muccioli, quando estava na fase terminal da AIDS.) Vincenzo Muccioli foi novamente liberado, mas o episódio ainda era considerado muito negativo para a comunidade.

Ao longo de sua existência, San Patrignano tem inspirado admiração e fortes críticas, o que levou a uma administração rígida no que diz respeito a relações públicas. De acordo com os escritos de Vincenzo Muccioli, houve também um resultado positivo de toda essa publicidade:

> Um dos efeitos desse processo foi o enorme crescimento do interesse e da publicidade em torno de nossa iniciativa, o que provocou um aumento nos pedidos para entrar [em San Patrignano]. E a comunidade crescia a olhos vistos.

Na Itália, os toxicodependentes que queriam parar com as drogas eram orientados a "conversar com Muccioli". Muitos tribunais italianos começaram a enviar os toxicodependentes condenados a San Patrignano como alternativa à pena de prisão. Esse costume se acelerou no início de 1990, e em 1994 cerca de 40% dos recém-chegados cumpriam pena ou aguardavam julgamento. Ao longo de todos os eventos difíceis aos quais precisou resistir na década de 1990, é notável como San Patrignano escrupulosamente continuou aplicando o seu princípio fundamental de abrir suas portas a todos os toxicodependentes que estavam decididos a parar de usar drogas – independentemente de sexo, idade, raça, credo, profissão ou história de vida.

Outra questão fundamental existente em todas as histórias extraordinárias de criadores do futuro que eu estudei é sua capacidade de incutir nas pessoas seu poderoso sentido de missão com propósito. Isso é bastante diferente do desafio de comunicar sua declaração de princípios quanto à missão a essas pessoas informando-as de forma clara, lógica e estimulante. Ao contrário, trata-se de reconhecer como esses detentores de uma missão com propósito, por meio de uma miríade de rituais diários e ações espontâneas, foram capazes de criar constantemente uma atmosfera emocional muito forte em torno de si e de suas missões que impulsiona os outros a um estado de respostas ampliadas. Há, de fato, uma distinção fundamental entre racionalmente introduzir uma "declaração de missão" para outros de uma maneira planejada, e espontaneamente compartilhar suas obsessões passionais – e a maioria das pessoas pode perceber a diferença imediatamente. A convicção genuína e a boa moral subjacentes a essas obsessões é que fazem com que as pessoas tenham um ardor missionário e transformam um grande sonho em uma missão proposital contagiosa. Esta última dá a seu apóstolo uma aura de entusiasmo confiante que é ao mesmo tempo fascinante e difícil de definir.

No início da década de 1970, na cidade espanhola de La Coruña, os irmãos Antonio e Amancio Ortega estavam convencidos de que democratizar a moda era o caminho a seguir na indústria do vestuário. Mas, no momento em que essa convicção foi considerada uma ideia extrema, todos, exceto alguns entusiastas, a desprezaram, taxando-a de irracional. Isso não foi muito auspicioso para os Ortegas, porque estes vinham de uma família de posses modestas e não tinham nenhuma experiência profissional anterior. No entanto, em 2001, as palavras abaixo foram atribuídas a um executivo do Banco Pastor espanhol, que apoiou Antonio Amancio em 1975:

> [No banco] você pode facilmente distinguir alguém que acredita no que diz de alguém que aprendeu a recitar um livreto. Desde o início, o banco confiou nele [Amancio Ortega]. Eu não quero sugerir que, na época, nós tenhamos imaginado a magnitude que seu negócio alcançaria, mas pudemos vê-lo prosperar, e pude perceber que a tenacidade de Antonio e Amancio os ajudaria a torná-los conhecidos no mundo dos negócios. Desde o início, a atitude de Amancio Ortega de procurar ideias foi o que mais me chamou a atenção. Trinta anos atrás, quando o ouvi pela primeira vez, ele falava como um dos peritos em economia de hoje. Naquela época [em 1971], já usava todas as teorias que hoje parecem tão modernas [...]. Além de tudo, era óbvio que ele tinha conhecimento profundo do mercado em que queria entrar. Sua capacidade de entusiasmar e convencer seu interlocutor de que seu projeto, além de ser perfeitamente viável, também seria altamente rentável, foi uma arma infalível em suas mãos.[4]

Por que as missões propositais "possuem" algumas pessoas com tal força e relativamente afetam pouco as outras? Descobri que uma maneira de responder a essa questão decorre das histórias de vida dos indivíduos "possuídos", que mostram uma série de padrões comuns que podem ajudar os outros a desbloquear o "missionário" dentro de si.

Comecemos por nos lembrar de uma característica marcante comum a todas as histórias de missionários com propósito narradas neste livro. Uma vez que, em cada uma dessas histórias, uma missão com propósito absorveu completamente a imaginação, as emoções, as convicções morais e o tempo desses missionários, a história das missões é inseparável da história de vida desses indivíduos. Como resultado, um olhar atento ao histórico de como qualquer uma dessas missões realmente se desenrolou ao longo do tempo é suficiente para que captemos ideias essenciais dentro de suas características morais – e vice-versa. Eu chamo esse atributo de autorreferencial, no sentido de que uma grande familiaridade com a história de uma missão proposital automaticamente nos dá uma imagem clara das características morais dos missionários por trás dela – e vice-versa. No caso dos criadores do futuro, como Werner Herzog, mesmo a história da realização de um filme como *Fitzcarraldo* pode nos oferecer uma visão tanto do filme em si quanto do caráter moral do homem por trás dele. Isto está relacionado a uma elevada qualidade autorreferencial, em que a história de realizar uma história fictícia nos dá pistas essenciais para a compreensão do caráter moral do homem por trás da história, bem como da própria história de ficção. Mas o atributo autorreferencial das missões com objetivo não só é útil para nós em busca de *insights* valiosos sobre o caráter de seus missionários por meio do pensamento dedutivo inteligente. Ele também sugere que o grau de autoconhecimento de um indivíduo pode ser o fator-chave que separa os pretensos apóstolos das missões propositais daqueles que vivem em luta constante para encontrar os verdadeiros missionários dentro de si.

A CHAVE PARA DESCOBRIR O MISSIONÁRIO INTERIOR

Ao longo da história, "Conhece a ti mesmo" sempre foi um ditado que encerrou a verdadeira sabedoria. Mais incisivamente, todos os apóstolos das missões com objetivo retratados neste livro – que vão dos socialmente inspirados Mucciolis aos Ortegas "menos espirituais", passando pelo aventureiro Fitzcarraldo – nos parecem dotados de um tipo muito especial de autoconhecimento. Desde cedo, esses personagens sempre pareceram estar em contato mais ou menos conscientemente com o que a escritora Rhonda Byrne chamou de "a versão mais magnífica de Você".[5] Ao longo da vida, a consciência desse potencial se tornou uma fonte de energia vital para essas pessoas, esperando para se cristalizar. Às vezes, essa energia foi apenas parcialmente – ou mesmo equivocadamente – canalizada, até que surgiu a oportunidade fortuita que impeliu esses homens em direção à missão de criar novos futuros para pessoas reais. A familiaridade natural com o seu Eu mais magnífico deu a esses pretensos missionários a coragem e a autoconfiança para apaixonadamente transformar seus sonhos tão acalentados na missão de sua vida. Essa foi a chave para que essas pessoas vivessem uma vida autorreferencial, e refiro-me a um indivíduo que se entrega a uma missão com propósito de modo natural, alegre e tão completamente que a razão de alcançá-la torna-se sinônimo da história de sua vida.

As pessoas se sentem instintivamente atraídas pela coragem excepcional exibida pelos heróicos missionários com propósito, como Madre Teresa, Nelson Mandela e Mahatma Gandhi, e ficam curiosas para saber como essas pessoas chegaram a abandonar as aspirações de uma vida "normal" a fim de se entregar tão completamente à sua missão. Apesar de, durante toda a sua vida, esses missionários terem tentado, em vão, chamar a atenção das pessoas para longe delas mesmas e em direção às missões que defenderam, estamos sempre buscando inspirações em suas biografias e nas quase miraculosas maneiras pelas quais eles sempre mostraram – mesmo que por meio de experiências angustiantes que a maioria de nós acharia totalmente insuportáveis – a versão mais magnífica do seu Eu.

Como algumas pessoas conseguem se manter em contato com seu Eu mais magnífico em todos os momentos, enquanto outras parecem perdê-lo de vista completamente? Vamos começar por abordar esta última questão. Tenho constatado que, de longe, a principal razão por que esquecemos o nosso Eu mais magnífico é que, durante um longo período, não dedicamos tempo à autorreflexão em nossas rotinas diárias. Quase sempre, a razão mais importante para isso é a maneira pela qual acabamos mergulhando nos nossos assuntos mundanos. Nós muitas vezes dedicamos uma grande parcela do nosso tempo ao trabalho. Podemos também dedicar tempo a nossas famílias e ainda encontrar tempo para os outros. Mas não deixamos nada para nós. Como resultado, gradualmente esquecemos as visões da infância brilhante que tivemos e permitimos que as experiências mais sombrias e os medos sobre a nossa autoestima entrem furtivamente dentro de nós.

Às vezes, enganamos a nós mesmos acreditando que o que fazemos atualmente constitui a nossa verdadeira missão com propósito. Temos um bom emprego, um salário justo e até mesmo uma situação familiar feliz. Mas nossos olhos não brilham ao falar sobre o nosso trabalho e, eventualmente, uma sensação desconfortável de potencial não realizado secretamente começa a crescer dentro de nós. Isso é o que meu amigo peruano Nerit Olaya chama de "prender o diabo dentro de uma garrafa". Segundo um antigo conto peruano, o diabo entra e sai de um quarto por meio de aberturas diferentes. É por isso que, se ele entra em um frasco, você tem que quebrar a garrafa, a fim de livrar-se do diabo que está lá dentro. Nerit sabia do que falava. Ele nasceu para ser ator e foi, de longe, o melhor no nosso grupo na faculdade em Lima, durante o início da década de 1980. Qualquer um poderia dizer de imediato que o seu Eu mais magnífico existia no palco. Em 1983, ele corajosamente saiu da faculdade para estudar arte dramática na melhor escola do Peru. Mas a terrível crise econômica que varreu a América Latina durante a década de 1980 o obrigou a encontrar trabalho como editor de uma série de publicações sobre economia

— a segunda paixão de sua vida. Ele era bem pago e isso lhe deu uma boa posição profissional. Mas os olhos de Nerit não brilhavam ao falar sobre seu trabalho com os amigos. E no início de 2009, seu corpo começou a lhe dizer que ele estivera fora dos palcos por muito tempo. Uma rigidez muscular inexplicável começou a surgir às vezes no pescoço, em outros momentos no ombro ou mesmo nas articulações. Ao mesmo tempo, Nerit subitamente se viu estranhamente irritado e mentalmente esgotado no trabalho. Durante uma visita à sua cidade natal, Sullana, na região tropical do litoral norte do Peru, de repente ele percebeu que se mantivesse seus demônios artísticos aprisionados em uma garrafa por mais tempo, os seus sofrimentos físicos e psicológicos começariam a afetá-lo gravemente. Assim, tão logo se viu de volta em Lima, Nerit imediatamente começou a trabalhar em uma adaptação para o palco de *Assim falou Zaratustra*, de Nietzsche. Seus olhos brilharam com emocionante intensidade quando ele alegremente anunciou que o frasco diabólico fora finalmente quebrado.

Como Nerit, a maioria das pessoas em grande medida deixa ao puro acaso a tarefa de voltar a se encontrar com seu Eu mais magnífico. No entanto, muitos indivíduos diligentemente aplicam estratégias de autorreflexão ao longo de suas vidas, para nunca perder isso de vista. Este último ponto sempre exige a alocação de um horário regular para se encontrar consigo mesmo em solidão. Curiosamente, na maioria dos casos, a prática da autorreflexão não precisa de muito tempo, mas requer uma abordagem disciplinada para usufruir o tempo que você consegue atribuir a ela em sua programação diária. Em especial, vou falar de três estratégias comuns para a autorreflexão que auxiliam os indivíduos a levar uma vida com propósito e – finalmente – encontrar o missionário interior. Tenho observado que algumas pessoas praticam apenas uma delas constantemente ao longo de sua vida, enquanto outras, como eu, se envolvem em pelo menos duas delas, simultânea ou sequencialmente. No entanto, deve-se ter em mente que o que faz a diferença no longo prazo é a capacidade de desenvolver um hábito sério e regular de autorreflexão, mais do que uma técnica específica escolhida pela pessoa.

A meditação é uma das abordagens mais antigas para a prática da autorreflexão contemplativa. Devido a isso, há uma variedade de métodos de meditação que a pessoa pode escolher, e as mais sensatas muitas vezes tentam alguns deles antes de decidir qual funciona melhor para elas como indivíduos. Para a maioria das pessoas que conheço, o melhor método de meditação é o que lhes faça bem intuitivamente e espiritualmente. No meu caso, foi a abordagem mais simples que me ajudou a encontrar as respostas interiores que eu procurava. É a chamada Meditação Vipassana. Eu a encontrei casualmente aos 40 anos, quando me vi sem emprego e com a oportunidade para me reinventar em torno de aspirações mais significativas. Percebi que, ao longo da última década e meia, eu trabalhara em uma série de empregos bem-sucedidos que me deram a ilusão de uma vida com propósito. No fundo, eu estava em dúvida se era este o caso, mas me via incapaz de dizer exatamente o porquê. Os dez dias de Meditação Vipassana em reclusão serena na ensolarada vila suíça de St. Imier ajudaram a limpar a minha mente de uma vida de escombros existenciais. Foi uma experiência profundamente energizante que me fez ver com muito mais clareza do que nunca a mais magnífica versão de mim mesmo. A experiência inesquecível de St. Imier inaugurou um dos períodos mais criativos da minha vida, incutindo em mim um novo e crescente senso de propósito. Você não vai se surpreender ao saber que a meditação tem sido um hábito regular na minha vida desde então.

Construir sua equipe de apoio é outra estratégia de autorreflexão, e é defendida por Bill George, um dos criadores do futuro retratados neste livro. Ao longo da década de 1990, como presidente da Medtronic, George deu à empresa um renovado sentimento de missão com propósito que a levou à posição de líder global em tecnologia médica. Em 2007, num artigo inspirador, George descreveu como seu hábito, ao longo da vida, de construir uma equipe de apoio ajudou a ele e aos membros da sua equipe a ganhar a autoconsciência que lhes permitiu levar uma vida mais integrada e desenvolver os autênticos líderes que existiam dentro deles:

> Em 1974 [eu] me integrei a um grupo de homens formado após um retiro de fim de semana. Mais de 30 anos depois, o grupo ainda se reúne toda quarta-feira de manhã. Após um período de abertura, no qual nos inteiramos da vida dos outros membros e lidamos com qualquer dificuldade particular que alguém possa estar enfrentando, um dos oito membros do grupo conduz a um debate sobre um tema que ele escolheu. Esses debates são abertos e muitas vezes

profundos. A chave para seu sucesso é que as pessoas dizem o que realmente pensam, sem medo de julgamento, crítica ou represália. Todos os membros consideram o grupo como um dos aspectos mais importantes de sua vida, que lhes permite esclarecer as suas crenças, os seus valores, ajuda na compreensão das questões vitais e serve como fonte de *feedback* honesto quando for mais necessário.[6]

Em uma maneira similar à Meditação Vipassana, a abordagem de George para a construção de uma equipe de suporte é aparentemente simples e longe de ser uma novidade. No fundo, essa abordagem ecoa – quase passo a passo – as antigas tradições dos diálogos esclarecedores que os filósofos como Sócrates e Platão tornaram tão populares na Grécia antiga, por volta do século IV a.C. Entretanto, o que pessoas como Bill George e seus companheiros mais uma vez demonstram é que uma abordagem disciplinada, coerente e comprometida com a autorreflexão é o que faz a diferença no longo prazo.

A prática de passatempos solitários é outra abordagem útil para a autorreflexão. Essa estratégia coincide um pouco com a ideia de praticar um hobby, com a diferença que um passatempo solitário envolve o gasto de tempo com apenas você mesmo, em combinação com a prática de uma atividade física, artística ou intelectual, e que convida à contemplação. Novamente, essa abordagem da autorreflexão tem raízes muito antigas. Em latim, na Roma antiga, seu nome era *otium*, que é a origem da palavra *otioseness* (ociosidade) em inglês. Deve ser observado que o antigo termo *otium* não tem a conotação de apatia que ociosidade possui na conotação moderna. *Otium*, contudo, foi usado como antônimo de *negotium*, um termo em latim que significa literalmente "negação do *otium*", do qual tanto a palavra negociação e *negozio* em italiano (de negócios) derivam. Assim, em vez de conduzir à apatia, a prática de *otium* foi considerada pelos antigos filósofos, como Sêneca – e mesmo aqueles do século XX, como Bertrand Russell –, como uma disciplina desejável para os indivíduos que desejam separar-se dos assuntos mundanos, a fim de desenvolver uma força moral e equilibrada em suas vidas diárias.

De fato, enquanto estava envolvido em um dos meus passatempos solitários favoritos, que é caminhar pelas trilhas andinas, foi que fiz a descoberta surpreendente que é descrita no próximo capítulo. É sabido que os missionários de todas as eras invariavelmente começaram o seu trabalho com a formação de um núcleo de pessoas que apaixonadamente compartilhavam tanto os seus sonhos radicais do futuro quanto as suas missões com objetivo. Além disso, eu descobrira que essas equipes iniciais de apóstolos sempre exibiam cinco qualidades de liderança, independente das diferenças culturais, geográficas ou organizacionais. Eu sabia que isso não poderia ser uma coincidência, já que esses achados resultaram da análise de uma amostra altamente diversificada de empresas em vários países. Esse amplo estudo não me preparou, no entanto, para a descoberta incrível que fiz enquanto aprendia sobre as antigas lendas de Wiraqocha durante minhas férias fazendo trekking. Segundo essas lendas, em 15.000 a.C, um mítico professor andino conhecido pelo nome de Hamawtha Wiraqocha já havia reconhecido as mesmas cinco qualidades de liderança e as ensinava, andando de aldeia em aldeia, ao longo de um vasto território que hoje faz parte do Peru, Bolívia e Equador.

Como veremos no próximo capítulo, a história fascinante de como esse sábio andino da antiguidade identificou pela primeira vez e ensinou essas preciosas qualidades de liderança pode ser tão inspiradora como os resultados propriamente ditos dessa descoberta.

4 Quarta chave:

Líderes Wiraqocha

> *Coniraya viracocha*   (Cuniraya Wiraqocha,
> *runa camac*   organizador da humanidade
> *pacha camac*   e do mundo,
> *yma aycayuc*   você faz todas as coisas possíveis,
> *canmi campam*   você é o campo,
> *chacraiqui campac*   seu é o Homem: Eu.)
> *runayqui ñispa.*

Trecho dos manuscritos Huarochirí, uma relação de antigos mitos peruanos coletados por Francisco de Ávila em torno de 1598

Foi enquanto fazia trekking ao longo do Urubamba – o vale sagrado dos incas – e do poderoso rio Willka Mayu, que os antigos peruanos comparavam à Via Láctea, que isso me atingiu. De repente, percebi que as principais conclusões de um estudo que eu terminara pouco antes de minha viagem tinham sido bem compreendidas milhares de anos atrás. Em 15.000 a.C.[1], Wiraqocha, o *Hamawtha* ou Sábio dessa antiga terra dos Andes, revelou primeiro as sutis forças individuais que permitem que as organizações ainda hoje desbloqueiem o seu poder de criar os próprios futuros de sucesso. Com base em uma amostra altamente diversificada de empresas multinacionais, bem como de organizações sociais que eu examinara ao longo dos três anos anteriores (ver Tabela 1 na página 218), descobri que as empresas com um grupo de líderes coesos vinculados a uma missão proposital eram capazes de fornecer, de modo contínuo, futuros novos e extraordinariamente positivos para todos os seus *stakeholders*. No centro dessas organizações, invariavelmente, encontrei uma equipe de liderança diversificada que abraçou com paixão uma missão proposital comum, a de entregar ao mundo real um sonho compartilhado do futuro, que era simultaneamente radical, muito positivo e atraente. Além disso, os principais membros dessas organizações de destaque muito claramente demonstravam, por meio de suas ações diárias, cinco qualidades definidas como:

1. INTEGRIDADE – esta qualidade diz respeito à aptidão de uma pessoa para transcender os dilemas ou visões aparentemente conflitantes, mediante a realização de ações integrais, ou seja, ações que com harmonia integram as diferenças, como se fossem partes de um todo coerente, em vez de procurar "equilibrar" ou manter essas diferenças à parte.

2. TOLERÂNCIA – esta qualidade refere-se à aptidão de uma pessoa para identificar e testar continuamente os próprios modelos mentais em relação aos outros, a fim de interagir e criar empatia com pessoas muito diferentes, sem ideias preconcebidas ou preconceitos.

3. COERÊNCIA – esta qualidade refere-se à importância que uma pessoa coloca no fato de ser coerente em pensamentos, valores, palavras e ações e no desenvolvimento do hábito de demonstrar, por meio do próprio comportamento, essa coerência na vida real.

4. Generosidade — esta qualidade está relacionada ao grau em que uma pessoa demonstra seu apoio e empatia pelas pessoas, dando o próprio tempo para ensinar, treinar, apoiar e ajudar a desenvolver os outros – independente de seu status ou posição formal.

5. Perseverança — esta qualidade refere-se à importância que uma pessoa dá ao processo de construção de uma linguagem comum com outras pessoas que usam diferentes técnicas e/ou falam idiomas nativos, e ao nível de coragem e perseverança demonstrada em todo esse processo.

Esses resultados não teriam sido surpreendentes para Hamawtha Wiraqocha. De acordo com antigas lendas dos Andes, ele caminhou pelas terras altas do Peru milhares de anos atrás, seguindo a trilha do que mais tarde se tornou o Qhapaq Ñan – a magnífica estrada inca que se estendia em todo o proibido território andino por milhares de quilômetros, a 20° ao sul do equador. É por isso que os habitantes locais ainda se referem a essa obra-prima da engenharia como Wiraqochaq Ñannin, ou o Caminho de Wiraqocha, um nome que, no mundo andino também serve como uma metáfora para a viagem espiritual de autodespertar que Hamawtha Wiraqocha ensinou ao povo enquanto andou pela terra. Milhares de anos mais tarde, descobri que essa metáfora tem o poder de descrever por que algumas organizações são capazes de desbloquear o seu poder de imaginar e criar novos futuros — e por que as outras não.

EMPRESA	ATIVIDADE PRINCIPAL	SEDE
San Patrignano	Reabilitação	Itália
Zara	Moda & Logística	Espanha
Grupo AJE	Bebidas	Peru e Espanha
Medtronic	Equipamentos médicos	Estados Unidos
Diesel	Vestuário	Itália
easyJet	Empresa área	Reino Unido
Novartis	Saúde e bem-estar	Suíça
Renault-Nissan	Automóveis	França e Japão
Delancey Street	Reabilitação	Estados Unidos
IDEO	Design industrial	Estados Unidos

Tabela 1: Algumas das organizações criativas que examinei

O CAMINHO DE *WIRAQOCHA*

Os cronistas do século XVI que acompanharam os primeiros invasores espanhóis do Tawantinsuyu — o chamado Império Inca — registraram as versões europeias mais antigas da vida e dos feitos de Apu Qon Teqsi Tunapa Wiraqocha Wajinqira, nome mais tarde abreviado para Wiraqocha. De acordo com os seus escritos, muitos milhares de anos atrás, na sequência de um Pachakuti — um grande cataclisma que mudou abruptamente toda a face do planeta e levou a humanidade de volta a um estado selvagem –, Wiraqocha emergira de uma ilha no lago Titiqaqa. Essa é a vasta extensão de água navegável a 3.810 metros acima do nível do mar que se estende na fronteira do Peru e da Bolívia. Foi onde Wiraqocha começou sua jornada mítica.

Ele caminhou em direção ao noroeste, carregando um cajado na mão direita e um saco com umas poucas posses amarrado nas costas. Era um homem alto e magro, com um rosto severo e uma voz grave e profunda, que usava uma coroa de quatro pontas na cabeça. Depois de andar poucos quilômetros, Wiraqocha conheceu sua assistente, que o acompanhou fielmente em suas viagens. Sua jornada levou-os a Qosqo (hoje a cidade de Cuzco), de onde desceram até o vale sagrado do Urubamba, ao longo do rio Willka Mayu. Foi nesse vale que Wiraqocha misticamente recebeu a inspiração divina que o transformou em Hamawtha, um homem sábio que conhece os caminhos das estrelas e os movimentos dos céus. Wiraqocha falou na antiga língua do planalto Qheshwa, contando a homens e mulheres o que aprendera. Ele disse que nossa realidade material na terra reflete a harmonia cósmica dos céus e que uma compreensão adequada dos princípios que regem o cosmos era, portanto, a chave para libertar todo o nosso potencial como seres humanos. Isso era conhecido desde a antiguidade como o Pacha-Yacha: a arte de encenar ações terrenas que estão em harmonia com os princípios cósmicos que regem os céus. Por causa da inspiração divina e do amor infinito subjacente a todas as suas palavras e ações, Tunapa Wajinqira foi nomeado o divino e generoso Senhor: Apu Qon Teqsi. Ele foi também chamado de Wiraqocha porque ensinou que a fusão harmoniosa das energias masculina e feminina é o princípio central dominante que faz com que o cosmos cresça e evolua. Wiraqocha explicou que, no início dos tempos, essa fusão criara a espuma de vida que flutua sobre os oceanos, que, por sua vez, gera todas as formas de vida que povoam o nosso planeta Terra.

Figura 4: Uma das mais antigas imagens de Wiraqocha, no templo Kalasasaya, perto do lago Titiqaqa. Foto: Piero Morosini.

Assim, Wiraqocha ensinou aos homens e mulheres sobre o movimento das estrelas, as constelações e as nuvens escuras, e como medir e registrar o fluxo do tempo e das estações. Ele também deu nome aos animais e pássaros, e ensinou a agricultura. E é devido à sabedoria Wiraqocha que as comunidades andinas – denominadas *ayllus* – desde tempos imemoriais sabiam como irrigar a terra com maravilhosas obras de engenharia que fazem com que até mesmo o mais alto pico das montanhas tenha abundância de produtos agrícolas. Foi no altiplano ayllus ou em vales verdejantes que Wiraqocha se apaixonou? Apenas as estrelas que guiaram os seus passos sabem a resposta para essa pergunta. Mas a mulher que amava Wiraqocha fez uma pausa em suas viagens e lhe deu dois filhos: Ymaimama e Tocapo. Desde a mais tenra idade, a acuidade visual de Ymaimama era capaz de perceber as menores flores e insetos a uma grande distância, enquanto que a visão de Tocapo lhe permitia reconhecer cada estrela no céu e suas sombras terrenas.

E quando seus filhos já estavam suficientemente fortes no corpo e na mente, Wiraqocha ordenou-lhes que caminhassem pela terra. Ele disse a Ymaimama para viajar pela selva quente oriental que fervilhava de vida verdejante, a fim de dar nomes a todas as árvores, flores e frutos que ele encontrasse ao longo do caminho; e ensinar as pessoas que moravam nas florestas quais eram as plantas que poderiam curar e quais as que poderiam matar. E ele disse a Tocapo para viajar para o oeste até as planícies costeiras temperadas e construir uma grande casa com vista para o mar, e lá devia ensinar aos camponeses como medir o caminho completo do Sol no céu. Depois de enviar seus filhos para longe, a fim de cumprir as suas missões, Wiraqocha sentia-se pronto para continuar sua marcha em direção ao noroeste.

Enquanto prosseguia em sua jornada, Wiraqocha ensinou ao povo como se comportar em conformidade com os princípios da Pacha-Yacha, a fim de libertar o potencial das ayllus. O mais importante entre esses princípios era Wiraqocha, a arte de alcançar, por meio de cada ação diária, uma fusão harmoniosa das energias masculinas e femininas que se encontram dentro de cada ser humano. Ele ensinou que não importa quão diferentes seus membros individuais são, cada comunidade organizada tem um Qosqo: um centro sagrado para abrigar todas essas diferenças. É ao seguir apaixonadamente seu Qosqo que as comunidades – grandes ou pequenas, ricas ou pobres, simples ou sofisticadas – encontram a inspiração e a motivação para libertar plenamente o seu potencial de crescimento. Wiraqocha ensinou que em cada encontro entre os seres humanos – não importa quão grande possam ser suas diferenças –, a nossa atitude deve ser como Tinku, palavra que significa ponto de encontro entre iguais, como o ponto em que dois afluentes de igual tamanho se reúnem para criar um rio maior, mais poderoso. Wiraqocha ensinou que a Ayni – a arte de dar primeiro, a fim de receber depois – é o princípio-chave que faz que a energia de um grupo de pessoas se multiplique muito além da soma de seus membros individuais. Outro de seus ensinamentos foi Jupa, ou a arte de usar a língua para incluir terceiros em um diálogo, de tal forma que três pessoas acabam por pensar como um par. Por último, lembrou Wiraqocha às pessoas que

Pacha-Yacha significava agir em vez de contemplar. Em outras palavras, os indivíduos devem demonstrar por meio de suas ações concretas, diariamente, como a atitude de se comportar de acordo com princípios como Qosqo, Wiraqocha, Tinku, Ayni e Jupa desencadeiam o potencial de um indivíduo ou comunidade à sua plenitude e em harmonia com o cosmos.

Em todos os lugares que Wiraqocha visitou, as pessoas o recebiam com o maior respeito e entusiasmo, enquanto a fama das palavras e as ações do Hamawtha se espalhavam mais rapidamente do que um vendaval andino. No entanto, na ayllu de Calca, que pode ser alcançado depois de um dia de caminhada ao norte de Cuzco, os habitantes locais deram a Wiraqocha uma recepção das mais violentas. Esses moradores, com raiva, rejeitaram a mensagem do Hamawtha e o expulsaram, gritando palavras duras e atirando pedras que quase o mataram. Em resposta, Wiraqocha braniu seu cajado e lançou um fogo ardente que reduziu toda a aldeia a cinzas. Hoje, fora da ayllu de Calca, existe uma grande montanha escura, enegrecida com as cinzas que o fogo de Wiraqocha infligiu aos habitantes infelizes que, naqueles tempos antigos, ousaram rejeitar a sabedoria sagrada da Pacha-Yacha.

Wiraqocha seguiu viagem para o noroeste, fazendo o seu caminho por penhascos vertiginosos, montanhas altíssimas, densas florestas, rios caudalosos e gargantas profundas. O Hamawtha continuou a ensinar as pessoas em cada aldeia que ele encontrou no caminho. Algumas dessas aldeias se tornaram cidades importantes, como Cajamarca, Chimor ou Tumipampa. E foi a partir de Tumipampa – hoje conhecida como Cuenca, no sul do Equador – que Wiraqocha desceu para o oceano e repousou numa linda praia chamada Manta. Lá, enquanto o pôr do sol transformava o céu em vermelho, Wiraqocha se despediu das pessoas e entrou no mar – alguns dizem que em um barco à vela impressionante feito de madeira clara e palha, outros dizem que apenas caminhando sobre a espuma dos oceanos – e foi em direção oeste, para jamais ser visto novamente.

LÍDERES WIRAQOCHA

Mais de 170 séculos depois que Wiraqocha realizou sua jornada memorável através dos Andes, descobri que, assim como a jornada do Hamawtha, as organizações que empreendem a tarefa missionária de criar um futuro radicalmente novo e positivo também devem buscar um caminho muitas vezes inexplorado, cheio de testes e obstáculos, que exige grande determinação e sabedoria para superá-lo. Para enfrentar esse desafio, é preciso contar com indivíduos capazes de demonstrar durante toda a jornada um compromisso apaixonado com o propósito da missão e um tipo de comportamento que esteja em conformidade com o que o antigo Hamawtha Wiraqocha ensinou, milhares de anos atrás. É por isso que eu chamo essas pessoas de líderes Wiraqocha. Eles são sonhadores comprometidos com a missão de entregar novos futuros radicais, e que sempre começam suas viagens incentivando indivíduos semelhantes a juntar-se a eles.

A primeira característica distintiva dos líderes Wiraqocha é que eles compreendem e seguem apaixonadamente o Qosqo de suas organizações em todos os momentos. Isto geralmente é enunciado com clareza na instituição da missão com propósito. Quando atraem outros membros para se juntar a eles em sua jornada, os líderes Wiraqocha devem garantir que os novos recrutas apresentem uma conexão emocional genuína com o Qosqo da organização. Pense em Vincenzo Muccioli e Antonietta, que transformaram a comunidade de San Patrignano na instituição de reabilitação de toxicodependentes mais eficaz do mundo, com a incrível missão proposital de treinar pessoas marginalizadas e ajudá-las a realizar coisas extraordinárias. Durante mais de 30 anos, a principal abordagem terapêutica para a realização dessa missão não envolveu o uso de drogas substitutivas da medicina convencional, como a metadona, mas sim a prática do trabalho comunitário, com padrões de excelência extremos e dentro de um ambiente familiar de apoio. A consciência sobre a existência desse lugar notável se propagou e cresceu lentamente. No entanto, em meio a esse crescimento, Vincenzo Muccioli, como chefe da comunidade, iniciou uma tradição de ter uma longa conversa com cada um dos recém-chegados pelo menos uma vez antes de ele entrar. Essa era uma oportunidade para testar a determinação pessoal do indivíduo e para verificar se ele mostrava o compromisso de abandonar as drogas, mas era também um momento de estabelecer as regras. Para Muccioli, a determinação de deixar as drogas e a de seguir as poucas, mas não negociáveis, regras de San Patrignano eram a prova de que o recém-chegado realmente estava plenamente empenhado em alcançar a missão-propósito da comunidade. Ainda assim, Muccioli não fechava a porta a todos aqueles que partiam e depois queriam voltar. Em dado momento, de fato, algo como um terço dos membros de San Patrignano foi admitido mais de uma vez.

Do mesmo modo, Bill George, ex-presidente da Medtronic, que durante a década de 1990 ajudou a transformar a empresa em uma das principais multinacionais do mundo em tecnologia médica, explica como o compartilhamento de um compromisso genuíno e apaixonado para a realização de uma missão comum proposital tornou-se um critério de seleção central de líderes-chave para a organização:

> [Em 1990, quando cheguei à Medtronic] promovemos vários [gerentes] que estavam na faixa dos 40 anos a cargos de direção geral. Além disso, saímos e recrutamos um bom número de gerentes gerais de outras empresas. Agora, um dos principais critérios era saber se eles viram a missão [da Medtronic] [de "restaurar às pessoas a saúde integral"] como algo que estariam realmente interessados em comprar e se eles estariam verdadeiramente interessados nisso. E eu sei que disse a alguns deles: Olha, se [a missão da empresa] não toca você, não venha para cá.

A segunda característica dos líderes Wiraqocha se refere às qualidades de seu comportamento prático individual enquanto caminham em direção à execução da missão comum. Nessa área, descobri que os princípios-chave de comportamento que Wiraqocha ensinara muito tempo atrás, eram, na essência, as mesmas qualidades que encontrei em jogo dentro dos quadros de dirigentes dessas organizações, que estimularam a criação de futuros novos e positivos para todos os seus participantes (ver Tabela 1). Em outras palavras, por meio da qualidade de suas ações individuais, os líderes Wiraqocha dessas organizações notáveis demonstraram muito claramente qualidades de integridade, tolerância, generosidade, coerência e perseverança.

Integridade é uma reminiscência do antigo mito peruano de Wiraqocha. Como retratado nesse mito, representa a totalidade harmoniosa da mistura de traços masculinos e femininos de um indivíduo no seu comportamento de liderança e em suas ações. Essa ideia está contida na descrição que Daniel Vasella, presidente da Novartis, fez das características que ele buscava durante a seleção do grupo inicial de dirigentes da companhia. No contexto histórico de uma taxa de falhas extremamente alta de fusões, aquisições e alianças, esses líderes tiveram de realizar na prática o sonho sem precedentes de criar um novo campeão mundial da indústria farmacêutica quando da fusão, em 1996, da Ciba-Geigy e Sandoz – duas empresas suíças que, no passado, tinham sido participantes de porte médio, na melhor das hipóteses. Não surpreendentemente, um concorrente sarcasticamente saudou a fusão da Novartis com o comentário: "Se colocar dois corvos juntos, você não tem uma águia". Em maio de 2006, porém, a publicação de negócios suíça *Bilanz* saudou a Novartis como um dos marcos mais importante na história econômica da Suíça. Em dez anos, Vasella e sua equipe conseguiram criar uma líder farmacêutica inovadora com medicamentos revolucionários e um impressionante resultado financeiro. No processo, Vasella foi listado pela revista *Time* em 2004 como uma das cem pessoas mais influentes do mundo, e no mesmo ano foi aclamado como "o líder mais influente nos negócios europeus dos últimos 25 anos", em uma pesquisa com os leitores do *Financial Times*. Naquela época, estava muito claro para todos que a Novartis fora completamente bem-sucedida em conseguir o aparentemente impossível sonho de criar uma águia com dois corvos. Um dos primeiros passos que Vasella deu para conseguir isso foi selecionar líderes capazes de mostrar a qualidade da integridade em seu comportamento:

> [Em março de 1996] nós indicamos [os 300 principais gerentes da Novartis] com base em nosso conhecimento das pessoas e com critérios claros: queríamos desempenho, integridade, queríamos pessoas com alguma experiência. Para nós era importante identificar as pessoas que estavam dispostas a 'fazer os cortes', mesmo que isso machucasse. Então, por um lado, essas eram as pessoas que precisavam ter sangue frio e cabeça fria. Por outro lado, essas pessoas também precisavam ser compassivas, ter empatia e reagir ao que os outros estavam enfrentando, apoiá-los e ajudá-los.

Outro aspecto importante dos líderes Wiraqocha é a tolerância, uma qualidade semelhante à antiga noção de Tinku peruano. Em outras palavras, ela representa o tipo de mentalidade que uma pessoa deve ter a fim de se envolver com outra pessoa como igual (não importa quão diferentes possam ser), sem modelos mentais preexistentes ou preconceitos culturais. Essa qualidade é de importância crucial, especialmente quando a meta de atingir um grande sonho do futuro exige que se trabalhe em diferentes culturas, inclusive no aspecto profissional e organizacional, como na aliança concretizada em 1999 entre a montadora francesa Renault e a japonesa Nissan. Desde o início da sua nomeação, em junho de 1999, como diretor-geral de operações da aliança Renault-Nissan, Carlos Ghosn, um sul-americano de origem libanesa e educação francesa, percebeu que reviver uma Nissan quase falida no âmbito de uma cooperação franco-japonesa era um sonho radical que ninguém tentara antes em tal escala. De fato, após a aliança Renault-Nissan ter sido anunciada, isso inspirou um desprezo tão generalizado entre os observadores e os concorrentes que a comparação de corvos e águia sobre a Novartis parecia muito suave. Quando Bob Lutz, vice-presidente da General Motors, soube que a Renault gastou US$ 5,4 bilhões para comprar uma participação de 36,6% da Nissan, o seu comentário a um jornalista virou notícia instantânea:

> A Renault estaria melhor se tivesse comprado US$ 5 bilhões em barras de ouro, colocado em um navio e despejado no meio do Pacífico.

Bob Lutz não foi o único que viu uma fusão entre duas empresas de nações culturalmente tão diferentes com um enorme grau de ceticismo. A imprensa financeira internacional, os executivos, os acadêmicos e consultores em todo o mundo concordaram. O pessimismo prevaleceu, como mostram esses comentários:

Muito foi dito sobre o choque de culturas entre a Daimler e a Chrysler, mas não será nada comparado à Nissan e à Renault. Em sua essência, ambos somos nacionalistas e patrióticos, e cada um acredita que seu caminho é o caminho certo para fazer as coisas. Nós teremos um período com muitos problemas durante os dois primeiros anos até que eles peguem o jeito um do outro.

Duas mulas não fazem um cavalo de corrida.

Eu teria preferido que a Renault controlasse 51%, mesmo que isso significasse ter que assumir a dívida da Nissan no seu balanço. Dessa forma, a Renault poderia ter se tornado o chefe para valer e definir uma direção firme, em vez de ter de negociar.

Os contribuintes franceses podem ficar pagando a conta para a Renault, cujos diretores foram, talvez, cegados pelo brilho da própria visão.

Mesmo os observadores mais otimistas calculam que o horizonte de retorno – supondo que a aliança possa vir a superar seus enormes obstáculos comerciais e culturais – será a longo prazo, não o contrário.

Como vimos, as principais teorias de gestão e evidências empíricas ditam que um grande percentual de fusões e alianças está destinado ao fracasso. E a Renault e a Nissan não eram exatamente estrelas da indústria automotiva. É certo que a Renault acabara de ser retirada da liga dos perdedores das montadoras automobilísticas, após uma notável recuperação que estava transformando perdas de US$ 680 milhões em 1996 em lucros combinados de US$ 1,65 bilhão em 1998 e 1999, mas, ao mesmo tempo, a empresa ainda se recuperava de um fracasso amplamente divulgado, quando tentou se fundir com a Volvo em 1995. Montadora distintamente francesa e europeia, a Renault nunca administrara uma operação global: em 1998, a empresa não vendeu nenhum carro nos Estados Unidos e apenas 2.476 unidades no Japão, os dois maiores mercados de automóveis do mundo.

Enquanto isso, em 1999, a Nissan se encontrava à beira da falência. Desde 1991 vinha perdendo dinheiro e participação no mercado de forma contínua, e a produção de automóveis caíra para 600.000 unidades; o resultado era que as fábricas da Nissan estavam funcionando com desastrosa 53% da capacidade. O envelhecido portfólio de produtos da empresa tinha dez vezes mais fornecedores do que a Ford e quatro vezes mais do que muitas plataformas de produção da Volkswagen. Sua montanha de dívidas de US$ 20 bilhões era mais parecida com a de países em desenvolvimento do que a de uma grande montadora.

As duas empresas eram, contudo, complementares no âmbito geográfico e nas competências. A Renault tinha um talento para o marketing e o design, e era forte na Europa e América Latina. A Nissan, uma fonte de influência de engenharia com forte presença de mercado no Japão, América do Norte e Ásia. Contra isso, as duas não tinham histórico de trabalho conjunto. Para complicar, em março de 1999, o Estado francês detinha 44% do controle da Renault, e a Nissan, como a segunda maior montadora do Japão, era um símbolo altamente emblemático da força industrial do país. Não surpreendentemente, após a sua aliança com a Nissan ter sido anunciada publicamente, o preço das ações da Renault caiu, e três agências de classificação emitiram opiniões negativas sobre o débito da empresa.

Em uma tarde ensolarada em Paris, em meados de março de 2004, quase cinco anos depois daquele dia em que a aliança Renault-Nissan fora tão universalmente condenada, o presidente da Renault, Louis Schweitzer preparava-se para se aposentar. Confortavelmente sentado atrás de sua mesa de escritório na sede da Renault, disse a um jornalista:

> O futuro é róseo. É evidente que temos no lugar as peças necessárias para o crescimento [...]. Renault-Nissan foi um incrível sucesso, e de muitas maneiras inesperadas [...]. Algum dia, talvez – assim espero – a Nissan pode ajudar [a reentrada da Renault] no [mercado dos] Estados Unidos.

O investimento original da Renault na Nissan, de US$ 5,4 bilhões, valia US$ 18,4 bilhões em março de 2004. Isto fez com que os 36,6% da Renault (que ela aumentou para 44,4% em 2003), valesse mais do que o valor de mercado total da montadora francesa em si. Em 2004, o chefe da Nissan na Europa (e ex-executivo da Renault) Patrick Pelata chamou de "o maior retorno sobre o investimento na história da indústria automotiva". Surpreendentemente, a maior empresa japonesa que em março de 1999 estava praticamente falida, apenas cinco anos depois registrava lucros de US$ 7,6 bilhões, e as suas margens operacionais de 11% eram as mais elevadas da indústria. Não surpreende que, desde 2004, concorrentes, profissionais e acadêmicos de todo o mundo sejam unânimes em considerar a aliança como um modelo bem-sucedido.

O sucesso dessa fusão improvável também catapultou um dos seus principais arquitetos, Carlos Ghosn, para níveis estelares na mídia de negócios internacionais. A incrível história de como ele e sua equipe de liderança conseguiram revitalizar a Nissan tornou-se uma série de *cases* avidamente estudada em escolas de administração e negócios em todo o mundo. Esses casos mostram que Ghosn começou a recuperação da Nissan com um exemplo de tolerância no trabalho. Embora não falasse japonês na época, ele se dirigiu ao povo no Japão diretamente, sem modelos mentais preexistentes ou preconceitos culturais. Ghosn disse: "Eu não vou [ao Japão] com ideias preconcebidas".

Ghosn incentivou os poucos ocidentais que trouxe com ele para o Japão a fazer a mesma coisa:

> [Em julho de 1999] selecionei a dedo 17 [executivos franceses] da Renault e os trouxe para a Nissan. Escolhi indivíduos na faixa dos 40 anos, peritos em seu campo de atuação, de mente aberta e treinadores de pessoas, não o tipo de gente que preferia jogar sozinho [...]. [Antes de vir para o Japão eu lhes disse:] não somos missionários. Não vamos lá para ensinar as japonesas [sobre] o papel das mulheres no mundo dos negócios. Nós estamos lá para ajudar a Nissan a

se firmar, isso é tudo. Qualquer problema que não contribua para isso não tem nenhum interesse para nós.

Entre os 17 expatriados que Ghosn trouxe para o Japão estavam Patrick Pelata e Thierry Moulonguet, que, como chefes de desenvolvimento de produto da Nissan e Finanças, respectivamente, desempenhariam um papel fundamental no renascimento da empresa. Uma vez no Japão, Ghosn supervisionou a redução do conselho de administração da Nissan de 37 membros para dez. Quando o presidente da Nissan Yoshikazu Hanawa pediu a Ghosn que indicasse quais os japoneses ele queria como membros no conselho do comitê executivo, ele respondeu: "Eu não sei. Você escolhe. Você me conhece então, por favor, decida – sabendo o que você sabe de mim".

Imediatamente depois disso, Ghosn formou a equipe da Nissan:

> Pedi que os perfis de 1.500 funcionários da Nissan fossem trazidos para a sede a fim de selecionar cerca de 200 pessoas para nove equipes interdisciplinares. Eu procurava jovens de pensamento dissidente, que seriam a espinha dorsal da nova geração de liderança Nissan. A experiência multicultural não foi considerada um requisito absoluto para o sucesso, mas era um valor agregado. Eu acredito que as qualidades pessoais básicas de um indivíduo sempre podem superar qualquer falta de experiência. É importante como você lida com pequenas frustrações. E quando você dedicou algum tempo para compreender e aceitar

que as pessoas não pensam ou agem da mesma forma que as da França ou do Japão, então as diferenças culturais podem tornar-se sementes de inovação e não ao contrário, sementes para a dissidência.

No início de 2000, a estrutura da nova liderança da Nissan estava montada. Era um grupo reduzido de 200 executivos, não localizados permanentemente na sede da empresa em Tóquio, como fora o caso até então, mas passando algum tempo lá a cada projeto. Com essa nova equipe de liderança, Carlos Ghosn presidiu uma das mais rápidas e bem-sucedidas inversões corporativas de todos os tempos.

As qualidades de liderança procuradas tanto por Vasella quanto por Ghosn, a fim de realizar seus sonhos sem precedentes, revelam uma tendência não só para os resultados de alto desempenho e pela capacidade de tomar decisões difíceis, mas também para treinar os outros e dedicar tempo em ajudá-los quando estiverem enfrentando desafios difíceis. Para essa qualidade de empatia e disponibilidade para apoiar e estimular os outros, eu uso o termo "generosidade", que lembra um traço da antiga noção peruana de Ayni – em outras palavras, o princípio de dar primeiro, a fim de receber depois.

A equipe de liderança franco-japonesa que foi estruturada na Nissan, em 1999, também proporcionou um bom exemplo de integridade, que a maioria dos líderes Wiraqocha com quem conversei resumiram como "coerência" ou "liderar pelo exemplo". Em 1999, Ghosn definiu esse comportamento para os funcionários da Nissan de uma forma que ecoa a antiga noção Wiraqocha da Pacha-Yacha:

O que nós pensamos, o que dizemos e o que fazemos deve ser o mesmo. Precisamos ser impecáveis no sentido de garantir que as nossas palavras correspondam às nossas ações. Se houver discrepâncias entre o que professamos e como nos comportamos, será um desastre.

Finalmente, a perseverança na elaboração de uma linguagem comum e uma compreensão mútua que ajuda a alinhar e incluir os principais membros de uma organização são qualidades de liderança importantes que lembram o Jupa. Ghosn vividamente explica como a perseverança foi fundamental para os membros da aliança Renault-Nissan criarem uma linguagem comum, construindo uma compreensão real que superou as fronteiras culturais:

> [Em 1999] eu disse à velha guarda [da primeira geração de gerentes da Nissan]: Cada um de vocês vai falar inglês. Aprenda imediatamente ou você está fora. Mas algumas palavras-chave não foram compreendidas da mesma forma por diferentes japoneses, ou mesmo por diferentes franceses. Então eu pedi a uma equipe mista Renault-Nissan que criasse um dicionário de termos essenciais. Os cem ou mais verbetes incluíam definições claras de termos como 'compromisso', 'autoridade', 'objetivos', 'transparência' e 'alvos'.

○─ LIDERANÇA WIRAQOCHA: UMA JORNADA PARA TODOS

Quase 30 anos depois de ter começado, em 1971, os olhos de Mimi Silbert ainda brilham com verdadeiro entusiasmo e determinação, enquanto ela descreve a Delancey Street Foundation para mim. A dra. Silbert demonstrava muito otimismo ao sair da Universidade de Berkeley após completar seu doutorado em Psicologia Criminal e Criminologia na década de 1960. Ela sabia que acumulara inúmeros conhecimentos que lhe permitiriam ajudar as pessoas menos preparadas para enfrentar a vida em sociedade. Essa pequena e enérgica mulher começou a trabalhar nas mais rígidas prisões do Estado da Califórnia, aplicando todas as técnicas e abordagens que aprendera na universidade. No entanto, ela logo percebeu que não estava fazendo muito progresso. Como a dra. Silbert explica:

> Durante meu tempo na faculdade, eu estudei várias áreas que, em essência, dizem a um criminoso: "Você tem algo de errado por dentro. Deixe-me trabalhar com você e ajudá-lo a ficar bem. E então você vai parar de cometer crimes". E até me senti realmente feliz ao ensinar criminologia em Berkeley. Mas, felizmente, eu trabalhava em uma prisão, e não demorei muito tempo para perceber que todas essas teorias, obviamente, não eram verdadeiras. Porque o crime é interativo, algo que acontece entre uma pessoa e a sociedade. O que precisa ser corrigido é essa interação.[2]

O que se seguiu foi um desenvolvimento surpreendente para alguém totalmente treinado em métodos avançados de investigação científica. A dra. Silbert percebera que as raízes do comportamento criminoso não seriam encontradas nem na sociedade e nem nos criminosos em si, mas na interação entre eles. No entanto, em vez de tentar aplicar abordagens científicas convencionais, a fim de construir uma nova teoria criminal com base em sua importante descoberta, ela simplesmente olhou para o próprio passado para elaborar o próximo passo. Esse passado, porém, não era um passado criminoso – longe disso:

> Tudo era uma questão de olhar para o que dera certo para mim durante toda a minha vida. Eu cresci em um bairro de imigrantes muito pobres, em Boston. Meus pais eram da Europa oriental, e durante os meus primeiros 12 anos meus avós, tias, e os tios também moravam conosco. Era uma típica família americana de imigrantes. Todo mundo vivia junto em nosso pequeno apartamento, e todos se ajudavam mutuamente. E a ideia era de que as crianças teriam acesso ao sonho americano. Foi então que percebi, como terapeuta, como pessoa, que tudo o que funcionara em minha vida poderia dar certo para os outros também. Eu atendia um monte de pacientes e as pessoas diziam "obrigado" e "você é uma boa pessoa". Mas percebi que o que faz qualquer ser humano ser bem-sucedido e feliz não é a terapia, realmente, ou a punição, mas apenas ter a possibilidade de conseguir as coisas.

Mimi Silbert decidiu tentar, à sua maneira, ajudar as pessoas que tinham chegado ao fundo do poço da sociedade. Ela conheceu John Maher, ex-alcoólatra e dependente de drogas e um antigo membro da Synanon, uma comunidade alternativa de reabilitação em toxicodependentes que usava um método terapêutico baseado no autoexame por meio de sessões confrontativas em grupo para "demolir as muralhas". John também tinha um ardente desejo de ajudar a chamada classe baixa da sociedade a alcançar o sucesso, por isso ele se uniu a Mimi. Mimi encontrou uma mansão no exclusivo bairro de Pacific Heights, em São Francisco, que fora sede do consulado russo. Era um local requintado, no topo da colina, e do outro lado da rua viviam algumas das famílias mais aristocráticas da cidade, cuja história começara várias gerações antes. Os dois conseguiram uma hipoteca e compraram a casa em 1971. Mimi explica:

> Como disse Henry Fonda em um filme: "Você não pode curar um alcoólatra em um bar". Estamos tentando ensinar a esses desesperados a subir na vida, por isso o ambiente é importante para estimular a confiança dessas pessoas. Porém, o ponto interessante é que era realmente mais barato comprar uma casa grande do que comprar apartamentos. Você precisa apenas estar disposto a morar com a família em vez de cada pessoa ter a própria vida independente.

Mimi e John se mudaram, levando junto um punhado de toxicodependentes da pesada, com uma história de crime, pertencentes a gangues e cumprindo penas de prisão, que estavam, no entanto, determinados a mudar positivamente sua vida. Juntos, eles começaram imediatamente seu empreendimento para ganhar dinheiro em primeiro lugar, porque não queriam receber nenhum tipo de ajuda do governo. Em vez disso, sua ideia era que uma pessoa aprendesse tudo o que precisava saber para se tornar alguém bem-sucedida na sociedade. Mimi começara a pensar em possíveis trabalhos que essas pessoas poderiam fazer para colocá-las em um ciclo positivo de realizações e quebrar o ciclo vicioso do crime, drogas, prisão e famílias destruídas e sem-teto. Mas a primeira experiência real surgiu por acaso. Quando eles se mudaram, como ela descreve, "o bairro ficou absolutamente maluco por ter uma casa cheia de dependentes de drogas e criminosos na vizinhança". Então Mimi e os moradores foram falar com seus vizinhos, tentando agir de forma agradável e oferecer seus serviços, a fim de conquistá-los. Mimi descreve o que aconteceu a seguir:

> Em uma mansão, e daquelas bem luxuosas, os donos pediram-nos para colocar tudo para fora, porque eles estavam organizando um balé naquela mesma noite. Um de nossos homens pegou um piano e disse: "O que você quer que eu faça com isso?". E uma ideia passou imediatamente pela minha cabeça: "Mudanças: isso é o que podemos fazer!". Os detentos geralmente ficam todos aqueles anos na prisão sem fazer nada, só levantando pesos. Eles têm aqueles braços grandes e fortes. Então, quando voltamos para casa, escrevemos um anúncio dizendo "Mudanças? Vamos fazê-las mais baratas", e fomos colocá-lo nos para-brisas de carros de todo mundo naquele bairro. Quando a primeira pessoa telefonou e descreveu o que queria que fosse feito, nós telefonamos para a maior empresa de mudanças e, em seguida, demos um orçamento muito mais baixo. Alugamos um caminhão e uniformes e todo mundo apareceu. As pessoas estavam felizes. Fizemos a nossa primeira mudança muito

bem e o nosso cliente nos recomendou para outras pessoas. Lentamente, começamos a receber mais trabalhos.

O negócio cresceu gradualmente na base do boca a boca e operou por quase um ano até que um funcionário do governo bateu na porta para lembrá-los de que o negócio de mudanças deveria ser feito por uma empresa licenciada e regulamentada. Mimi pagou a multa e mandou alguns de seus homens estudarem, a fim de obter a licença para uma empresa de mudanças. Ela relata:

> Foi dessa forma que começou, na Delancey Street, a nossa política de tentativa e erro. Nós vamos cometer um monte de erros. A única coisa que vocês devem fazer é dizer: "Sinto muito, vamos corrigi-los". Se você não correr riscos, nunca vai chegar a lugar nenhum.

Finalmente, a empresa retomou as suas operações de mudanças e tornou-se muito bem-sucedida. Numerosos outros empreendimentos se seguiram, entre eles uma loja de impressão e cópia, um lava-rápido, um café-livraria em San Francisco Bay, e um restaurante gourmet com um menu diferente a cada dia. Sentada em uma mesa no seu restaurante à beira-mar na elegante San Francisco Embarcadero, do outro lado do Pier 34, Mimi explica:

> Eu quero provar um ponto, o de que as pessoas comuns — ou, como no nosso caso, menos do que pessoas comuns — podem fazer coisas extraordinárias. Mas isso não exige

aquilo que todo mundo pensa que exige. É preciso ter estrutura, disposição para ensinar uns aos outros, apoio mútuo. [...] Vamos começar com a empresa de mudanças. Nós não temos "apenas" toxicodependentes que ali trabalham, temos criminosos da pesada, que roubaram de tudo durante toda a vida. Essas pessoas, algumas das quais muito novas, vão nas casas das pessoas, embalam seus valores, suas joias, tudo aquilo que antigamente provocaria uma invasão de domicílio seguida de roubo. Mas elas não colocam um dólar no bolso, elas simplesmente fazem a mudança. Nossa empresa de mudanças tornou-se a maior da Costa Oeste americana, porque oferece o melhor serviço e tem o menor registro de roubos e reclamações do setor. Mais importante do que isso, ela ensinou à nossa gente o que é integridade e caráter.

A chave para a formação de um grupo de liderança Wiraqocha

Pessoas como Mimi Silbert, John Maher, os Mucciolis, Daniel Vasella, Bill George ou Carlos Ghosn destacam a verdadeira chave para a formação de um grupo de líderes Wiraqocha. Para qualquer pessoa, essa chave é ter coragem de enfrentar o desafio de ela mesma se tornar um líder Wiraqocha de verdade. E é como resultado dessa transformação interior que qualquer pessoa naturalmente começa a atrair outras com a mesma mentalidade, capazes de transformar um sonho radical do futuro em realidade. Como vimos, desde tempos muito antigos, tornar-se um líder Wiraqocha significava, essencialmente, o exercício da arte sagrada da Pacha-Yacha. Em outras palavras, abraçar com paixão uma missão verdadeiramente intencional que faz os olhos brilharem, e caminhar na direção de sua realização, respeitando, em palavras e ações, as qualidades de integridade, tolerância, generosidade, coerência e perseverança.

Claro que em todas as muitas indústrias e organizações em todo o mundo há um grande número de habilidades específicas necessárias quanto ao conhecimento tecnológico e funcional – bem como uma série de mecanismos de incentivo salarial e outros benefícios – que precisam estar estruturados para qualquer grupo de liderança funcionar corretamente. No entanto, o que a Delancey Street Foundation, a comunidade de San Patrignano e todas as outras organizações extraordinárias retratadas neste livro demonstraram – e de maneira tão poderosa – é que, com base em uma perspectiva de liderança, é o compromisso apaixonado quanto a uma missão determinada, juntamente às cinco qualidades comportamentais descritas acima, que a longo prazo fazem a diferença real entre os criadores do futuro de sucesso e todo o resto.

Para a maioria dos indivíduos que estão embarcando em suas viagens pessoais para se tornar líderes Wiraqocha, os principais desafios são geralmente reconhecer o que de fato faz seus olhos brilharem como indivíduos e evitar as armadilhas comuns ao aprender a arte de se comportar de acordo com os princípios de integridade, tolerância, generosidade, coerência e perseverança. Ter consciência daquilo que realmente faz brilhar os olhos ajuda a discernir se determinada missão com propósito vai ou não tocá-lo. Depois de ter encontrado isso, não precisa se tornar a missão de sua vida, mas certamente vai colocá-lo no caminho para eventualmente descobrir um grande sonho do futuro ao qual então poderá fazer a escolha de dedicar a sua vida. Em todas as notáveis empresas que estudamos, há sempre uma equipe central de alguns indivíduos que mantêm um compromisso vitalício para partilhar a missão e um sonho comum do futuro. Outros avançam para continuar suas buscas existenciais em diferentes lugares até que, finalmente, encontram as missões com objetivo de sua vida. Aos poucos, essas jornadas lhes permitem desenvolver a capacidade de se comportar de acordo com as qualidades de integridade, tolerância, generosidade, coerência e perseverança.

Quanto ao desafio de reconhecer aquilo que realmente faz seus olhos brilharem, a boa notícia é que você já sabe o que é. Para alguns de nós, porém, a má notícia é que nossa mente consciente pode ter temporariamente esquecido disso, após uma vida inteira fazendo coisas diferentes – e por vezes muito diferentes – daquilo que realmente nos emociona. Existem várias razões para tanto, que muitas vezes envolve profundamente experiências emocionais anteriores. Às vezes pode ser uma falta de apoio inicial de nossa família e do ambiente escolar, ou uma determinação insuficiente para explorar as paixões de nossa vida; ou até mesmo experiências traumáticas que nos impediram de fazê-lo. Assim, reconhecer o que realmente nos emociona trata mais de trazer isso para fora do que de realmente descobri-lo. Existem várias maneiras de fazer isso ao invés de esperar que o acaso o faça. Uma abordagem que já vi funcionar de forma muito eficaz consiste em sessões de grupo dirigidas por um orientador experiente que usa uma câmera de vídeo. Esta é uma técnica simples, mas poderosa, e que funciona mesmo com personalidades extremamente difíceis, como um designer gráfico alemão que chamaremos de Hans (nome fictício).

Figura 5: Representação magistral abstrata do retrato de Wiraqocha (visto na Figura 4) tecida como um unku (camisa) no Peru por volta de 1.000 a.D. *Foto: Piero Morosini*

Jovem, extremamente formal e reservado, Hans foi, de longe, o participante mais desafiador em um grupo de 15 homens e mulheres de várias nacionalidades que se reuniram para um programa de três dias sobre "reinventar a nossa vida". Quando, no primeiro dia, foi a vez de Hans se sentar na frente do grupo (e da câmera de vídeo), ele nos olhou com uma expressão profundamente cética. O orientador pediu-lhe para continuar a repetir os nomes das pessoas que realmente significavam muito para ele até que, finalmente, os olhos de Hans brilharam com lágrimas mal contidas ao pronunciar o nome da mãe e da irmã. Em seguida, o orientador perguntou-lhe sobre o que realmente o tocara. Sua resposta tinha a ver com design gráfico. O orientador perguntou ao grupo, "Os olhos de Hans brilharam quando ele falou sobre design gráfico?". Muitas vozes gritaram a mesma resposta: "Não!". Quando Hans contestou a resposta do grupo, o orientador o convidou para ver por si mesmo, ao reproduzir o vídeo, as provas irrefutáveis de que não havia emoção em seus próprios olhos. Assim, Hans falou sobre outras coisas, que foram desde seus passatempos favoritos até suas viagens dos sonhos, mas sem sucesso. Seus olhos nunca brilharam realmente.

No último dia do programa, Hans pediu para fazer uma sessão de novo. Naquela altura, todos os outros participantes já tinham sido bem-sucedidos em resgatar suas paixões interiores, por vezes em sessões de grupo profundamente emotivas, e, empolgados, trabalhavam em várias maneiras pelas quais poderiam reinventar suas próprias vidas futuras. Mas estavam todos muito curiosos para assistir Hans mais uma vez. Ele nos encarou em silêncio com uma expressão sombria que deixou alguns participantes visivelmente desconfortáveis. Depois de alguns minutos tensos, de repente fechou os olhos e torceu a boca num ricto de angústia antes de falar, numa voz estranhamente grave: "Eu amo destruir a reputação das pessoas". Quando abriu os olhos novamente, eles brilhavam com uma intensidade diabolicamente magnética, que nenhum de nós pensara que ele fosse capaz de possuir. Seu rosto pálido estava vermelho e suado pela excitação, e seu sorriso demonstrava um alívio profundo. Era como se uma tonelada de tijolos tivesse sido tirada de seus ombros.

Durante a meia hora seguinte, Hans contou como sua família conservadora e religiosa enterrara seus vestígios de rebeldia natural sob uma espessa camada de culpa. Nem o orientador nem os outros participantes disseram nada que pudesse representar juízos de valor. Todo mundo ficou espantado e fascinado ao ouvir Hans falar em uma velocidade pouco característica. Durante o resto do dia, Hans se juntou a algumas pessoas do grupo para reinventar o seu futuro em torno de sua paixão interior. Quando chegou sua vez de prestar contas sobre seu trabalho, a sua foi facilmente a melhor apresentação de toda a classe. Ele nos anunciou que lançaria uma nova revista na pequena cidade alemã onde vivia, que se concentraria em expor a vida dupla de políticos locais. Como próximo passo, ele criaria um *talk show* na emissora de rádio local, no qual a população poderia colocar esses políticos em julgamento. Segundo Hans, essa seria uma revolução chocante, mas necessária, no ambiente conformista e hipócrita de sua cidade natal. "Expor nossos maus líderes é um grande serviço à nossa democracia: você não precisa se sentir culpado por destruir a reputação dessas pessoas", ele nos disse com entusiasmo e um brilho mais do que malicioso nos olhos.

A história de Hans é típica de muitas pessoas que conheço e que não podem responder de forma convincente à simples pergunta: o que realmente faz seus olhos brilharem? Por um lado, ela mostra como às vezes as coisas mais simples são as mais difíceis de realizar. Por outro lado, destaca como um grupo de apoio e a figura experiente e carinhosa de um orientador podem nos ajudar a superar essas dificuldades. Sem exceção, todas as organizações retratadas neste livro têm institucionalizado esses papéis de apoio e orientação sob uma grande variedade de nomes, que variam de "amigos" e "mentores" até "parceiros". Mas talvez sejam os "anjos da guarda" de San Patrignano que fornecem uma das mais belas ilustrações desse papel crucial.

◦— ANJOS CAÍDOS SE TORNAM ANJOS DA GUARDA

Foi minha mãe quem primeiro me falou sobre os anjos da guarda, quando eu era muito jovem. Ela me disse que cada pessoa tem um anjo da guarda, apesar de muitos de nós não sabermos. O anjo está sempre perto para nos proteger carinhosamente de qualquer mal, nos dar força sempre que nos sentirmos cansados, e nos levar de volta às raízes de nossa própria bondade durante os tempos difíceis. Minha mãe até me ensinou a rezar para meu anjo da guarda. Foi uma bela oração em espanhol, e eu ainda me lembro de cada palavra. O que a minha querida mãe não pôde me dizer então era o nome do meu anjo da guarda. Essa foi provavelmente a razão por que, muitos anos mais tarde, já adulto, ao me deparar com um livro francês intitulado *O nosso anjo da guarda existe* (*Notre ange gardien existe*), imediatamente o comprei.[3] Nas páginas iniciais do livro eu vi, dispostos ordenadamente em uma imagem cabalística da "Árvore da Vida", os nomes dos nove principais arcanjos, cada um levando um coro de oito anjos da guarda. No total, havia 72 anjos da guarda, cada qual correspondente a cinco dias do ano, ou cinco graus do zodíaco. Notei que todos os nomes dos anjos da guarda terminavam em -el ou -ah. E foi assim que aprendi que o nome do meu anjo da guarda é Rehael, enquanto que o anjo da guarda do meu filho é Pahaliah. Este livro fascinante, porém, não podia me preparar para o meu primeiro encontro físico com anjos da guarda reais. Isso ocorreu em 1999 na comunidade de San Patrignano, na qual esperava encontrar nada mais do que anjos caídos.

A comunidade de San Patrignano nunca teve nem terapeutas nem guardas. Os toxicodependentes recém-chegados – chamados "hóspedes" – são confrontados com um pequeno grupo de pessoas que se tornam o núcleo de suas relações na comunidade. Seus alojamentos e locais de trabalho são compartilhados por cinco a dez pessoas. Entre esses, um ou dois hóspedes já estabelecidos há mais tempo se tornam os anjos da guarda do recém-chegado, o que significa que eles têm uma responsabilidade especial de cuidar dele ou dela. Uma das hóspedes de San Patrignano descreveu por que o papel de um anjo da guarda é tão importante para ajudar mesmo os membros mais marginalizados da sociedade a transformar sua vida de forma a serem capazes de realizar coisas extraordinárias:

Quando você chega a San Patrignano, eles o colocam ao lado de algumas pessoas, e uma ou duas delas estão sempre ao seu lado. Essas pessoas também passaram pela mesma coisa no passado. Em outras palavras, elas são ex-toxicodependentes que se sentem melhor e, portanto, são capazes de ajudar e apoiar os recém-chegados com os seus problemas, seus altos e baixos, seus sentimentos de privação. Eles sempre irão segui-lo, estarão com você durante todo o dia, ensinando-lhe as regras, o que se deve fazer, como nós vivemos com os outros nesta comunidade. Mais do que isso, eles realmente se importam com você. Dão-lhe carinho, porque é o que você mais precisa ao chegar aqui. O relacionamento do recém--chegado com essas pessoas nunca é fácil no começo, porque elas precisam lhe ditar as regras. Mas, na minha experiência, as pessoas que me seguiam quando eu acabara de chegar a San Patrignano são as que eu mais amo, confio e admiro. E agora que estou me sentindo melhor, eu mesma tenho a oportunidade de lhes dar algo de volta, e também – pelo menos assim espero – poder ajudar e apoiar outros recém-chegados.

Outra hóspede descreve o papel amoroso e encorajador dos anjos da guarda de San Patrignano ao ajudar os outros a superar seus momentos críticos:

Quando uma de minhas amigas decide ir embora, eu tento ficar o mais próximo dela que puder, porque acredito que talvez seja um período crítico e ela precise de mais carinho, de alguém para conversar, para discutir e enfrentar seus problemas.

Além disso, em San Patrignano havia sempre um hóspede responsável pelos dormitórios; ele garantia que os recém-chegados fossem devidamente integrados. Um antigo hóspede relata:

> Os dois primeiros meses foram difíceis. Você precisa renovar o seu compromisso a cada dia. E é constantemente lembrado de que foi você quem escolheu vir para cá — nós não fomos procurados. Só quando você acordar de manhã e não se perguntar mais por que está aqui é que sabe que está no caminho certo. Isso pode levar até dois anos. Quando as relações humanas são restabelecidas, elas se desenvolvem rapidamente. Então você passa de uma fase de antagonismo em relação à vida e às relações humanas para uma fase ativa, de redescoberta das paixões.

Nesse ponto, os hóspedes podem se concentrar na reconstrução de si mesmos e assumir a responsabilidade de ajudar um dos novos hóspedes, tornando-se seu anjo da guarda. Para os que acabam de chegar, o anjo da guarda é a prova de que esta é uma competição que se pode vencer. Como diz Andrea, filho de Vincenzo Muccioli:

> Você sai de uma situação em que não é absolutamente responsável por si mesmo. No final, você se torna responsável não só por si mesmo, mas também por outros seres humanos. E isso você consegue fazer por diferentes maneiras.

Como ilustrado pelos anjos da guarda de San Patrignano, quando se trata de redescobrir e desenvolver uma paixão interior, ser orientado é tão importante quanto treinar os outros. É por dar e receber apoio emocional e exemplos de comportamento que os indivíduos gradualmente aprendem a desenvolver as qualidades de integridade, tolerância, generosidade, coerência e perseverança. Não menos importante, uma orientação carinhosa e próxima também ajuda as pessoas a evitar as armadilhas mais comuns com as quais de deparam quando estão aprendendo a praticar essas qualidades.

○→ TRANSCENDENDO ARMADILHAS COMUNS

Uma armadilha comum – especialmente para pessoas de espírito analítico – é confundir a compreensão intelectual de uma qualidade pessoal com a capacidade de um indivíduo de realmente demonstrá-la. A qualidade da integridade, por exemplo, trata de transcender os opostos em nossas ações, não em nossa mente. Quando Daniel Vasella traçou o sonho aparentemente impossível da fusão entre a Ciba-Geigy e a Sandoz, para formar a Novartis, em março de 1996, ele e sua equipe de liderança perceberam que milhares de pessoas perderiam seu emprego como resultado dessa fusão. A fim de transformar esse exercício traumático em uma experiência mais positiva, a Novartis procurou uma maneira de criar vários mecanismos para os empregados demitidos, desde pacotes generosos na demissão até o lançamento de programas de recolocação, criando, até mesmo, um grande fundo destinado a apoiar financeiramente os que queriam iniciar novos empreendimentos. Para os dirigentes da Novartis, a integridade não era o seu envolvimento em um debate filosófico sobre se é ou não possível simultaneamente demitir pessoas e fazê-las felizes. Ao contrário, tratava-se de adotar um processo de desligamento decente, bem como a criação de uma rede de segurança generosa e eficaz para aqueles que tinham de partir.

Do mesmo modo, outro erro comum é assumir que a tolerância significa estudar as diferenças culturais em vez de desenvolver a capacidade de afastar o preconceito quando encontramos pessoas diferentes de nós. Eu gosto de descrever os nossos pré-julgamentos e estereótipos culturais como criaturas inconscientes em nossa mente que – semelhantes aos monstrinhos de *Gremlins* de Steven Spielberg, filme de 1984 – quase sempre conseguem ficar escondidas e gerar outros monstrinhos pequenos e destrutivos. A tolerância se refere à difícil tarefa de encontrar os gremlins culturais que se escondem dentro de nossa cabeça e colocá-los em uma caixa lacrada de onde não podem fugir ou se multiplicar. Em vez disso, muitas pessoas que ainda não estão totalmente conscientes dos seus profundos estereótipos culturais aprenderão sobre as diferenças culturais por meio de cursos universitários ou visitas de curta duração a outros países. Às vezes, como resultado, elas identificam seus gremlins culturais interiores. Mas, frequentemente, essas experiências, paradoxalmente reforçam os preconceitos culturais dessas pessoas e multiplicam seus gremlins culturais. Foi para evitar essa armadilha que, desde o início, Carlos Ghosn exigiu que todos os gerentes franceses que trouxe da Renault para a Nissan e Tóquio deveriam esvaziar a mente de quaisquer preconceitos culturais sobre o Japão ou a respeito da cultura japonesa; em vez disso, eles deveriam focar-se externamente em realizar, de forma corajosa, o sonho incrível de fazer uma reviravolta no depreciado fabricante de automóveis japonês e transformá-lo em um líder global em menos de três anos.

Outro erro comum é acreditar que a generosidade se concentra na doação de recursos ou enviando e-mails com conselhos gerais para outras pessoas, em vez de dar o nosso próprio tempo aos outros, a fim de realmente criar empatia com eles, ouvir o que estão passando e carinhosamente dar-lhes apoio. É esse tipo de apoio pessoal que constrói a coesão dentro de um grupo de liderança Wiraqocha, fornecendo-lhe a força interior para cumprir a sua ousada missão de criar futuros inimagináveis para o resto de nós. Como os anjos da guarda de San Patrignano, os orientadores de maior sucesso que conheço estão sempre disponíveis quando as pessoas realmente precisam deles. Eles falam muito pouco, mas ouvem bastante. De certa forma, tornam-se nossos espelhos espirituais, refletindo o que veem diante de nós sem julgamento. Ocasionalmente fazem perguntas difíceis, mas não esperam respostas. Esses incríveis orientadores sabem que, às vezes, o silêncio é a melhor resposta. É por isso que nós nos sentimos compreendidos por eles, mesmo quando não se expressam com palavras.

Quando se trata de coerência, uma armadilha comum para muitas pessoas é acreditar que essa prática se resume a vestir uma máscara serena em todos os momentos e ser extremamente conservador ao fazer promessas – por medo de não ser capaz de cumpri-las. Mas, ao contrário, ter coerência é realmente comportar-se com autenticidade em vez de agir como um personagem. Daniel Vasella diz:

> Acredito que a coerência vem da integridade e autodisciplina. Então, penso que você não deve, normalmente, tentar dizer "Eu estou sendo coerente" porque então está agindo como um ator. E você não deve "agir" quando o assunto é uma peça teatral. Você deve "ser". Então precisa ter fé no que faz, caso contrário não será capaz de sustentá-lo. Em segundo lugar, coerência também significa respeitar e ganhar respeito. E talvez não tentando ser alguém de quem as pessoas gostem. Porque você pode ter que fazer coisas que não são agradáveis a todos.

Em vez de evitar fazer promessas ousadas, todos os criadores extraordinários do futuro retratados neste livro demonstraram principalmente o comportamento coerente de entregar os compromissos ambiciosos que, a maioria das pessoas, pareciam algo impensável no primeiro momento. Como descrevo em mais detalhes no Capítulo 6, é essa coerência que gera confiança e respeito com os líderes Wiraqocha que, por serem coerentes, inspiram os outros a segui-los e, juntos, constroem novos e extraordinários futuros à nossa volta. Observa Vasella:

> [Durante a execução da fusão da Novartis em 1996] impusemos prazos muito claros e marcos [que estabeleciam] aquilo que nós queríamos atingir até uma data [muito especí-

fica]. Tornou-se uma regra de ouro: você precisava [atingir o seu objetivo] e terminá-lo no prazo estipulado. Este precisava ser alcançado sem desculpas.

Quanto à perseverança na construção de uma linguagem comum, a armadilha mais frequente que tenho observado – em especial em equipes internacionais – é pensar que essa qualidade garante que todos os membros de um grupo de liderança Wiraqocha são capazes de se comunicar na mesma língua. Em vez disso, a perseverança para construir uma linguagem comum diz respeito às características de paciência e resistência necessárias durante todo o processo de criação de uma compreensão mútua entre um grupo de pessoas muito diversas. Só quando os seus membros desenvolvem um forte nível de entendimento mútuo é que um grupo de liderança Wiraqocha pode ser bem-sucedido no compartilhamento de um sonho comum do futuro e de um trabalho eficaz para a sua realização. No entanto, construir um entendimento mútuo e falar a mesma língua são coisas completamente diferentes – e esta última não leva necessariamente à primeira. Isso é o que o grande dramaturgo irlandês George Bernard Shaw (1856-1950) certamente tinha em mente quando sustentou que "os Estados Unidos e a Grã-Bretanha são duas nações divididas por uma língua comum". Eu ainda me lembro de 15 fortes grupos de liderança na função logística em uma das principais montadoras da Europa que, quando foram requisitados a escrever a definição da palavra "logística", apresentaram 15 descrições muito diferentes, que variavam de "cadeia de abastecimento integrado" a "sistemas de transporte global"!

Essas pessoas vieram de seis países diferentes (incluindo a Grã-Bretanha e os Estados Unidos), eram todas fluentes em inglês e 12 delas tinham trabalhado juntas no mesmo grupo de logística durante os três anos anteriores, enquanto outras estavam lá havia mais tempo. Esse caso está longe de ser um exemplo isolado. Ele destaca o fato de que – para além de partilhar a mesma base linguística – qualquer grupo de pessoas realmente só se torna capaz de construir o entendimento mútuo depois que seus membros tiverem tomado medidas explícitas para desenvolver significados compartilhados em torno de palavras-chave. Este é frequentemente o resultado de um longo processo, deliberado e paciente, que envolve o desenvolvimento de algumas ferramentas, como um dicionário de termos-chave. Uma vez mais, a experiência de desenvolvimento de tais ferramentas em conjunto é tão importante para o grupo como as ferramentas em si, porque ela representa passos concretos para a elaboração de uma cultura comum de entendimento mútuo.

A perseverança em desenvolver uma linguagem comum não deve ser confundida com o traço de caráter geral da paciência. Na verdade, descobri que todas as organizações extraordinárias retratadas neste livro foram extremamente impacientes por atingir seus ambiciosos objetivos e extraordinariamente perseverantes na construção do entendimento mútuo dentro de seus grupos de liderança Wiraqocha. No caso da aliança Renault-Nissan, por exemplo, Carlos Ghosn começou seu mandato de diretor-geral de operações no Japão pedindo a uma equipe mista de gestores franceses e japoneses que criassem um dicionário de cerca de cem palavras-chave em inglês. Para muitos observadores ao redor do mundo, esse parecia ser um desperdício ameaçador de tempo e que definiria o tom de uma previsível catástrofe corporativa de proporções gigantescas. No entanto, para Carlos Ghosn e seus líderes Wiraqocha, desenvolver uma compreensão mútua desde o início foi fundamental, não só para compartilhar seus sonhos surpreendentes e sua missão comum de transformação da Nissan em menos de três anos, mas, também, para alcançar essa aspiração muito antes do prazo.

Para resumir, quanto maior for a capacidade de uma organização de atrair, inspirar, treinar e reter líderes Wiraqocha, mais forte será a sua capacidade de criar futuros diferentes e extraordinariamente positivos. Além disso, como o primeiro Hamawtha nos mostrou, a marca final dos verdadeiros líderes Wiraqocha é a sua vocação apaixonada para descobrir novos caminhos, caminhando incansavelmente por trilhas desconhecidas e imergindo em viagens tão fascinantes quanto aquela feita por Wiraqocha na majestosa paisagem andina. Como a lendária caminhada do Hamawtha, essas jornadas invariavelmente começam com uma revelação. E a poucos quilômetros do início de suas corajosas viagens, os líderes Wiraqocha fazem uma pausa, como se de repente fossem assaltados pelo desejo de reunir forças adicionais para cumprir suas missões. Eles olham ao redor e, quase por magia, encontram várias respostas que irão ajudá-los a continuar sua jornada com renovada energia e determinação. E essa é a história que se desenrolará no capítulo seguinte.

5 Quinta chave:

Tinkunacuy

Lejano, lejano,	Para longe, bem longe,
río amado,	amado rio,
llévame	leva-me
con mi joven amante,	com minha jovem amante
por en medio de las rocas,	pelos entremeios das rochas,
entre las nubes de lluvia.	entre as nuvens da chuva.

Antiga letra de uma huayno (tradicional música folclórica rural andina) de Calca, Peru, gravada em 1946 pelo escritor peruano José Maria Arguedas (1911-1969)[1]

Nadando com um vigor juvenil que desmentia sua idade avançada, Emilio Huamán Huillca saiu do rio turbulento, alcançando uma grande pedra próxima, e sentou-se em contemplação silenciosa, aparentemente sem perceber a fabulosa selva que nos rodeava. Senti que o velho sábio estava prestes a me contar outra história antiga do Peru. Depois de alguns minutos de silêncio, ele sorriu e, olhando para mim com olhos benevolentes, começou a falar em seu tom suave. Huamán Huillca disse que, milhares de anos antes de Colombo chegar ao continente sul-americano, em 1498, os antigos peruanos tinham inventado duas palavras que definiam os seus relacionamentos amorosos. Quando faíscas amorosas cintilavam entre um homem e uma mulher, então acontecia a *suanacuy*. O casal encantado roubava um ao outro (*sua* quer dizer roubar, na língua Qheshwa) e assim, de repente, uma menina desaparecia de sua *ayllu* (comunidade andina). Se eles percebiam que um rapaz também não era encontrado, seus pais iriam apenas murmurar *suanacuy* com um sorriso de compreensão. Isso significava que não havia nada com que se preocupar. O casal partia para um lugar secreto, apenas os dois. Talvez para as ruínas de um templo abandonado no vale, ou para alguma floresta encantada, ou uma montanha junto a um cativante lago azul. Depois de alguns dias, o jovem casal retornaria à comunidade. Se os seus olhos estivessem brilhando, todos na ayllu saberiam que eles celebrariam a *tinkunacuy*. A palavra *tinku* quer dizer encontro e no contexto de um relacionamento romântico significava que os dois começariam a viver juntos como um casal. Eles compartilhariam os sonhos entre si e, se depois de alguns meses, sua *tinkunacuy* confirmasse ser tudo o que tinham imaginado, iriam formalmente levar a vida juntos perante sua comunidade. Caso contrário, eles simplesmente se separariam e começariam a se preparar para outra *suanacuy* com uma pessoa diferente.

A prática generalizada da *tinkunacuy* na antiga sociedade andina sugere um grau de tratamento igualitário para as mulheres, o qual não tinha equivalente real nas sociedades ocidentais até a segunda metade do século XX. Ela também revela que, no antigo Peru, as mulheres eram tão livres quanto os homens quando se tratava de exercer a sua sexualidade. Os padres que acompanhavam os invasores espanhóis do Império Inca na primeira metade do século XVI ficaram escandalizados com a *tinkunacuy*. Era intrigante para eles que os antigos peruanos pudessem ser monogâmicos, ao mesmo tempo em que praticavam a *tinkunacuy*, e que o adultério fosse capaz de provocar uma punição rigorosa para as duas partes. Assim, observando a sociedade andina do século XVI em primeira mão, um perplexo cronista espanhol escreveu que:

> Havia verdadeiros casamentos entre nossos índios; no entanto, eles não sabiam o nome disso e hoje em dia usam o nome que nós empregamos. [...] Cada homem tem apenas uma mulher, com quem compartilha sua vida inteira. [...] Da mesma forma, as mulheres podem casar-se com apenas um homem e este não pode repudiar sua esposa. [...] Mesmo que os homens e mulheres solteiros sejam muito mais licenciosos do que nós e a fornicação seja permitida, eles punem o adultério muito mais severamente do que nós [os espanhóis] fazemos. Esses bárbaros desprezam a virgindade – que entre quaisquer outros homens é tida com estima e honra como uma coisa vil e insultuosa [...] e, portanto, uma única mulher tem relações sexuais muito livremente com qualquer homem de quem gostar. Os homens não se aborrecem se sua noiva não chegar virgem ao casamento – pelo contrário, eles ficarão decepcionados ao descobrir que suas esposas ainda são virgens, porque acham que isso significa que ninguém as amou. Com base nesse erro deriva o abuso abominável de que ninguém assume uma esposa sem antes tê-la conhecido e experimentado por muitos dias e meses, e – não é vergonhoso dizê-lo – apenas as boas concubinas se tornam boas esposas.[2]

Devido a esses tipos de percepção, os conquistadores espanhóis decidiram ensinar a esses "bárbaros" a própria marca da civilização durante a segunda metade do século XVI. Nas comunidades andinas, eles transformaram a prática da *tinkunacuy* em *servinacuy* (do espanhol, *servir*). Isso foi muito mais do que uma mudança de nome, no entanto. A partir de então, a relação deixou de ser igual. *Servinacuy* se referia a um parceiro – e você pode facilmente adivinhar qual – a serviço do outro. E, enquanto o parceiro dominante mantinha extensos privilégios, o outro tinha relativamente poucos direitos. Felizmente, a *tinkunacuy* sobreviveu em comunidades andinas bastante remotas até voltar dentro do contexto mais liberal da cultura ocidental do século XXI. (Em uma ironia sem igual, em 2006, um dos meus amigos espanhóis foi visitar o Peru. Sem o conhecimento prévio da *tinkunacuy*, mas depois de ter descoberto essa prática em suas viagens, ele me expressou sua impressão de que "os andinos estão finalmente aprendendo a aplicar o nosso moderno tratamento igualitário às mulheres em suas comunidades mais antigas".)

Há mais na *tinkunacuy* do que aquilo que se mostra aos nossos olhos. Os parceiros esperam – e a comunidade também o faz – se casar, e eles se prepararam previamente como indivíduos, mentalmente e emocionalmente. Em seguida, os dois parceiros dão o melhor de si abertamente, com sinceridade e respeito, para experimentar a vida em conjunto e compartilhar os sonhos de um futuro novo, como um casal. No entanto, a comunidade também sabe que o teste pode não ter êxito e deixa claro para o casal que não haverá problema se isso acontecer. Como resultado, os dois se sentem livres para experimentar uma nova vida juntos e aliviados por não haver expectativas de um compromisso a longo prazo. A *tinkunacuy* resolve, assim, para o povo andino, o paradoxo atemporal de construir sólidos relacionamentos conjugais. Por um lado, o casal tem a oportunidade de compartilhar os sonhos do futuro. Por outro lado, eles começam a se conhecer, a assumir riscos e a experimentar em primeira mão os aspectos práticos e as incertezas de cooperar um com o outro como um casal, antes de um compromisso vitalício.

Os criadores do futuro de sucesso operam em modos que têm semelhança com a dinâmica da *tinkunacuy*. Eles começam por formar um grupo de líderes Wiraqocha, em outras palavras, de indivíduos que compartilham um sonho radical sobre um novo futuro, bem como uma missão com propósito para realizá-lo, e que demonstram em seu comportamento as qualidades de integridade, tolerância, generosidade, coerência e paciência. Como passo seguinte, esses líderes Wiraqocha submetem-se a um período de iniciação e experimentação social, que geralmente dura alguns meses e se assemelha à *tinkunacuy* em três aspectos essenciais. Em primeiro lugar, esses líderes Wiraqocha testam a química de seu grupo por meio do desenvolvimento de confiança mútua, apoio e cooperação. Em seguida, começam a operar a criação de um ambiente criativo para experimentar formas inovadoras de realizar, na prática, o seu sonho comum de um novo futuro. Esse processo não é abstrato. Pelo contrário, ele geralmente leva a um protótipo concreto do novo futuro que pode ser implementado em maior escala. Em terceiro lugar, os líderes Wiraqocha testam seu protótipo de um novo futuro, garantindo que exista o envolvimento de um novo conjunto de multicomplementadores. Estes últimos são os atores cujos produtos, serviços ou tecnologias reduzem os custos de construir o novo protótipo do futuro e aumentam a sua atratividade para as pessoas. Os multicomplementadores têm um efeito quase mágico sobre o protótipo que está sendo construído, fazendo que mesmo as ideias mais radicais e impensáveis de um novo futuro sejam possíveis.

Em contrapartida, muitos grupos e organizações que deixam de criar novos futuros começam o processo ao incutir um forte senso de hierarquia em suas equipes, sem primeiro passar por sua iniciação social e pelas fases de experimentação. Em outras palavras, eles basicamente esquecem a *tinkunacuy* e, em vez disso, vão direto para uma espécie de *servinacuy*. Como resultado, geralmente há um enorme esforço para consolidar um diálogo aberto e um ambiente de confiança que estimule a criatividade real. Assim, seus protótipos de um novo futuro tendem a representar pequenas alterações ao *status quo* vigente e envolvem poucas – ou nenhuma – novas adições de multicomplementadores. Assim, quando apresentados na vida real, esses protótipos, mais do que moldar a poderosa criação de um futuro novo, apresentarão apenas variações pouco perceptíveis da situação atual.

○⟶ MULTICOMPLEMENTADORES

Como mencionado, quando se trata de criar o futuro, a prática de se engajar em um período inicial de socialização e experimentação – a chamada *tinkunacuy* – deve resultar na concepção de um protótipo concreto sustentado por um uso inovador de multicomplementadores. Esta última noção evoluiu com base na ideia de "complementadores", desenvolvida durante o final da década de 1990 nos domínios da teoria do jogo e da estratégia de gestão. Em 1997 os teóricos americanos Barry J. Nalebuff e Adam M. Brandenburger postularam que, além de compradores, fornecedores, produtos substitutos, entrantes (novas empresas) e concorrentes, existe uma sexta força de mercado, que eles chamaram de "complementadores". Os complementadores foram definidos como os atores cujos produtos ou serviços geram um lucro extra para qualquer empresa, quer seja pela crescente demanda por seus produtos e serviços, quer pela redução de seus custos. Mais especificamente, Nalebuff e Brandenburger sustentaram que:

> Um participante é um complementador se os clientes valorizam mais seu produto quando eles têm o produto de outro participante do que quando eles têm apenas o seu produto.[3]

[...]

> Um participante é seu complementador se for mais atrativo para um fornecedor oferecer a você recursos quando também o está fornecendo a outro participante do que quando está fornecendo apenas a você. Um participante é seu concorrente se for menos atraente para um fornecedor oferecer a você recursos quando está também abastecendo o outro participante do que quando abastecer apenas a você.[4]

[...]

Clientes e fornecedores desempenham papéis simétricos. Concorrentes e complementadores desempenham funções de imagem-espelho.[5]

Trata-se de uma dupla definição de complementadores, com base na perspectiva de um cliente (do lado da procura) e de um fornecedor (do lado do custo), respectivamente. Exemplos de complementadores do lado do cliente são as organizações que oferecem as salsichas e a mostarda, ou o uísque escocês e gelo. Muitos clientes apreciarão mais as salsichas quando temperadas com mostarda, ou vão preferir um pouco de uísque com gelo do que puro. Da mesma forma, uma empresa cuja utilização do fornecedor de outra empresa permite a ele reduzir os preços é um exemplo de complementador do lado do fornecedor. Nalebuff e Brandenburger deram a seguinte ilustração do fato de que muitas empresas são concorrentes e complementadores em relação aos seus principais fornecedores:

> As companhias aéreas American e Delta competem por portões de embarque e áreas de pouso. Mas, apesar de serem concorrentes quanto às instalações do aeroporto, são complementadoras com relação à Boeing, um dos principais fornecedores. Quando a American e Delta decidem encomendar um avião de nova geração, é muito mais barato para a Boeing desenvolver um novo avião para as companhias aéreas em conjunto do que criar um novo plano para cada uma

delas separadamente. A maioria dos custos de desenvolvimento pode ser compartilhado, e a maior demanda ajuda a Boeing a reduzir a curva de aprendizagem, também.[6]

Significativamente, Nalebuff e Brandenburger observaram que a mesma lógica de complementadores também se aplica às atividades específicas que ocorrem sob o teto de uma única organização. Eles dão o exemplo dos programas de defesa do governo americano, nos quais o corte dos fundos de alguns projetos, tais como aviões de combate, aumentou os custos dos programas de defesa de outros programas que compartilham a atividade comum de desenvolvimento na aviação e navegação. Da mesma forma, dentro de qualquer empresa de grande porte, uma divisão específica pode compartilhar fornecedores comuns, operações logísticas e outros com divisões diferentes da mesma empresa. Eliminar uma dessas ofertas de complementadores pode aumentar consideravelmente os custos da empresa em um sistema de aposta.

Embora Nalebuff e Brandenburger não apontem isso explicitamente, alguns participantes podem ser complementadores do lado do cliente e do lado do fornecedor. Estes são o que eu chamo de multicomplementadores. Um multicomplementador é qualquer participante que dá simultaneamente um valor maior para o cliente quanto a seu produto ou serviço e faz que seja mais atraente para vários fornecedores abastecer você. Pode parecer mágica e ser decididamente estranho para muitos, mas os exemplos bem visíveis de complementadores e multicomplementadores estão à nossa volta, só que, às vezes, são chamados por nomes diferentes. Por exemplo, quando você lê nos meios de comunicação de negócios que dois dos principais fabricantes automotivos acabam de iniciar uma "aliança estratégica" para colaborar no desenvolvimento de produtos, essa notícia também poderia ter sido descrita como um acordo para transformar duas grandes empresas em multicomplementadoras uma da outra. Este será especialmente o caso se, como resultado da aliança, um dos sócios tiver um design de produtos superior que ajuda o outro a lançar produtos mais atraentes para seus clientes; ou se os fornecedores principais dos dois participantes verificarem como é muito mais atraente fornecer recursos para os dois parceiros em conjunto, em vez de para cada um deles separadamente. Da mesma forma, quando você lê na imprensa que uma companhia aérea acaba de inaugurar uma nova rota que envolve a utilização de um aeroporto subutilizado anteriormente perto de uma grande cidade, este geralmente fornece outro exemplo de multicomplementadores. Em 1995, por exemplo, quando a easyJet inaugurou a sua primeira rota internacional, decidiu utilizar o aeroporto de Luton – naquela época pouco empregado – em vez dos grandes aeroportos de Londres, como Heathrow ou Gatwick. Isso representou custos consideravelmente mais baixos para a empresa (tanto o aeroporto de Luton e seus fornecedores ficaram felizes em fornecer, pois essa novidade permitiria a renovação das instalações e uma expansão significativa dos negócios) e clientes satisfeitos, uma vez que, em 1995, o aeroporto de Luton não tinha excesso de passageiros e ficava a curta distância do centro de Londres.

No entanto, apesar de ler sobre os multicomplementadores quase diariamente na mídia, muitas pessoas não conseguem reconhecê-los. Nalebuff e Brandenburger nos dão pistas do possível motivo para isso:

> As pessoas estão tão acostumadas a ver o mundo dos negócios em termos bélicos que, mesmo quando os outros participantes são concorrentes e complementadores, tendem a enxergá-los como concorrentes apenas e lutam contra eles. Elas se focam apenas no malévolo sr. Hyde e ignoram o bom dr. Jekyll.[7]

Invariavelmente, os novos futuros radicais criados pelas extraordinárias empresas retratadas neste livro são baseados em uma utilização inovadora de multicomplementadores. Ao criar um novo futuro, a descoberta de multicomplementadores é de fato um aspecto crucial da iniciação social e da fase de experimentação que metaforicamente chamamos *tinkunacuy*. No caso da aliança estratégica entre a Renault e a Nissan, em 1999, o fato de iniciarem deliberadamente um período de *tinkunacuy* criou uma plataforma para transformar dois participantes enormes – que a maioria dos analistas financeiros convencionais só teria descrito como "concorrentes" potenciais – em multicomplementadores muito ativos. Esse desafio não foi óbvio nem simples. Como vimos, a maioria dos observadores de fato descartara a ideia de uma aliança de sucesso como algo irreal, chamando-a de um desastre antes mesmo de a Renault e a Nissan terem a oportunidade de revelar seus planos. Entretanto, a maneira como a aliança foi originalmente formada oferece uma ilustração poderosa de como a socialização inicial e um período de experimentação podem se tornar um elemento decisivo para transformar um sonho improvável do futuro em realidade, e contra todas as probabilidades.

A INICIAÇÃO SOCIAL DE UM CASAMENTO FRANCO-JAPONÊS

A aliança Renault-Nissan de março de 1999 exigiu a realização de um sonho radical de um novo futuro que a maioria das pessoas racionais via como quase impossível de ocorrer no mundo real. É fácil entender o motivo. Essa não foi apenas a primeira vez, na história do capitalismo, que uma empresa ocidental de grande porte se unia a um gigante multinacional asiático. Foi também o fato de a Nissan estar basicamente falida e a Renault – na melhor das hipóteses – ter um histórico de desempenho misto, ora bom, ora ruim. Mas as barreiras psicológicas e históricas foram as mais difíceis. Aqui estava a segunda maior montadora do Japão, historicamente um símbolo de orgulho do poder industrial do país, não só em dificuldades financeiras, mas prestes a ser dirigida por uma equipe de estrangeiros de uma empresa ocidental. A ideia era simplesmente inconcebível para muitos setores da sociedade japonesa. Mas isso não foi tudo. A fim de corrigir a Nissan, a nova liderança da empresa teria de recorrer ao "estilo ocidental" de tomar medidas – tais como as demissões em massa, o fechamento de fábricas e a eliminação de um grande número de fornecedores – tão distante da abordagem histórica da forma de gestão japonesa que os analistas financeiros daquele tempo, por unanimidade, o consideraram inviável no Japão.

A Renault-Nissan foi muito mais do que apenas uma iniciativa empresarial radical. Se fosse bem-sucedida, poderia mudar completamente a cultura empresarial japonesa e ter um impacto irreversível na sociedade do país. Do mesmo modo, a maneira como os países ocidentais olhavam para o Japão – como uma nação admirável, mas culturalmente distante, na qual o modo ocidental de fazer as coisas nunca funcionaria – mudaria radicalmente. Séculos de preconceitos das duas culturas seriam fundamentalmente desafiados.

Foi exatamente o que aconteceu. Em 2004, a Renault-Nissan tornara-se facilmente a aliança de maior sucesso internacional em seu tamanho na história do capitalismo moderno. Quando o acordo foi anunciado pela primeira vez, ele foi denominado "um casamento de desespero de ambas as partes". Teria sido mais correto tê-lo chamado de um período de *tinkunacuy* que se tornaria um casamento de longa duração.

Em junho de 1998, o presidente da Renault, Louis Schweitzer, ignorou os conselhos de banqueiros de investimento contra uma abordagem direta e escreveu ao presidente da Nissan, Yoshikazu Hanawa, propondo uma cooperação estratégica ampla. Ele enviou uma carta semelhante ao presidente da Mitsubishi Motor Cars (MMC). A resposta de Hanawa, ao contrário da MMC, foi rápida e entusiasmada. Em julho de 1998 uma equipe de suporte interno esboçou um quadro de cooperação. Schweitzer e Hanawa encontraram-se várias vezes durante os meses seguintes para aprender a confiar um no outro e conceber uma futura aliança entre suas empresas.

Hanawa forneceu uma ideia da atmosfera que os dois líderes criaram durante as fases iniciais:

> Com muita gente em volta, é difícil dizer a verdade uns aos outros, e é por isso que decidi negociar sozinho. [...] Eu acredito que o processo que conduz a uma aliança tem tudo a ver com dizer a verdade; a desonestidade só torna o processo mais longo. [...] Fiquei impressionado com a corajosa decisão de Schweitzer de abraçar uma nova oportunidade de negócio.

Após as reuniões iniciais, de julho a dezembro de 1998, Schweitzer e Hanawa escolheram cem engenheiros e gerentes das duas empresas para trabalhar em conjunto em equipes de estudo comum, sem objetivo formal. Em vez disso, eles passaram por uma experiência de seis meses fazendo intercâmbio livre com o objetivo de forjar uma aliança formal entre as duas empresas. O que as empresas fizeram durante esse período de iniciação social explica grande parte do sucesso posterior de sua aliança.

Como primeiro passo, os cem engenheiros e gerentes foram encorajados a abandonar seus estereótipos mentais sobre a França e o Japão e a se concentrar em descobrir as realidades do negócio. Livres de estereótipos culturais e de metas preconcebidas, as equipes iniciaram uma viagem de descobertas. Alguns dos envolvidos recordam os sentimentos predominantes:

Os tipos de informações que compartilhávamos uns com os outros antes do acordo de aliança foi um caso muito raro... desde que os dois lados tinham fortes necessidades individuais para se tornar mais fortes, o estudo conjunto teve lugar com sinceridade.

Foi extraordinário em termos de sinergia. Nós realmente acreditávamos nisso. [...] Francamente, éramos muito complementares em termos de geografia, produtos e personalidade... Foi assim que desenvolvemos uma grande confiança.

Ao trabalhar em conjunto sem preconceitos e sem objetivos preestabelecidos, as equipes encontraram um consenso, bem como oportunidades concretas de colaboração entre as duas empresas. Eles criaram um protótipo inicial de como a aliança poderia funcionar plenamente apoiada nos dados mais relevantes. Munido dessa informação, em outubro de 1998 Schweitzer preparou um comunicado à imprensa, intitulado "A Nissan e a Renault unem forças" Schweitzer explicou:

Nós tivemos uma aproximação estratégica, mas não poderia ser uma simples aquisição ou fusão, porque uma fusão franco-japonesa não é fácil... eu sugeri a ele [Hanawa] que três pessoas da Renault deveriam se tornar membros do conselho de diretores da Nissan: o diretor de operações, o vice-presidente de planejamento de produto e o diretor adjunto financeiro. Eu só pedi os três.

Hanawa observou:

> Eu não concordei com ele [o comunicado] no início, é claro. Mas não fiquei surpreso. Pelas nossas discussões, eu senti que o sr. Schweitzer sempre teve uma visão mais abrangente da parceria do que eu.

Em 10 de novembro, Schweitzer, Ghosn (que se tornaria diretor-geral de operações e posteriormente presidente da Nissan) e Douin fizeram uma apresentação para o conselho de diretores da Nissan, descrevendo os benefícios de uma colaboração em grande escala entre as duas empresas. A apresentação baseou-se fortemente nos resultados das equipes de trabalho conjuntas. Ainda não havia nenhum compromisso formal, mas foi decidido que o trabalho das equipes conjuntas continuaria até dezembro de 1998.

Tanto Schweitzer da Renault quanto Hanawa da Nissan tinham ideias claras sobre o que queriam de uma aliança estratégica. Mas eram estranhos entre si e não possuíam um histórico de trabalho conjunto. Como na *tinkunacuy*, eles estabeleceram um processo de iniciação social para testar a capacidade de suas empresas trabalharem com cooperação e cumprir a promessa de um futuro compartilhado. O processo em si teve resultados úteis para: permitir descobertas conjuntas, desenvolver um protótipo inicial da aliança, testar sua capacidade de compartilhar conhecimentos com confiança e abertamente, e criar um novo capital social sob a forma de valiosas redes sociais entre as duas empresas. O processo de iniciação social de seis meses deu também à Renault uma vantagem competitiva sobre os concorrentes, a Ford e Daimler Chrysler, como se chamava então. As empresas recorreram a um processo de *due diligence* mais convencional. Em outras palavras, realizaram avaliações analíticas estáticas em vez de uma experiência real de colaboração social e se focaram na busca de sinergias com base no passado e nas forças do presente, ao invés de imaginar um futuro compartilhado. É de fato revelador comparar a abordagem da Renault-Nissan para uma iniciação social, e ao que isso levou durante as fases de negociação posteriores de sua aliança, como o que aconteceu com alguns de seus concorrentes que tiveram uma abordagem mais convencional ao iniciar as próprias alianças estratégicas.

○─ *TINKUNACUY VS. SERVINACUY*

O mês de março de 1999 viu duas abordagens arquetípicas em jogo: a negociação de uma aliança e seu fechamento, na indústria automobilística internacional. Por um lado, Juergen Schrempp, na época presidente da Daimler Chrysler (formada em maio de 1998, após a "fusão de iguais" entre a alemã Daimler Benz e a americana Chrysler), conduziu um período de dois meses de auditoria para avaliar a perspectiva de uma aliança com a Nissan. Então, em 9 de março, ele se reuniu longamente com o seu conselho de administração em um hotel, às margens do lago de Genebra. A "equipe verde" dos gestores da empresa focou-se nos benefícios de uma provável aliança com a Nissan. A "equipe vermelha" centrou-se nos inconvenientes. Depois de ouvir os dois lados, Schrempp e sua equipe de diretores tomaram uma decisão. No dia seguinte, Schrempp voou para Tóquio e se reuniu por três horas com Hanawa, da Nissan.

A Daimler Chrysler desistiu das negociações para uma aliança com a Nissan, após essa reunião. Logo depois, na sequência de um processo semelhante, a Daimler Chrysler fez uma aliança com a debilitada montadora japonesa MMC, da qual adquiriu uma participação de 34% por US$ 2,1 bilhões. Ao assinar o acordo, Schrempp comentou:

> Eles [MMC] são os parceiros ideais para nós.

A abordagem da Renault para negociar uma aliança com a Nissan foi diferente. No seu caso, tanto o conteúdo como o estilo das negociações de aliança eram o resultado orgânico que as duas empresas atingiram durante a fase de iniciação social. Em outras palavras, essas negociações não diziam respeito apenas à assinatura de um acordo de aliança na sequência de uma boa avaliação da auditoria. Pelo contrário, os aliados potenciais decretaram um processo de compromisso social que codificou as promessas mútuas decorrentes da sua experiência anterior de trabalhar juntos. Isso se torna evidente quando se examinam as negociações da aliança Renault-Nissan com mais detalhes.

Em agosto de 1998 Schweitzer já propusera a Hanawa:

> Nós temos um relacionamento firme e confiante. Para tornar o nosso relacionamento mais forte, por que não pensar sobre a troca de participações acionárias?

Ao que Hanawa respondeu:

A Nissan, francamente, não tem dinheiro para gastar na compra de ações da Renault.

O francês respondeu:

Podemos falar sobre isso novamente no futuro. Do ponto de vista da Renault, não há futuro para nós se não pudermos trabalhar junto com a Nissan.

A proposta logo se tornou a de que a Renault iria adquirir uma participação na Nissan. Hanawa descreveu quatro condições que qualquer comprador estrangeiro deveria cumprir: manter o nome Nissan, proteger os empregos, promover a reestruturação sob a liderança da Nissan e escolher um presidente da Nissan. Schweitzer não se opôs. Ao mesmo tempo, Hanawa disse a Schweitzer que a Nissan precisaria levantar US$ 6 bilhões em dinheiro. Isso era muito acima do limite de Schweitzer de US$ 3 bilhões. Em novembro de 1998, Hanawa visitou a sede da Daimler Chrysler e foi saudado com uma proposta de investir na Nissan. Ele viajou para Paris no dia seguinte para informar Schweitzer de que pretendia continuar as negociações com a montadora alemã-americana. Um decepcionado Schweitzer comentou:

Nós não podemos conseguir a quantidade de dinheiro de que a Nissan precisa. Se a Renault não puder associar-se com a Nissan, acabaremos por ser expulsos do mercado.

No entanto, em 10 de março de 1999, Schrempp, da Daimler Chrysler, abruptamente cancelou as negociações de uma aliança com a Nissan. Hanawa avaliou suas opções. Ele decidiu aproximar-se do presidente da Ford, Jacques Nasser, com quem mantivera contato anterior.

Antes que pudesse fazer isso, Hanawa recebeu uma nota confidencial de Schweitzer dizendo que havia esperança de que a Renault pudesse fazer um investimento muito maior na Nissan do que ele propusera anteriormente. Mas Schweitzer solicitou que, mais tardar até 13 de março, Hanawa assinasse um acordo de "congelamento", impedindo a Nissan de se aproximar de outras montadoras até que as negociações com a Renault fossem cumpridas ou canceladas. Hanawa voou para Paris. Depois de avaliar o "acordo de congelamento", ele ainda não sabia o valor exato do investimento da Renault na Nissan. "Por favor, confie em mim", disse Schweitzer.

Hanawa assinou o acordo. Em 16 de março de 1999, o conselho de administração da Renault aprovou um investimento de US$ 5,4 bilhões para adquirir uma participação de 36,6% na Nissan. No dia seguinte, a Renault e a Nissan anunciaram um acordo de aliança que se assemelhava ao comunicado de imprensa que fora escrito em outubro de 1998 durante o processo de iniciação social da aliança. Schweitzer disse:

> A decisão que nós fizemos durante as negociações finais não tinha a intenção de mudar nossa posição. Foi uma escolha importante da nossa parte dizer: "Não é porque a

Daimler Chrysler não está mais no jogo que mudamos nossa proposta". Decidi não [alterar a proposta], porque senti que destruiria a relação de confiança, que era indispensável para trabalharmos juntos.

Hanawa acrescentou:

O fato de que estávamos de acordo em termos de posições iguais era importante para mim, pois a dominância destrói a motivação.

Durante os três meses seguintes, estruturou-se na Nissan uma nova equipe de liderança, formada por 18 gestores franceses da Renault e 200 gestores japoneses escolhidos pelo novo diretor-geral de operações, Carlos Ghosn. Alguns desses gestores tinham participado ativamente das experiências da *tinkunacuy* de suas empresas, no período de julho a dezembro de 1998. Em julho de 1999 – exatamente um ano após a Renault e a Nissan terem iniciado suas *tinkunacuy* corporativas – esse grande grupo dividiu-se em nove subequipes e começou a trabalhar. Eles pegaram o protótipo inicial da aliança formada durante as suas experiências *tinkunacuy* e decidiram ampliá-lo sob o nome de Nissan Revival Plan (NRP). Conforme será descrito em detalhes no capítulo 6, o NRP foi construído essencialmente com a meta de alcançar compromissos aparentemente impossíveis em tempo muito curto. Por exemplo, em outubro de 1999 a Nissan anunciou que lançaria 22 novos modelos de carro em apenas três anos, um feito que a Toyota só fora capaz de tentar no passado e que contrastava fortemente com o registro anterior da empresa, à média de menos de meia dúzia de novos modelos de automóveis nos últimos três anos. Além disso, Ghosn prometeu que a Nissan retornaria à lucratividade em apenas um ano, algo que parecia inconcebível para a maioria das pessoas – incluindo muitos empregados da própria Nissan – com base nas perdas contínuas da empresa durante a década de 1990.

Além desses exemplos de compromissos excessivamente ambiciosos, o NRP, no fundo, dizia respeito à transformação da Renault e Nissan em multicomplementadoras importantes entre si. A partir daí, os novos modelos da Nissan iriam adquirir um toque de sofisticação do design da Renault e de seu marketing, para ajudá-los a se tornar populares entre os clientes de novo e a fim de reverter uma década de evolução muito negativa do valor da marca Nissan. Ao mesmo tempo, trabalhar em conjunto ajudou tanto a Renault quanto a Nissan a gerar enormes reduções de custos, uma parte crucial que veio de fornecedores das duas empresas-chave, que avaliaram ser muito mais atraente trabalhar com a nova aliança do que lidar com qualquer uma das partes separadamente. A criação de uma plataforma para trabalharem como multicomplementadores foi crucial para a Renault-Nissan se tornar reconhecida como uma das alianças mais bem-sucedidas do mundo em março de 2004.

A título de contrapartida, em abril de 2004 a Daimler Chrysler anunciou que iria se retirar da MMC, terminando a sua aliança em fracasso. Essas empresas não experimentaram a *tinkunacuy* durante o ano de 1998; em vez disso, nos primeiros meses de 1999 correram para concluir, apressadamente, a aliança depois de dois meses de auditoria analítica. Durante o último período, a Daimler Chrysler e a MMC não passaram por qualquer coisa que de longe lembrasse os criativos intercâmbios e as jornadas de descoberta conjunta da Renault e da Nissan. A aliança Daimler Chrysler-MMC, portanto, não tinha nada de comparável com o protótipo audacioso de uma aliança nova e radical com que a Renault e a Nissan sonharam e construíram em conjunto com a participação de tantas pessoas das duas organizações. Como resultado, seus objetivos aparentemente fixaram progressivamente os problemas de longa data da MMC em vez de criar um novo futuro para os parceiros. Rolf Eckrodt – o executivo da Daimler Chrysler que encabeçava a importante mudança da MMC – não tinha o compromisso radical de Carlos Ghosn para o lançamento de novos modelos, e algumas de suas mudanças organizacionais – tais como reduzir a média de idade dos executivos de 58 para 54 anos – pareciam bastante modestas em comparação às metas de Ghosn. A falta de um período de iniciação social de forma aberta e verdadeira foi também desastrosa para a aliança Daimler Chrysler-MMC, uma vez que Eckrodt não compreendeu plenamente o significado dos problemas de deficiência que a MMC vinha sofrendo ao longo de décadas. Quando a empresa reconheceu publicamente esses problemas em 2000, ela nunca mais se recuperou da perda de reputação e do *recall* de produtos associados a isso, especialmente no criterioso mercado americano.

Curiosamente, a fusão de US$ 38 bilhões da Daimler Benz e Chrysler também terminou em fracasso, em maio de

2008 – exatamente dez anos após ter sido iniciada e apelidada de "um casamento feito no céu" por seu ex-presidente Juergen Schrempp. De uma maneira similar à aliança de 1999 com a MMC, a fusão Daimler Chrysler foi submetida a um modelo de auditoria, mas sem um prazo de *tinkunacuy* real. Assim, as empresas associadas anunciaram dois compromissos firmes: obter uma economia de US$ 1,4 bilhão durante o primeiro ano da fusão (equivalente a pouco mais de 1% do volume de negócios anuais das empresas combinadas) e completar o processo de integração no prazo de três anos. De certa forma, a abordagem da Daimler Chrysler para a integração da fusão foi o oposto dos compromissos extremamente audaciosos e da poderosa plataforma de trabalho multicomplementar que a Renault e a Nissan construíram tão rapidamente em meados de 1999. Quando, após a obtenção de sua economia pós-fusão, tornou-se evidente, no final de 1999, que as antigas Daimler Benz e Chrysler seriam geridas como entidades separadas, a fim de manter a integridade de suas marcas e suas diferentes culturas corporativas de pré-fusão, o valor das ações da companhia experimentou um longo período de declínio. Infelizmente, quando finalmente se movimentou para reverter essa situação, a Daimler Chrysler acabaria por descobrir que a recompensa não foi boa e o momento, inoportuno, tanto para os clientes quanto para os investidores.

Em novembro de 2000, um acionista proeminente, Kirk Kerkorian, processou a Daimler Chrysler em US$ 9 bilhões, alegando que os investidores foram fraudulentamente induzidos a apoiar a aquisição da Chrysler pela empresa alemã em 1998 e que os executivos alemães que dirigiram a empresa depois nunca tiveram a intenção de cumprir a sua promessa de que a combinação da Daimler Benz e Chrysler seria uma "fusão de iguais".[8] Como resultado, apesar de alguns poucos anos de bons resultados, por volta de 2005 a Chrysler começou a ser cada vez mais avaliada pelo seu parceiro alemão como um desastre financeiro que ameaçava engolir toda a empresa. Assim, o casamento de maio 1998 entre a Daimler Benz e a Chrysler terminou em uma cisão abrupta em maio de 2008. Em contrapartida, em 2008, a Renault-Nissan – o chamado "casamento de desespero" que nasceu de uma bem-sucedida *tinkunacuy* – experimentava seu oitavo ano consecutivo de bons resultados financeiros, representando um modelo de referência para a realização de alianças transculturais em todo o globo.

Muitos caminhos para a *tinkunacuy*

Os criadores do futuro nem sempre precisam se engajar em fusões espetaculares, aquisições ou alianças para liberar o poder aparentemente mágico da *tinkunacuy* e dos multicomplementadores. Muitas vezes isso acontece organicamente. O período de *tinkunacuy* que Amancio Ortega organizou no início de 1975 – doze anos depois de deixar o emprego na loja de departamentos espanhola La Maja – incluía a própria esposa na época, Rosalía, seu irmão mais velho, Antonio, e a esposa de Antonio, Primitiva. Em 1963 eles criaram juntos a Goa Confecciones, na cidade espanhola de La Coruña, de fabricação de lingerie para a La Maja, então sua principal cliente. Mas em 1975 o seu sonho não era apenas a fabricação de vestuário, mas também sua distribuição e venda. O fato de nenhum dos membros do grupo original das Confecciones Goa aparentemente lembrar quem teve a ideia inicial da Zara, ou quem veio com esse nome em primeiro lugar, comprova a forte atmosfera de criatividade da equipe de base que permeou essa fase de experimentação. De fato, o grupo decidiu experimentar dois protótipos, apresentando duas abordagens muito diferentes para o varejo de roupas. O primeiro protótipo foi uma loja convencional, chamada Sprint, que vendia a lingerie Goa e outras marcas bem conhecidas, principalmente da Espanha. O segundo protótipo, chamado Zara, abriu em 15 de maio de 1975. Essa não era uma loja convencional. Na Inditex, Amancio Ortega e sua equipe testaram duas ideias novas, nascidas de suas experiências diretas com os clientes. Cecilia Monllor, autora de *Zarápolis*, descreve como essa nova ideia foi articulada na mente dos membros da equipe de Ortega:

> As pessoas, especialmente as mulheres, estão interessadas em moda, em coisas novas, e são atraídas pelos novos designs, mas a maioria das pessoas não pode arcar com os preços das boutiques de luxo. Nós [equipe de Amancio Ortega] não podemos nos dar ao luxo de acumular estoque, nem podemos ignorar as tendências. Vamos fabricar roupas baratas que se pareçam muito com aquelas vendidas em lojas exclusivas e vamos fazê-lo no mesmo ritmo das mudanças de gostos da sociedade.[9]

Essa ideia se tornaria dominante na indústria têxtil até o final do século XX, mas em 1975 era absolutamente revolucionária. Isso implicou a criação de três novidades. Em primeiro lugar, uma abordagem *just-in-time* na produção, política que na época estava sendo lançada pela Toyota na indústria automotiva, mas era inédita no setor têxtil. Segundo, a Zara precisava de uma operação de logística avançadíssima, capaz de reabastecer de maneira rápida e constante as prateleiras das lojas com novos modelos enquanto os velhos estavam sendo vendidos. E em terceiro lugar, era necessário um sistema de vanguarda de processamento de informações que ligasse e monitorasse todo o processo da Zara, da produção à loja de varejo.

O protótipo Sprint coexistiu com a Zara, mas depois de quatro anos foi encerrado. No entanto, o protótipo Zara realmente funcionou. De fato, durante a década e meia seguinte, o modelo Zara explodiu na Espanha e estava pronto para conquistar os mercados internacionais, o que na verdade aconteceu em 1989, com a abertura de uma loja Zara em Portugal e uma loja emblemática no L'Opéra, em Paris. A próxima década testemunhou uma escalada sem precedentes e as lojas Zara se multiplicaram em escala global. O crescimento continuou inabalável durante a década que se seguiu, tornando o protótipo inicial o maior varejista do mundo em vestuário, por volta de junho de 2009.

Até então, as pioneiras operações *just-in-time* da Zara – inspiradas na abordagem da Toyota de produção automobilística – haviam se tornado a maravilha do mundo têxtil. Toda a produção, independentemente da sua origem, era recebida em dois centros de distribuição na Espanha: La Coruña, que servia os mercados da Península Ibérica, América e os mercados asiáticos; e Zaragoza, responsável pelo mercado europeu. A distribuição para este último se fazia por caminhão, e o resto do mundo era reabastecido por via aérea, mesmo que isso implicasse custos adicionais para o produto final. As entregas não eram adiadas enquanto se esperava que uma quantidade economicamente viável fosse alcançada; em vez disso, elas seguiam rigorosos prazos de entrega periódica (duas vezes por semana), mesmo que isso significasse o envio de um caminhão semivazio por toda a Europa.

Ortega se envolveu em todos os detalhes do negócio, até na logística. Ele decidiu que nenhum sistema existente de controle de estoque servia às necessidades da Zara, e assim, em 1984, começou a inventar seu próprio sistema. Como o negócio se expandiu rapidamente ao redor do mundo, ele estudou as operações da empresa de courier DHL, para ver como eles se organizavam, a fim de enviar encomendas para tantos destinos diferentes. Mais uma vez, Ortega adaptou, como em muitas outras áreas da empresa, uma solução de outro setor que melhor servisse à sua visão de sucesso.

Uma vez que um período formal de estudos, previsões e planejamento eram utilizados apenas para itens básicos – e nada disso era usado para artigos de moda –, o reabastecimento das lojas foi totalmente orientado pela procura. Para acomodar essa prática, os gerentes de loja fizeram suas estimativas de demanda própria, decidindo o que pedir e em qual quantidade, fazendo suas encomendas duas vezes por semana para cada seção da loja – infantil, masculina e feminina. Duas vezes por semana, os gerentes de loja baixavam eletronicamente o catálogo de produtos atual, colocando seu pedido dentro de 24 horas. Os prazos de encomenda eram rigorosos – se uma loja não conseguisse segui-lo, o centro de distribuição simplesmente repetia seu despacho anterior por padrão. Esse prazo ligado a datas finais foi necessário para sincronizar as lojas com o cronograma de entrega. Somados a isso, havia os incentivos por vendas, que serviam para manter os gerentes das lojas alinhados aos melhores interesses da empresa.

Um gerente de logística da Zara comentou:

> Meu maior desafio foi manter o sistema eficaz no contexto de crescimento da cadeia, de 20 a 30% anuais.

A fase *tinkunacuy* inicial de experimentação da Zara construíra uma experiência de cliente sem precedentes e excitante, tanto para homens quanto para mulheres. Os clientes voltavam sempre porque poderiam encontrar uma infinidade de novos itens a preços muito acessíveis e sabiam que a loja não substituía os modelos que tivessem se esgotado. Era agora ou nunca. Então escolhiam comprar. Embora invisíveis para eles, essas experiências do cliente foram possíveis graças, literalmente, a centenas de multicomplementadores que permitiram à Zara realizar a operação aparentemente mágica de entregar novos itens de moda baratos para milhares de lojas em todo o mundo, duas vezes por semana, mantendo os custos – e preços – bem abaixo da média da indústria.

Na verdade, ao contrário de varejistas como H&M e Gap, a Zara fabricava metade de todas as roupas que vendia, que tendiam a ser os itens mais na moda e que exigiam a entrega mais rápida. Além disso, e de modo único no setor do vestuário, a Zara não terceirizava suas operações de logística e de entrega, tocando-as ela mesma. Isso deu à Zara uma base inigualável de multicomplementadores que não foi equiparada por nenhum outro participante da indústria. Por exemplo, a H&M e a Zara são multicomplementadores, porque é mais atraente para os centros comerciais oferecer muitas lojas de roupas de alto padrão que, juntas, trazem clientes de mais alta qualidade do que qualquer um deles pode fazer sozinho. Além disso, o desejo dos centros comerciais de ter lojas tanto H&M quanto Zara pode resultar em melhores ofertas para cada uma das empresas. No entanto, além desses tipos de multicomplementadores disponíveis para qualquer grande varejista, a Zara também se beneficia de multicomplementadores no setor de logística. Em outras palavras, apesar de serem geralmente consideradas indústrias diferentes, na segunda metade da década de 1980 a Zara foi a primeira empresa de moda que fez multicomplementadores fora dos principais participantes da logística, como a DHL e mesmo excepcionais fabricantes *just-in-time*, como a Toyota. Por causa da maneira revolucionária com que foi construída durante esses anos, toda a abordagem da Zara quanto à fabricação de vestuário e varejo lança uma rede muito mais ampla de multicomplementadores potenciais do que os participantes como H&M ou Gap poderiam reunir, proporcionando à empresa outras formas de, simultaneamente, tornar seus clientes mais felizes e reduzir os custos.

Vincenzo Muccioli, fundador da comunidade de San Patrignano, é outro exemplo de uma *tinkunacuy* bem-sucedida, levando a um protótipo revolucionário de trabalho social que incorporou novos multicomplementadores. Durante a primeira metade da década de 1970, Muccioli tinha o hábito de fazer amizade, ouvir e ajudar jovens dependentes de drogas que viviam nas ruas de Rimini. No processo, ele se convencera de que esses jovens não eram inerentemente doentes, mas apenas não tinham o apoio de uma família. Em 1975, após uma longa conversa com sua esposa Antonietta, os dois decidiram iniciar uma experiência ousada: convidaram alguns desses jovens a viver com eles em sua fazenda perto de San Patrignano, em Rimini. Esses jovens rapidamente se tornaram parte da família, dividindo todo o trabalho na fazenda. Depois de três anos, os Mucciolis descobriram que os novos membros de sua família tinham se recuperado completamente da dependência de drogas sem a ajuda de qualquer medicamento substituto.

Assim, quase por acidente, lá pelo final dos anos 1970 os Mucciolis tinham criado um protótipo poderoso que dentro de menos de 20 anos veria San Patrignano se tornar a mais eficaz comunidade do mundo em reabilitação em drogas. Esse protótipo acrescentou dois novos grupos de multicomplementadores à atividade de recuperação em drogas. Por um lado, qualquer atividade profissional iniciada por San Patrignano – da produção de vinho de alta qualidade à carpintaria artística e ao trabalho artesanal – transformava os principais envolvidos em cada um dos setores de atividade em multicomplementadores de reabilitação em drogas. Por exemplo, conforme mencionado no início deste livro, em princípio a comunidade conseguiu adquirir capital intelectual crítico na forma de mestres aposentados em cada uma das suas atividades profissionais. Esses *maestri* doaram alegremente seu tempo para ensinar habilidades únicas aos jovens de San Patrignano. Esse foi mais um conjunto invulgar de multicomplementadores a ser associado com a atividade terapêutica da reabilitação em droga. No entanto, resultou no desenvolvimento de atividades profissionais de alta excelência que não só ajudou a autofinanciar a comunidade por meio da venda de produtos e serviços para clientes externos, mas também se constituiu em um elemento central na terapêutica para recuperação de toxicodependentes. Por outro lado, tanto o governo italiano quanto as autoridades locais de Rimini logo descobriram que a comunidade de San Patrignano era um multicomplementador muito eficaz dos gastos públicos. Por exemplo, todos os anos, desde que fora fundada em 1979, San Patrignano economizou para o Estado italiano centenas de anos de reclusão, o equivalente a milhões de euros. Além disso, as autoridades locais de Rimini viram o ressurgimento de atividades artesanais que deram trabalho aos velhos *maestri* e ajudaram a retirar os jovens dependentes das ruas. Como resultado, as comunidades como San Patrignano auxiliam o governo italiano a gastar o dinheiro dos contribuintes de forma mais eficiente e constantemente "devolvem" ao país ex-toxicodependentes totalmente reabilitados e bem treinados, prontos para se juntar à mão de obra da nação.

⌐ A CHAVE PARA UMA *TINKUNACUY* BEM-SUCEDIDA

Como os exemplos acima sugerem, a *tinkunacuy* é um passo necessário de iniciação e de experimentação social para todas as pessoas que embarcam em uma jornada para construir futuros radicalmente novos e positivos. Ela se aplica a todos os tipos de viagens de descoberta, envolvendo grandes organizações, pequenas empresas, grupos internacionais de pessoas ou grupos mais culturalmente homogêneos, empreendimentos rentáveis ou iniciativas de cunho social. Ela também pode assumir muitas formas, dependendo dos diferentes contextos em que é aplicada. No entanto, em todos os casos, a *tinkunacuy* é um passo inicial muito natural para qualquer grupo que define a intenção de viver seus sonhos compartilhados do futuro. E, como a Daimler Chrysler sem dúvida descobriu, ignorá-la pode ser muito arriscado.

Isso levanta a questão sobre o que é preciso para fazer uma *tinkunacuy* ter sucesso. As histórias narradas neste capítulo sugerem três fatores cruciais. Em primeiro lugar, de longe, o melhor momento em que se pode exercer a *tinkunacuy* é no início de uma viagem. As equipes mistas dos trabalhadores da Renault e da Nissan, a equipe de Amancio Ortega, que criou a Zara, e os Mucciolis construíram um protótipo radical do futuro e definiram um espírito de vivenciar trocas abertas, de confiança mútua, espírito criativo e experimentação corajosa — fatores que se tornariam decisivos para seu sucesso espetacular posterior. Grupos que não começam pela realização da *tinkunacuy* percebem que é muito mais difícil fazê-lo mais para a frente ou simplesmente descobrem da maneira mais difícil a grande oportunidade que perderam no início de suas jornadas.

Em segundo lugar, uma *tinkunacuy* bem-sucedida exige um tipo especial de mentalidade de grupo que motiva ótimas conversas sobre um protótipo do futuro. Um aspecto dessa mentalidade já foi descrito no Capítulo 1. Nós o chamamos mentalidade *trade-on*, em outras palavras, aquela predisposição patente e profundamente enraizada para perceber e interpretar a realidade com os olhos mentais do ser, do fazer e do ganhar muito mais com muito menos. Como explicado em detalhes no Capítulo 1, uma mentalidade *trade-on* é necessária para qualquer grupo que embarque na jornada de construção de um novo futuro, por impregná-la com um otimismo e uma atitude mental quase mágica que torna possível o que parecia impossível. Outro aspecto da mentalidade de grupo que é necessário para conseguir uma *tinkunacuy* bem-sucedida é a mentalidade multicomplementadora. Isso significa olhar para todos os participantes através da lente da cooperação. Não só essa mentalidade é crucial para criar uma atmosfera positiva para o trabalho em grupo, como também ajuda a equipe a identificar os multicomplementadores potenciais que processarão o seu novo protótipo do futuro e deixarão atraente tanto para os clientes quanto com respeito à rentabilidade. No entanto, como mencionado anteriormente, a adoção de uma mentalidade multicomplementadora é muitas vezes dificultada porque as pessoas, às vezes, têm o hábito mental de procurar "concorrentes" em todo lugar. Isso muitas vezes as leva a imaginar uma viagem para um novo futuro, principalmente em termos bélicos. E isso não é útil para o sucesso da *tinkunacuy* nem facilita a tarefa criativa de identificar multicomplementadores potenciais. Em vez disso, uma atitude mais cooperativa tende a conceber um conjunto de participantes de apoio mútuo, no qual a nova ideia do futuro pode crescer com vigor.

Para ajudar as equipes a adotar uma mentalidade multicomplementadora, eu as convido a participar de "simulações multicomplementadoras". Elaborei esses exercícios após os exercícios de "simulações competitivas" que às vezes são utilizados para treinar executivos, com a diferença crucial de que a ênfase está na criação de importantes experiências de clientes sustentadas por uma utilização inovadora de multicomplementadores, em vez de concorrentes lutando entre si. Em simulações multicomplementadoras, geralmente um grupo maior é dividido em subequipes que recebem o desafio de reinventar radicalmente uma experiência específica do cliente, que envolve um determinado produto ou serviço. A fim de fazer isso de forma criativa, os membros da equipe saem para observar o maior número possível de clientes, muitas vezes atuando como clientes e passando pela experiência destes. Dessa forma, quase naturalmente, começam a identificar uma série de multicomplementadores que os clientes realmente lhes sugerem, ou que eles imaginam quando passam pela experiência de serem eles os clientes. De volta à sala de reunião, as equipes participam de sessões de *brainstorming* e discussões positivas, tentando articular uma nova experiência do cliente, que tem como base os melhores aspectos que observaram e experimentaram. O processo é repetido iterativamente várias vezes até que um protótipo visual concreto da nova experiência seja construído. O protótipo é testado com clientes reais, cujos comentários e *feedback* auxiliam a aprimorá-lo. O último passo é partilhar, comparar e contrastar os vários protótipos construídos pelas subequipes. Essas simulações multicomplementadoras podem ser concebidas de várias maneiras e durar apenas algumas horas ou uma semana inteira. A chave do seu sucesso não é a qualidade real dos protótipos em si, mas o efeito que esse processo de trabalho tem no desenvolvimento de uma mentalidade multicomplementadora e no fortalecimento de uma atitude de cooperação nos membros da equipe.

Enquanto a mentalidade *trade-on* e multicomplementadora se desenvolve nos membros da equipe, a capacidade de cultivar uma atmosfera que favoreça conversas com intercâmbio criativo e grupos criativos de trabalho de prototipagem torna-se um terceiro fator-chave para um início de sucesso na interação social e no processo de experimentação. Várias organizações muito criativas, como Diesel ou IDEO, incorporaram essa capacidade de cultivo em seus processos gerais para o desenvolvimento de novos produtos. Ao longo da década de 1990, o processo Diesel de "nutrir" ajudou-a a se tornar uma das maiores potências do mundo da moda. Esse processo abrangeu a cultura da empresa de encorajar sua gente a ser valente e expressar-se livremente, sem medo de se sentir envergonhada. Isso significa que os funcionários da Diesel, às vezes sem treinamento formal de design, podem criar novas coleções ou dar asas à sua criatividade dentro da empresa. O processo de consolidação e cultivo da Diesel foi fundamental para a empresa construir uma das equipes mais criativas do mundo da moda sem recorrer às estrelas do design. Os gerentes de vendas e de produção da empresa viajam constantemente ao exterior para experimentar coisas novas e recolher ideias inovadoras com origem no povo. E esse mesmo processo, em seguida, assegurou que todas essas ideias e experiências fossem transformadas em protótipos de novas e estimulantes coleções. As escolhas finais foram baseadas muito na intuição. Um executivo da Diesel disse em 2004:

> O processo Diesel se baseia na rejeição do controle e das limitações. Ele traz em si a tentativa de se reinventar continuamente, de ir mais longe do que você já foi. A Diesel não é uma empresa que realmente se construiu roubando os talentos de outras marcas de roupa ou de outros estúdios gráficos. Eles foram alimentados aqui. Quando for fazer qualquer tipo de trabalho criativo, você precisa ser corajoso. Porque é como expor a si mesmo. É como estar nu, de certa forma. Você realmente se abre para a aprovação de outras pessoas, ou à sua apreciação, ou ao seu ridículo.

Da mesma forma, desde que foi fundada em 1991, a influente empresa de desenho industrial IDEO, em Palo Alto, na Califórnia, aplicou um processo e um contexto para nutrir grandes discussões levando a uma miríade de novos protótipos radicais – que vão desde equipamentos de alta tecnologia médica ao primeiro mouse de computador para a Apple – que contribuíram para a criação de novos futuros que nos rodeiam. Em julho de 1999, o programa *Nightline* da ABC dos Estados Unidos exibiu uma reportagem especial sobre o processo único da IDEO. Nele, os repórteres desafiaram uma equipe da IDEO a reinventar (para melhor) um carrinho de compras de supermercado em apenas cinco dias, e, em seguida, filmaram o que aconteceu quando a equipe se debruçou sobre o projeto do novo carrinho. O programa foi um clássico do *Nightline*, tornando-se um de seus mais requisitados vídeos de todos os tempos. Na reportagem, ouvimos David Kelley, um dos co-fundadores da IDEO, explicando alguns dos principais fatores por trás do sucesso da empresa:

> O ponto é que nós realmente não somos especialistas em determinada área. Somos especialistas no processo de como se faz o design das coisas. Portanto, não nos importamos se você nos dá uma escova de dentes, um tubo de pasta de dente, um trator, um ônibus espacial ou uma cadeira. É tudo a mesma coisa para nós. Queremos descobrir como inovar usando o nosso processo, aplicando-o.
>
> [...]
>
> Uma coisa é ser capaz de fazer um [produto] novo de vez em quando. Mas se você for capaz de construir uma cultura e um processo no qual vai rotineiramente surgir com ideias novas, isso é o que as empresas realmente querem.[10]

Assistir à reportagem do programa *Nightline* sobre a empresa oferece uma perspectiva única acerca de como as equipes da IDEO conseguem efetivamente consolidar um ambiente e um processo que estimulam o intercâmbio criativo e grandes discussões do grupo de trabalho de prototipagem. Sob um contexto de cacofonia no trabalho que parecia mais animado e colorido do que um parque infantil do jardim de infância, havia uma harmonia oculta e um rigoroso processo de trabalho. A equipe da IDEO em si era muito diversificada em características como sexo, faixa etária e experiência profissional. Eles começaram pela escolha de um facilitador e definiram o seu desafio de forma muito clara: teriam que redesenhar totalmente um carrinho de compras, por isso este deveria ser mais seguro, ofereceria uma experiência melhor durante as compras e no *check-out*, seria menos vulnerável a roubos e não custaria mais para construir e manter do que o atual. Esse foi um compromisso *trade-on*: ter muito mais com o mesmo (ou menor) custo. Em seguida, eles saíram para observar e aprender tudo o que podiam com as pessoas que construíam, usavam e consertavam carrinhos de compras. De volta à IDEO, compartilharam tudo o que tinham aprendido e pregaram fotografias e imagens do que haviam observado em um grande quadro branco. Surpreendentemente, na sala de reuniões da IDEO – no coração do Vale do Silício – não havia nenhuma tela de computador nem slides do PowerPoint: apenas a lousa grande. A equipe então entrou em um "mergulho profundo": em outras palavras, uma espécie de *brainstorming* que segue regras claras para garantir que grandes discussões ocorram. Essas regras foram afixadas nas paredes para que todos pudessem lê-las: "adiar o julgamento", "construir sobre as ideias dos outros", "incentivar ideias loucas", "buscar a quantidade", "ser visual", "permanecer focado sobre o tema" e "uma conversa de cada vez". Durante a hora seguinte e outras, centenas de ideias fluíram e foram expostas no quadro branco. Posteriormente, a equipe escolheu as melhores ideias, votando com um post-it. Nesse ponto, o grupo foi dividido em quatro subequipes para a construção de quatro protótipos diferentes, cada um deles em torno de uma área de necessidade diferente: segurança, diminuição de roubo, melhores compras e *check-out* melhorado. A reportagem do programa *Nightline* recebeu aquilo que foi a integração dos quatro protótipos em um único modelo, mostrado para alguns empregados de supermercados que forneceram um *feedback* sobre ele.

Os exemplos anteriores sugerem que cada viagem para criar o futuro precisa começar articulando os seguintes elementos: um grupo de líderes Wiraqocha com uma mentalidade coletiva que privilegia o pensamento *trade-on* e a cooperação; um contexto lúdico que estimula a criatividade e a autoexpressão; e um processo para alimentar uma atmosfera de intercâmbio criativo e ótimas conversas do grupo de trabalho de prototipagem. A interação harmoniosa desses três elementos é a chave para um período bem-sucedido de iniciação social e experimentação, ao qual nos referimos neste capítulo como *tinkunacuy*. Quando inspirado por um sonho radical do futuro e pela missão com propósito para realizá-lo, esses elementos simples podem articular um protótipo concreto que torna os aspectos implausíveis de um sonho compartilhado ainda mais possível e visível. Apesar disso – e por mais emocionante que seja –, o protótipo é apenas um passo inicial para a criação de um novo futuro. No capítulo seguinte você descobrirá quais são os próximos passos para tornar esses protótipos parte da vida futura de pessoas como eu e você.

6 Sexta chave:

Acordos de cavalheiros

A ironia de um compromisso é ser profundamente libertador — no trabalho, no jogo, no amor. [...] Comprometer-se é eliminar a sua mente como a barreira de sua vida.

De "The Way I See It", mensagens de Anne Morriss para a rede de café Starbucks (esta veio na xícara nº 76)

Todo o gênio retórico de Marco Túlio Cícero não foi suficiente para salvar-lhe a própria vida durante um dos períodos mais perigosos da história da Roma antiga. Ele tomou abertamente o partido de Brutus após esse nobre, junto de outros aristocratas, ter assassinado o político mais poderoso de Roma, Júlio César, no Senado, em 15 de março de 44 a.C. Um ano após esse evento fatal, em uma carta datada de junho 43 a.C., Cícero assegurava a Brutus com confiança (Brutus tinha então tomado o controle militar do norte da Grécia) que poderia convencer Caio César Otaviano (filho adotivo de Júlio César e seu herdeiro designado) de desistir de suas ambições políticas. Enquanto isso, Cícero fez um feroz ataque verbal contra Marco Antônio, um dos generais de confiança de Júlio César e provável sucessor, levando o Senado a declarar Marco Antônio um fora da lei. No entanto, quando Otaviano e Marco Antônio fizeram uma aliança política em setembro de 43 a.C., foi o começo do fim para Cícero. Os dois autocratas concordaram com uma proscrição, que era um meio romano brutal de eliminar sumariamente seus inimigos políticos ao executá-los. Alguns historiadores afirmam que Otaviano – um ex-aluno de Cícero – tentou arduamente manter o nome do ex-professor fora da lista de proscrição. Mas Marco Antônio não se comoveu. Seus capangas apanharam o velho quando ele tentava sair de Roma, a fim de se juntar a Brutus no norte da Grécia. Ele parecia despenteado e cansado depois de semanas de fuga, mas afastou as cortinas de sua liteira e esticou o pescoço, dizendo: "Não há nada correto no que estás fazendo, soldado, mas tente me matar corretamente". Diz-se que poucos dias depois da execução de Cícero, Fúlvia, esposa de Marco Antônio, pegou a cabeça de Cícero que estava pregada na tribuna do Fórum Romano – conforme a tradição –, arrancou-lhe a língua e trespassou-a com seu gancho de cabelo, numa vingança final contra seu poder de oratória.

Apesar de sua morte cruel, os historiadores se lembram de Marco Túlio Cícero como um dos maiores estadistas da Roma antiga e um patriota que lutou durante toda a vida para defender as liberdades da República contra as tendências monárquicas de homens como César e Otaviano. Ele também é aclamado como um dos maiores oradores, linguistas e autores literários em latim clássico. Do século XVII ao XIX, o período de formação da maioria dos modernos Estados ocidentais, a vida de Cícero, seus discursos e escritos inspiraram aspectos centrais das constituições políticas de países como França, Grã-Bretanha e Estados Unidos. Além disso, os escritos de Cícero – que abrangem uma ampla gama de assuntos que incluem deveres morais, velhice, amizade e piedade –, bem como sua volumosa correspondência, em grande parte dirigida a seu amigo Atticus, classificam-se entre as obras mais influentes da cultura ocidental. Isso se deve em parte à sua qualidade e acessibilidade, e por isso era um ponto importante dos currículos de ensino das escolas europeias até a primeira metade do século XX. Em particular, as suas cartas refinadas tornaram-se a fonte de inúmeros aforismos que ainda eram populares em muitos países europeus no alvorecer do século XXI.

Foi na Itália – terra natal de Cícero – que eu ouvi muitas vezes um aforismo, atribuído ao grande estadista, que afirma *Promissio boni viri est obligatio*, que pode ser traduzido como "A promessa de um cavalheiro é seu dever". Esse velho provérbio latino é frequentemente citado em contextos transacionais, a fim de destacar o valor da honestidade de uma pessoa que tanto apoia como transcende qualquer contrato escrito. Além disso, descobri que esse clássico adágio de Cícero encerra uma abordagem fundamental para certos indivíduos e organizações quanto à criação de futuros novos e positivos. Desde instituições sociais, como a comunidade de San Patrignano para reabilitação de dependentes de drogas até a líder Zara da indústria da moda, passando pela gigante em equipamentos médicos Medtronic ou pela improvável aliança franco-japonesa Renault-Nissan, a entrega consistente e adequada dos compromissos de cavalheiros reside no cerne dessas organizações – e na sua estranha capacidade de transformar os protótipos inovadores de pequena escala em novos futuros para todos nós. Para entender essa capacidade aparentemente mágica, é bastante útil voltar no tempo para a venerável República Romana na tentativa de compreender corretamente como Cícero e seus cidadãos contemporâneos viam uma promessa de um cavalheiro.

◦— A PROMESSA DE UM CAVALHEIRO ROMANO

Comecemos por reconhecer que Cícero claramente iguala o valor de uma promessa com as qualidades inerentes dos indivíduos. A frase que ele usa para descrever as qualidades – *boni viri* – significa, literalmente, os homens de bem, e só foi traduzida de modo aproximado pela palavra cavalheiro, que carrega uma definição moderna de certas características associadas ao fato de sermos bons indivíduos. Curiosamente, porém, Cícero de fato inventou seu próprio termo latino *humanitas* para definir os atributos dos "homens bons" ou "cavalheiros" na antiga Roma. Essa palavra é a raiz de muitos termos de nosso idioma, como humanidade, humano e humanismo. Como essas palavras sugerem, *humanitas* engloba as noções básicas do que faz qualquer indivíduo ser humano. Para Cícero e seus contemporâneos romanos, o termo *humanitas* carregava dois significados adicionais. Por um lado, denotava os atributos essenciais dos indivíduos civilizados que – no seu entender – os fizeram coletivamente superiores às tribos bárbaras que viviam fora das fronteiras do Império Romano. Por outro lado, incluía os traços de caráter que fazia alguém civilizado ter uma única *persona* – ser um indivíduo – distinto de qualquer outro ser humano.

A noção de *humanitas* de Cícero traz fortes conotações práticas que fornecem importantes dados sobre a natureza intrínseca da promessa de um cavalheiro, ao estilo romano. *Humanitas*, de fato, é composta por várias regras de conduta pragmática que encarnam a própria essência do louvável comportamento civilizado que significava tanto para os cidadãos romanos antigos. Por um lado, preceitos como *benevolentia* (benevolência), *mansuetudo* (bondade), *facilitas* (afabilidade) e *severitas* (austeridade) caracterizam a maneira como todos os cavalheiros deveriam se comportar dentro de uma sociedade civilizada. Por outro lado, preceitos como *dignitas* (dignidade, mérito ou reputação), *gravitas* (autoridade) e *observantia* (respeito) representavam o tipo de comportamento que definia cada cidadão romano como uma pessoa distinta, individual. A forma como um cidadão(ã) se comportava de acordo com esses preceitos práticos da *humanitas* determinava os níveis de crédito social que lhe eram concedidos. Essa relação direta entre a *humanitas* pessoal de um cidadão e seu respectivo nível de credibilidade social foi chamado em latim de *honoris* – um atributo central da *humanitas*, na qual a palavra honra se baseia.

Significativamente, para os antigos cidadãos romanos, as palavras *honoris* e *dignitas* não eram exatamente entendidas como atributos intrínsecos de cada ser humano (que é o moderno sentido dessas palavras, encerrado, por exemplo, na Declaração dos Direitos Humanos), mas sim como o nível de autoestima e de credibilidade reconhecida a qualquer cidadão como um resultado do valor moral e respeitabilidade das suas ações pessoais. Honra e dignidade eram, para os antigos romanos, os atributos pessoais de *humanitas*, que tinham que ser conquistados por meio de ações individuais e eram necessários para que cada pessoa civilizada pudesse realizar os atos subsequentes com o benefício de credibilidade social, reconhecimento e respeito. Não surpreendentemente, o direito romano foi o primeiro na história a proteger os seus cidadãos individuais de forma bastante abrangente de ataques contra a sua honra e dignidade. Uma vez que estas não eram entendidas em termos abstratos, mas poderiam ser identificadas e ponderadas por todo cidadão individual, os danos à honra e à dignidade de uma pessoa poderiam ser objeto de avaliação quantitativa – e assim seria a respectiva indenização.

Daqui resulta que, na antiga República Romana, o grau pessoal de *humanitas* de um indivíduo o definia em relação aos seus concidadãos. O comportamento de uma pessoa ao se dirigir aos outros com a sua *honoris* adquirida o descreviam tão bem como seu próprio nome. É nesse contexto que o adágio latino *promissio boni viri est obligatio* deve ser entendido. Para Cícero, tanto o conteúdo quanto as consequências da promessa de um "cavalheiro" se referiam principalmente ao grau específico de *humanitas* da pessoa que prometeu fazer algo, e só secundariamente se trata do contexto em que essa promessa foi feita. Em outras palavras, a *dignitas* de uma pessoa e, portanto, a sua *honoris* estavam em jogo todas as vezes que a pessoa fazia uma promessa. É por isso que – dentro do contexto moral da *humanitas* – a promessa de um cavalheiro automaticamente tornou-se o seu dever pessoal. Havia um aumento na *humanitas* de uma pessoa cada vez que ela cumpria uma promessa, e essa era uma boa notícia para a pessoa, porque significava socialmente um valor mais elevado de estima e apreço por ela.

Infelizmente para Cícero, o oposto também era verdadeiro. Na antiga República Romana, não cumprir uma promessa efetuada não só representava uma perda de *honoris* para o procrastinador, mas também a obrigação pessoal de enfrentar as consequências da sua falha. Cícero certamente sabia disso quando, em janeiro de 43 a.C., propôs ao Senado que a Otaviano – que na época tinha apenas 20 anos – fosse dado o status de *Propraetor*. De acordo com a lei romana, isso tornaria o ambicioso jovem qualificado para o comando militar. Muitos senadores temiam que, uma vez que Otaviano desfrutasse dessa posição, ele a utilizasse para transformar a República em uma espécie de monarquia, que havia sido o desejo patente de seu pai adotivo, César. Para esses receios, Cícero, um destacado político que gozava da maior seriedade entre todos os membros do Senado romano, fez uma promessa séria aos seus colegas senadores:

> Aos membros do Senado eu prometo, comprometo-me, eu juro solenemente que Caio César [Otaviano] será sempre o cidadão que ele é hoje e como devemos especialmente desejar e rezar para que ele continue a ser.[1]

Infelizmente não foi isso que aconteceu. Assim que teve legiões romanas sob seu comando, Otaviano se revelou um político e um general extremamente precoce, capaz de manobras muito mais frias do que as de seus rivais mais experientes para construir rapidamente uma forte base de poder como líder do partido de César. Ele então usou seu poder para reunir uma oposição cada vez mais séria contra o Senado romano. Nesse ponto, Cícero percebeu que sua única esperança de salvar a República Romana dos desejos monárquicos de Otaviano era persuadir Brutus a levar suas tropas para Roma, a fim de proteger o Senado. Em 25 de julho, Cícero pediu de forma mais firme que Brutus "desse apoio à nossa cambaleante e quase arruinada democracia o mais cedo possível". [2] No entanto, em sua última carta, de 27 de julho de 43 a.C., Cícero admitiu a Brutus que:

> Enquanto escrevo, estou em grande angústia, porque mal parece que eu possa cumprir minhas promessas em relação ao jovem, quase menino, [Otávio], a quem afiancei diante da República.[3]

Brutus não se mostrou impressionado com os pedidos de Cícero, e este então desesperadamente tentou falar ao Senado romano. Mas os senadores se lembravam da sua fatídica promessa feita em janeiro. Cícero sofrera, evidentemente, uma grande perda de sua *honoris* diante daqueles cujo apoio ele mais precisava. Assim, quando Otaviano marchou sobre Roma à frente de oito legiões em agosto de 43 a.C., tudo o que Cícero pôde fazer foi organizar a própria fuga indigna da Itália. No fundo, porém, ele deve ter sabido que tudo seria de pouco proveito e que o fim estava próximo. Quando, a caminho de Roma, chegou à sua vila no campo pela última vez, ele agourentamente previu, "Eu vou morrer no país que tantas vezes salvei".[4] Foi o que aconteceu.

A última promessa de Cícero ao Senado nos faz lembrar duas características adicionais da promessa de um cavalheiro, no estilo romano. Por um lado, essas promessas requeriam um alto grau de coragem pessoal dos indivíduos que as faziam, pois elas representavam um risco muito grande para a *honoris* desses indivíduos, sempre que falhassem em cumpri-las. Em parte como resultado disso, os acordos de cavalheiros eram, para Cícero, compromissos fortemente emocionais. Não só colocavam a reputação de qualquer indivíduo civilizado em jogo, mas a capacidade de cumprir as promessas era igualmente indissociável – via *humanitas* – para o sentido essencial da identidade pessoal do indivíduo. É, portanto, evidente que, na antiga República Romana, a identidade de uma pessoa, sua palavra e sua dignidade pessoal foram, de fato, as diferentes facetas do mesmo diamante.

No entanto, os acordos de cavalheiros eram baseados em um forte senso de consciência pessoal e confiança nas próprias capacidades, em vez de se basearem na probabilidade de essas promessas corresponderem a qualquer curso previsível dos acontecimentos. Em outras palavras, essas promessas denotavam compromissos pessoais para agir e alcançar um determinado resultado, em vez de reagir de forma adequada a um cenário futuro previsível, quando este começasse a se desenrolar. Cícero deu um exemplo dramático disso, quando prometeu ao Senado que Otaviano continuaria sendo "o cidadão que ele é hoje" quando se tornasse um jovem político legalmente habilitado para o comando militar. Em 43 a.C., não só a probabilidade de que Otaviano desertasse da causa republicana era óbvia para qualquer observador inteligente como Cícero, mas também generais autoritários como Sulla, Marius e o pai adotivo de Otaviano, Júlio César, tinham, no passado, comprometido muito seriamente as ancestrais liberdades da República. Portanto, quando Cícero fez sua última promessa fatídica ao Senado, ele estava extremamente confiante na própria capacidade de convencer o jovem político a permanecer leal à República, em vez de confiar naqueles perfeitamente previsíveis projetos políticos de Otaviano. Caso Cícero tivesse feito exclusivamente promessas calculadas no lugar de promessas de cavalheiro, ele teria dado tempo ao tempo e reagido às ações de Otaviano logo que elas começaram a se desenvolver de forma mais clara. Só então Cícero teria feito promessas mais alinhadas às correntes políticas.

○→ OBJETIVOS ESTRATÉGICOS NÃO SÃO ACORDOS DE CAVALHEIROS

Algo semelhante a essa última abordagem – a tentativa de prever um cenário futuro com um grau significativo de precisão e, em seguida, reagir a ele, fazendo promessas calculadas que correspondam aos eventos previstos – foi articulado durante meados dos anos 1960 em uma espécie de método científico para planejar o futuro dentro das organizações. Denominado "planejamento estratégico", ao longo dos anos 1970 e 1980 alguns acadêmicos e líderes empresariais adotaram esse método como uma maneira de conceber e implementar estratégias que aumentariam a competitividade de cada unidade de negócios dentro de uma organização. Tratava-se de separar as funções de "pensar" de uma organização (realizadas pelos "planejadores estratégicos", cuja principal tarefa era a de elaborar as estratégias de negócios) das atividades de implementação (realizadas por gestores que deviam alcançar os objetivos específicos). Os planejadores estratégicos criavam o horizonte de planejamento de uma organização por meio da construção de previsões para o futuro. Dependendo do tipo de ambiente em que uma organização se movia, o seu horizonte de planejamento poderia variar de apenas alguns anos a cerca de dez anos – ou até mais, em casos excepcionais. O horizonte de planejamento de uma organização incluía geralmente previsões analíticas para cada aspecto central da competitividade, tais como dados macroeconômicos, movimentos dos concorrentes, tendências do cliente e assim por diante. Com base nessas previsões, o planejamento estratégico formulava estratégias para cada unidade de negócios de uma organização. Essas estratégias eram, então, traduzidas em objetivos estratégicos para os gestores da organização, detalhando os resultados que deviam ser atingidos e o tempo disponível para obtê-los.

Já em 1994, acadêmicos como Henry Mintzberg destacaram algumas das diferenças cruciais entre o planejamento estratégico para calcular detalhadamente os objetivos para o futuro e a maneira como os "acordos de cavalheiros" comprometem pessoalmente os resultados futuros:

> O problema é que [o planejamento] estratégico representa um estilo de gestão calculado, não um estilo de comprometimento. Gerentes com um estilo de se comprometer com objetivos envolvem as pessoas na jornada.

Eles lideram de tal maneira que todos auxiliam a moldar o curso dessa jornada. Como resultado, o entusiasmo inevitavelmente se constrói ao longo do caminho. Já aqueles com um estilo mais calculado fixam um destino e definem o que o grupo deve fazer para chegar lá, sem nenhuma preocupação com as preferências dos membros. Mas as estratégias mais calculadas não têm valor em si mesmas, e, parafraseando as palavras do sociólogo Philip Selznick, as estratégias só adquirem valor quando pessoas comprometidas lhes infundem energia.[5]

Um estilo de gestão compromissado exige olhar para dentro de si em busca da própria coragem e capacidade, a fim de fazer acordos de cavalheiros honrados e que possam envolver emocionalmente os outros e motivá-los. Dessa forma, todos no grupo se tornam subjetivamente convencidos de que os resultados prometidos podem ser alcançados – mesmo contra todas as probabilidades – e transformam o compromisso de alcançar esses resultados em seu dever, tanto no nível individual quanto no coletivo. Em vez disso, a abordagem de planejamento estratégico para o cálculo de objetivos decorre de uma atitude de olhar externamente, sustentada pela suposição de que o futuro pode ser precisa e objetivamente previsto. A crítica que Mintzberg faz sobre essa crença se aplica ainda hoje, mesmo tantos anos depois de ter sido publicada:

> Em 1965, Igor Ansoff escreveu em seu influente livro *Corporate Strategy*, "Nós devemos nos referir ao período em

que a empresa é capaz de construir previsões com uma precisão de, digamos, mais ou menos 20% como o *horizonte de planejamento* da empresa.

Que declaração extraordinária! Como, no mundo, qualquer empresa pode conhecer o período em que se pode prever com exatidão um dado?

As evidências, na verdade, apontam para o contrário. Enquanto certos padrões repetitivos, como as estações do ano podem ser previsíveis, a previsão de descontinuidades, como uma inovação tecnológica ou um aumento de preço, é praticamente impossível. Naturalmente, alguns indivíduos, por vezes, "veem" as coisas acontecendo. Por isso é que os chamamos de "visionários". Mas eles criam suas estratégias de modo muito mais personalizado e intuitivo.[6]

Os acordos de cavalheiros não são feitos de forma reativa para um futuro que foi analiticamente previsto. Elas são os veículos subjetivos para determinados indivíduos na criação de um novo futuro. Não são nem individual nem analiticamente elaborados, mas baseados na consciência interior do indivíduo e na autoconfiança de que algo pode ser alcançado. Essa confiança interior repousa em uma mistura pessoal de conhecimento racional, intuição e experiência que estão ativamente projetados para o futuro. Se as metas definidas pelos estrategistas – e criadas no final de um processo impessoal e altamente analítico – são normalmente chamadas "objetivos estratégicos", então os resultados futuros que a promessa de um cavalheiro visa poderiam ser apropriadamente denominados "subjetivos estratégicos".

Uma das principais consequências da subjetividade dos acordos de cavalheiros é que suas ideias subjacentes em relação ao futuro muitas vezes parecem radicalmente diferentes do que esperam os "especialistas" ou mesmo as pessoas em geral. Isso ocorre porque os acordos de cavalheiros tendem a se basear tanto na imaginação subjetiva dos indivíduos que as fizeram quanto em sua convicção pessoal de que o que foi imaginado pode de fato ser alcançado. Em contrapartida, os objetivos de planejamento estratégico inevitavelmente refletem os pressupostos subjacentes aos métodos de previsão utilizados, que em geral tendem a favorecer projeções lineares do passado para o futuro. Como resultado, esses objetivos concebem futuros que raramente representam descontinuidades radicais com o passado próximo, mas, em vez disso, são variações graduais do *status quo*. O pressuposto subjacente de que os futuros pensados vão se desdobrar de forma linear e progressiva muitas vezes faz com que esses peritos ignorem as mudanças bruscas que moldam, de forma natural e constante, o futuro que nos rodeia. Assim, quando a promessa de cavalheiro de uma pessoa qualquer, de proporcionar um futuro radicalmente novo, esbarra com o ceticismo de algumas pessoas, isso não é necessariamente dizer nada de factual sobre a probabilidade de que tal futuro se torne uma realidade. A diferença está principalmente no olho de quem vê.

A natureza subjetiva dos acordos de cavalheiros também pode ser entendida de outra forma, o que constitui talvez a diferença mais importante entre ela e as abordagens científicas para a gestão de negócios, como o planejamento estratégico.

Os acordos de cavalheiros colocam em jogo a honra pessoal e a reputação do cavalheiro, e isso tem um efeito profundamente emocional, tanto sobre as pessoas que fazem as promessas quanto sobre as pessoas ao seu redor. Como resultado, todas as pessoas afetadas pelo empenho pessoal de um cavalheiro – clientes, colaboradores, fornecedores – são motivadas a agir e a cumprir as promessas. Em vez disso, a realização de um conjunto específico de objetivos de planejamento estratégico não necessariamente se apoia em compromissos pessoais. Pelo contrário, é normalmente dependente de previsões de mercado, bem como de uma dotação específica de recursos internos da organização. Se algum desses objetivos não consegue se materializar na forma como foi previsto, então eles são revistos ainda no meio do caminho. Dessa forma, a responsabilidade sobre os objetivos ajustados é atenuada entre os planejadores estratégicos, os gerentes e os responsáveis pela alocação de recursos dentro da companhia, como parte de um processo de acompanhamento de rotina. Além disso, se as previsões de mercado se afastarem descontroladamente do curso previsto – por exemplo, como resultado de uma "crise econômica imprevisível" – então, os objetivos serão revistos de acordo com os fatos (para baixo, nesse caso) devido a "eventos externos" ou "fatores exógenos" sobre os quais nem os planejadores nem os seus gerentes assumem responsabilidade direta.

Em contrapartida, em vez de tentar prever o futuro ou se adaptar a acontecimentos imprevistos, indivíduos e organizações criativos usam acordos de cavalheiros para envolver emocionalmente e mobilizar as pessoas em uma viagem de criação de futuros radicalmente novos – mesmo contra todas as probabilidades. Eles fazem isso como parte de um processo racional, no entanto. Primeiro, colocam-se no lugar de seus clientes, a fim de imaginar experiências sem precedentes para eles. Em seguida, abraçam apaixonadamente a missão de tornar realidade essas experiências radicalmente novas e recrutam outras pessoas que compartilham a mesma paixão. Junto delas, como passo seguinte, participam de um experimento social para trabalhar de forma criativa e construir um protótipo concreto, em pequena escala, do novo futuro imaginado. É nesse ponto que a equipe criativa faz acordos de cavalheiros que mobilizam toda uma organização para ampliar aquele protótipo e implementá-lo de uma forma muito maior. Isso representa o momento da verdade, que compromete um grupo de indivíduos armados com a segurança relativa de um protótipo inovador a criar um novo futuro. Para muitas pessoas não familiarizadas com o novo sonho ou com seu protótipo associado, esses acordos de cavalheiros inevitavelmente soam como impossíveis de ser cumpridas no mundo real. Como o sucesso inesperado da aliança entre a Renault e a Nissan demonstrou, os acordos de cavalheiros podem, de fato, motivar algumas pessoas a abandonar uma viagem corajosa que – com base em uma perspectiva independente, analítica – parece demasiado radical. No entanto, para os indivíduos que permanecem comprometidos com a viagem, a promessa de um cavalheiro exerce um efeito tão poderosamente motivador que os incentiva a conseguir resultados que, para a maioria daqueles que olham de fora, parecem quase mágicos.

⚬⇁ A CHAVE PARA ENTREGAR OS ACORDOS DE CAVALHEIROS

Em 1999 houve uma crise econômica global. Decorrente das forças conjuntas de recessão de um estouro na bolha financeira nos Estados Unidos e do colapso monetário de importantes países latino-americanos, asiáticos e europeus com economias emergentes, a crise fez todas as previsões econômicas para o ano de 2000 se mostrarem decididamente sombrias. (E as previsões eram justificadas: 2000 foi um ano de crise econômica global.)

Isso fez com que o Nissan Revival Plan (NRP) – revelado pelo brasileiro Carlos Ghosn, presidente da Renault-Nissan, no Tokyo Motor Show, em 18 de outubro de 1999 – soasse distintamente desconcertante não só para os analistas automotivos do mundo, mas também para o público em geral. Em outubro de 1999 todos sabiam que a indústria do automóvel estava entre as mais vulneráveis a qualquer crise econômica de proporções globais, e era geralmente a primeira a ser atingida. No entanto, nesse contexto sombrio, o discurso de Ghosn, falando diante de centenas de pessoas e câmeras de TV de todos os cinco continentes (incluindo a videoconferência simultânea para milhares de executivos e funcionários da Nissan em todo o mundo) foi de confiança; ele apresentava um ambicioso conjunto de aspirações para a Nissan que não tinha precedentes em toda a história da indústria. O fato de a Nissan estar à beira do colapso financeiro total, mesmo quando do Ghosn se dirigia às multidões no Tokyo Motor Show – ela relatara grandes perdas durante os sete anos consecutivos anteriores a 1999 –, fez toda a experiência parecer surreal para muitos. Alguns especialistas da indústria na plateia devem ter balançado a cabeça em descrença quanto às mínimas probabilidades de sucesso de qualquer aliança internacional em grande escala — muito menos a franco-japonesa Renault-Nissan. Mas alguém realmente falava sério:

> Quais são os nossos compromissos? Há três compromissos fundamentais. Primeiro: retorno à lucratividade no ano fiscal de 2000. Segundo: um lucro operacional superior a 4,5% das vendas no ano fiscal de 2002. Terceiro: 50% de diminuição do nível da dívida atual [US$ 12,6 bilhões] líquida para o ano fiscal de 2003. Essa redução será feita ao mesmo tempo em que vamos aumentar os investimentos, a partir do nível muito baixo atingido em 1998, o que representou 3,7% de nossas vendas líquidas, para níveis mais normais de 5% das vendas líquidas. Eu sei e avalio o quanto de esforço, sacrifício e dor teremos de suportar para o sucesso do NRP. Mas, acreditem, não temos escolha e isso vai valer a pena. Nós todos compartilhamos um sonho, um sonho de uma empresa reconstruída e revigorada, um sonho de uma Nissan forte e ousada no caminho certo para realizar um crescimento lucrativo, em uma aliança equilibrada com a Renault a fim de criar um grande participante da indústria automobilística mundial. Esse sonho torna-se hoje uma visão com o NRP. Essa visão se tornará uma realidade, desde que todos os funcionários da Nissan o compartilhem conosco.[7]

Não admira, quando Ghosn apresentou o plano, que poucas pessoas realmente partilhassem seus sonhos ou acreditassem que a Nissan poderia atingir os seus compromissos ambiciosos. As ações da empresa, já em baixa recorde na época do Tokyo Motor Show, caíram mais de 5% em menos de duas semanas após o anúncio. Um analista japonês captou o clima predominante:

> É impossível para os gestores japoneses conduzirem um programa de reestruturação tão drástico.

Esse analista não estava apenas reagindo às dificuldades inerentes de reavivar um gigante do ramo automobilístico praticamente falido em meio a uma grande recessão mundial. A história também o relembrava dos fatos. Seja naquele ano, seja antes dele, nenhuma grande organização do Japão fizera demissões em massa, fechando fábricas ou se livrando de fornecedores a fim de economizar custos. Nem uma. Além de tudo isso, a ousada aspiração de Ghosn de lançar 22 novos modelos de carros em três anos exigia que a Nissan transpusesse obstáculos surpreendentes na capacidade de desenvolvimento de produtos que nenhuma montadora conseguira realizar antes. No entanto, nesse contexto histórico, em outubro de 1999, de repente tornou-se conhecido o fato de que a Nissan – a segunda maior fabricante de automóveis do Japão – teria que atingir todos esses resultados sem precedentes *imediatamente*, se fosse viver de acordo com os compromissos públicos assumidos pelo seu líder. Não é exagero presumir que todos os que ouviram Carlos Ghosn falar no Tokyo Motor Show, em 1999, devem ter pensado que ele estava tentando, ingenuamente, o impensável.

Ghosn, um veterano executivo da indústria de automóveis, com certeza sabia de tudo isso. Mas, em vez de recuar, ele se prendeu totalmente a seus compromissos ambiciosos, apesar de estes serem considerados irreais pela maioria dos concorrentes, especialistas da indústria, meios de comunicação internacionais e observadores qualificados. Ghosn disse:

> O grande risco é que se você anunciar [compromissos] ambiciosos, as pessoas não acreditarão em você. Dirão: 'Ele disse que quer 100%, mas se receber 50%, vai ficar feliz'... Bem, nós queremos 100, e estamos agindo para obter 100. Se não conseguirmos no próximo ano [2000], tudo bem. Nós vamos renunciar.

Essa história real mostra a primeira razão por trás da capacidade de êxito dos acordos de cavalheiros – não importa o quão absurdas elas possam parecer para outras pessoas. É a pura coragem de colocar em jogo a honra pessoal e a reputação quando se compromete com uma promessa. Na minha experiência, todo mundo reconhece imediatamente a coragem pessoal quando ela está presente. O seu poder magnético atravessa facilmente as barreiras linguísticas, culturais e geográficas, inspirando algumas pessoas e dissuadindo outras, mas sem esforço de comunicação com todos. Se Cícero fosse capaz de viajar do século I a.C. para o futuro, ele certamente teria apreciado o desempenho de Carlos Ghosn no Tokyo Motor Show de 1999. Lá estava o brasileiro expatriado, líder de uma multinacional francesa, oferecendo compromissos honoráveis em Tóquio que fizeram milhares de pessoas ao redor do mundo ficar boquiabertas. Em poucas palavras, isso ilustra a essência dos acordos de cavalheiros. Eles são feitos com coragem e honradez, sem condições, sem obrigações e compromissos prévios, nada de "se", "mas" e "e". Em vez de evitar comprometer suas apostas com a história da empresa ou as previsões do mercado (ambas eram, na época, excepcionalmente ruins para a Nissan), Ghosn assumiu compromissos extremamente ambiciosos baseado na convicção de que seu sonho de uma poderosa e renascida Nissan poderia ser rapidamente alcançado. A maioria dos observadores inteligentes rejeitava esses compromissos, pensando neles como irrealistas, mas Ghosn e sua equipe de liderança dramaticamente apostaram neles 100% de sua reputação pessoal: "Se não conseguir no próximo ano [2000], nós vamos renunciar".

Contrariamente a todas as expectativas, a Nissan cumpriu – e, na maioria dos casos, excedeu – todos os compromissos que o NRP assumiu. Isso é mostrado na Tabela 2, na qual a coluna "prometido" fornece uma segunda pista para entender como a equipe de liderança da Nissan conseguiu cumprir suas surpreendentes promessas de cavalheiros: essas promessas foram declaradas de uma maneira tão simples e clara que todos poderiam compreendê-las. Para esse efeito, a equipe da Nissan de fato definiu seus acordos de cavalheiros como o objetivo número 1 e uma data limite, que honrada e totalmente se empenhou em atingir até a data estabelecida, ou então enfrentaria as consequências. Era assim. Simples e claro.

Um dos resultados de estabelecer compromissos com esse tipo específico de simplicidade e clareza é o que acontece no receceptor final. Falando em 2003 acerca da forma de comunicação de Carlos Ghosn, o vice-presidente sênior da Nissan, Toshiyuki Shiga, disse:

> Seu discurso é realmente incrível. Seu discurso é muito simples e compreensível. E apontou claramente os pontos em que a Nissan deve melhorar. Ele realmente mostra apenas cinco pontos. E depois de ouvir o seu discurso todo mundo compreende o que somos capazes de fazer.[8]

A declaração do sr. Shiga tornou-se minha referência pessoal para comunicações simples e claras através das fronteiras. Meu pensamento é: se você fosse um brasileiro de origem libanesa que trabalha para uma organização francesa e conseguiu fazer com que um executivo japonês de uma empresa japonesa descrevesse o seu discurso em inglês – uma língua estrangeira para ambos – como "muito simples e compreensível", então, como dizem, você é um comunicador de classe internacional. Há, em todo o mundo, um poder quase mágico nos acordos de cavalheiros simples e claros a ponto de poder ser representados como um número e uma data limite.

Quando lhe perguntaram "Como é que a Nissan conseguiu realizar esses resultados surpreendentes?", Ghosn muitas vezes respondeu que "as equipes multifuncionais" tinham sido um ingrediente-chave para o sucesso. Ele se referia às equipes mistas da Nissan, compostas por representantes de diferentes funções (como desenvolvimento de produtos, compras, produção, vendas e marketing), bem como de diferentes nacionalidades (franceses e japoneses), e que foram responsáveis por conceber e realizar o NRP. Há mais do que se pode ver na afirmação de Ghosn, no entanto. Muitos indivíduos e organizações criaram equipes multifuncionais para implementar iniciativas ambiciosas para o futuro, mas não conseguiram entregar os resultados esperados. A chave é como essas equipes multifuncionais são gerenciadas para alcançar as aspirações ousadas. Aqui, há diferenças cruciais entre a abordagem da Renault-Nissan e de outras organizações.

PROMETIDO	ENTREGUE
Rendimento anual líquido positivo após impostos até o ano fiscal de 2000	(US$ 6,5) bilhões no ano fiscal de 1999 + US$ 2,7 bilhões no ano fiscal de 2000 + US$ 2,7 bilhões no ano fiscal de 2001 + US$ 4,1 bilhões no ano fiscal de 2002
Margem operacional anual de 4,5% das vendas até o ano fiscal de 2002	+ 10,8% no ano fiscal de 2002
50% de redução da dívida líquida para US$6,3 bilhões até o ano fiscal de 2003	A dívida líquida já se reduzira a US$ 6,6 bilhões até setembro de 2001
Reduzir os custos de aquisição para 20% até o ano fiscal de 2003	18% de redução de custos alcançados até setembro de 2001
Eliminar 21.000 postos de trabalho até o ano fiscal de 2003	19.900 cortes de empregos realizados até setembro de 2001
22 novos modelos de automóveis até o ano fiscal de 2002	Todos os 22 novos modelos lançados até o ano fiscal de 2002

Tabela 2: Alguns dos acordos de cavalheiros da Renault-Nissan

Por um lado, no caso da Renault-Nissan, o trabalho multifuncional – que envolveu uma centena de executivos das duas empresas – era a norma nos estágios iniciais de formação da aliança, no âmbito de um processo de iniciação e experimentação social que durou cerca de seis meses. No capítulo 5, essa fase de iniciação foi denominada *tinkunacuy*. A *tinkunacuy* corporativa desde o início trouxe três principais resultados para a Renault e a Nissan. Primeiro, ela criou um ambiente propício à imaginação e a partilhar sonhos futuros sobre uma poderosa aliança entre os dois. Em segundo lugar, desenvolveu a confiança mútua entre os cem executivos que se envolveram na *tinkunacuy*. Por último, construiu um protótipo concreto de como seria uma bem-sucedida aliança entre a Renault e a Nissan. Mais tarde, em julho de 1999, muitas das equipes multifuncionais que já haviam sido estabelecidas durante os estágios de iniciação social da aliança estavam agora – com as demais novas equipes – sendo utilizadas para expandir esse protótipo inicial ao desenhar o NRP. Foram as equipes que montaram o projeto, seguindo regras claras e sem recorrer a estranhos, como consultores ou especialistas da indústria. Explicou Ghosn em 18 de outubro, no Tokyo Motor Show:

> Como é que elaboramos o Nissan Revival Plan? Em 5 de julho [de 1999] estabelecemos nove equipes multifuncionais. Cada uma foi liderada por dois membros do Comitê Executivo e dirigida por um mentor. Os membros da equipe foram escolhidos pelos líderes e os mentores [foram escolhidos] entre os gerentes da empresa. A composição

precisava ser multifuncional e internacional. Não é de cima para baixo. Não é de baixo para cima. São as duas coisas ao mesmo tempo. Cada equipe tinha um tópico. Um objetivo: fazer propostas para desenvolver o negócio e reduzir custos. Um prazo: essa manhã [18 de outubro de 1999], Reunião do Conselho para as decisões finais. Uma regra: não mais algo digno de veneração, nem tabus, nem restrições. Uma crença: as soluções para os problemas da Nissan estão dentro da empresa. Apenas uma questão não é negociável: o retorno ao lucro.[9]

Por outro lado, decisivamente, as equipes multifuncionais da Nissan não eram projetos extraordinários da organização para serem dissolvidas uma vez que as promessas do NRP fossem cumpridas. Em vez disso, tornaram-se elementos centrais da empresa, com a tarefa primordial da criação de novos futuros ao reinventar a organização de tempos em tempos. Assim, em 2001, após a entrega dos compromissos do plano e o restabelecimento da empresa, a Nissan lançou outro conjunto de acordos de cavalheiros com uma iniciativa com o rótulo "180". O 1 representava um milhão de unidades adicionais de carros vendidos, o 8, oito porcento de margem, e 0, zero de dívida – que a Nissan se comprometeu a atingir até 2005. Como as promessas do "180" estavam sendo entregues antes do momento previsto, no entanto, em junho de 2004 Ghosn começou a divulgar o "Value Up", outra ampla iniciativa que prometia transformar as marcas Nissan e Renault, e seu portfólio de produtos, em maior valor agregado na mente dos consumidores. As equipes multifuncionais tornaram-se uma característica permanente de apoio em todos os contínuos acordos de cavalheiros da Nissan. Ghosn disse:

> Em minha experiência, os executivos de uma empresa raramente ultrapassam as fronteiras. Trabalhar juntos em equipes multifuncionais ajuda os gestores a pensar em novos caminhos, a desafiar as práticas existentes, explicando a necessidade de mudança e projetando mensagens difíceis por toda a empresa.

A abordagem peculiar da Renault-Nissan para gerir as suas equipes interdisciplinares ilustra que – com enorme coragem, simplicidade e clareza – um terceiro aspecto fundamental que permite que as organizações cumpram as promessas aparentemente irrealistas é a capacidade de implantar um processo de inovação em todos os aspectos. Este último vai muito além das funções de desenvolvimento de novos produtos. Em vez disso, os processos de inovação no estilo Renault-Nissan tratam de construir uma capacidade organizacional para criar regularmente novos futuros ao reinventar toda a empresa em torno de corajosos acordos de cavalheiros. Esse processo de inovação transformacional cria um grupo de indivíduos ou uma organização inteira que se torna uma ferramenta para a evolução social. Para algumas pessoas de fora, porém, essa capacidade surpreendente pode parecer pura magia.

A Inditex, holding espanhola que detém a Zara, bem como outras marcas de varejo de grande sucesso no mundo da moda, oferece outra ilustração poderosa da "magia" dos acordos de cavalheiros na criação de futuros radicalmente novos e positivos. Ao contrário da situação de desânimo da Nissan em 1998, em 1989 a Zara era um grande sucesso, uma inovadora e sólida empresa varejista espanhola que não tinha razão para temer por sua saúde econômica futura. Isso era principalmente o resultado da capacidade da Zara para reabastecer suas prateleiras com novos itens de moda chique e barata duas vezes por semana, e durante todas as semanas do ano. Isso implicava um ciclo de vida médio para os itens Zara que era muito menor do que para as outras marcas que, na época, lançavam coleções completas em média quatro vezes por ano. Mas sobrepujar completamente qualquer outra marca nessa velocidade em apenas um pequeno mercado da moda – Espanha – era uma coisa. A tentativa de fazê-lo em uma escala global, francamente, era impensável em 1989. Tentar isso em 1989 poderia ser descrito como extremamente perigoso, devido à crise econômica catastrófica então revelada no Japão – a segunda maior economia do mundo na época – e que arrastou o conjunto da economia mundial em sua esteira.

No entanto, tentar o impensável foi exatamente o que fez a Inditex em 1989. Começou então uma escalada internacional agressiva para a Zara, com a abertura de suas primeiras lojas fora da Espanha. A iniciativa de expansão confiava na capacidade da empresa de cumprir o acordo de cavalheiros perfeitamente, a mesma que contribuiu para o sucesso da primeira loja Zara em 1975 – apenas em uma escala muito maior: a entrega de artigos de vestuário e acessórios novos, baratos e excitantes, duas vezes por semana, toda semana, em todas as lojas do mundo inteiro. Como resultado, a loja original da Zara de 1975 se transformara em 4.300 lojas em mais de 70 países por volta de junho de 2009, abrangendo uma superfície de varejo maior do que muitos pequenos Estados europeus, como Mônaco ou Vaticano. Nesse imenso shopping center, milhões de clientes em todo o mundo aprenderam que o compromisso da empresa de entregar "moda instantânea" era confiável, e como resultado, a indústria do vestuário foi totalmente transformada. Depois da Zara, "moda" passou a significar o modelo de uma experiência estimulante de compras em que a moda muda rápido, as roupas são elegantes e baratas, a um preço que quase todo mundo pode se dar ao luxo de pagar, e em qualquer lugar do mundo. Além disso, a empresa produziu um grande número de novos estilos em pequenas quantidades e não os repôs depois que o estoque terminou, de modo que cada cliente poderia comprar exclusividade e um novo design a preços muito inferiores aos modelos de aparência similar oferecidos por outras marcas de moda.

No fundo, a capacidade de a Zara cumprir suas promessas de "moda instantânea" era muito mais impressionante do que a da Renault-Nissan, pois o compromisso da Zara devia ser renovado duas vezes por semana perante cada um dos seus milhões de clientes em todo o mundo. Trazê-los de volta para as lojas dependia de aquela única promessa ser cumprida sempre. Por trás da capacidade aparentemente mágica da Zara para fazer isso, encontram-se os mesmos elementos essenciais que permitiram que a Renault-Nissan cumprisse seus acordos de cavalheiros entre 1999 e 2009. Em primeiro lugar, junto de uma pequena equipe que incluía muitos membros da família, Amancio Ortega envolveu-se em um período *tinkunacuy* de imaginação e de socialização criativa que o levou a sonhar e construir o primeiro protótipo de uma loja Zara em 1975. Após uma década de sucesso no mercado espanhol, em meados da década de 1980, a equipe de Ortega, ampliada com novos membros tais como o perito em computação José Maria Castellano, deu início a uma segunda *tinkunacuy*, que resultou em um protótipo revolucionário para o varejo de moda, capaz de deslanchar a "moda instantânea" em uma escala internacional. A chave para a eficácia desse protótipo foi um processo de inovação, sustentado por uma logística *just-in-time* e uma capacidade de distribuição semelhante à da DHL ou da Toyota, muito mais eficiente do que qualquer grande varejista de vestuário. Assim como o processo de inovação transformacional que a Renault-Nissan implementaria uma década depois, o protótipo de inovação da Inditex foi desenhado para desenvolver produtos inovadores, mudanças na manufatura e na distribuição ao varejo com potencial para transformar radicalmente o mundo inteiro da moda. Uma vez que o novo protótipo foi testado com sucesso na Espanha, Ortega fez a corajosa promessa de entregar a "moda instantânea" pela primeira vez em uma escala global. Como cada uma de suas promessas foi cumprida, os clientes de todo o mundo correram para as lojas Zara, o que resultou em uma expansão internacional extraordinariamente bem-sucedida de sua marca.

Por volta de 2005, a empresa iniciou uma terceira e significativa fase *tinkunacuy*, levando ao lançamento em 2008 do maior complexo de logística da Europa, fora de Zaragoza. Em setembro de 2009 – quando o mundo inteiro passou por sua mais grave crise econômica em 80 anos –, a Inditex revelou qual era realmente o objetivo de seu empreendimento logístico quando anunciou a abertura da primeira loja virtual da Zara, em 2010. A loja virtual da Zara estaria inicialmente disponível na maioria dos mercados da Europa ocidental e passaria então a ser implantada em todos os países onde a empresa tem lojas físicas. Assim, entre 1975 e 2009, cada período *tinkunacuy* na Inditex levou a uma nova organização que se reinventou, comprometendo-se a transformar profundamente a indústria da moda mundial – e tem cumprido suas promessas. Isso proporcionou outro exemplo de como o processo de inovação transformacional da Inditex foi, em essência, semelhante ao próprio processo da Renault-Nissan, de acordo com as regras de reinventar continuamente a organização, a fim de constantemente dar forma a novos e emocionantes futuros ao nosso redor.

Como a Renault-Nissan e a Inditex, a americana Medtronic – uma das principais empresas mundiais de tecnologia médica em 2009 – regularmente transformava sua empresa a fim de cumprir os acordos de cavalheiros que mudaram radicalmente a indústria global de dispositivos médicos. Como mencionado, o ex-presidente da Medtronic Bill George, que dirigiu a empresa de 1990 a 2001, sustentou que a organização precisava ser reinventada a cada cinco anos, e ela certamente cumpriu a promessa. Ao longo da segunda metade da década de 1990, a Medtronic se comprometeu a reduzir o seu tempo de lançamento de produtos de 48 meses para apenas 16, uma promessa radical que implicava a reorganização da empresa em torno do desenvolvimento de uma capacidade de inovação sem precedentes. Essa capacidade permitiu que a Medtronic se tornasse a empresa com o portfólio mais novo de qualquer indústria nos Estados Unidos e, como resultado, a capacidade da comunidade médica para melhorar a vida de milhões de pacientes que sofrem de doenças cardíacas, diabetes e outras doenças crônicas generalizadas foi fundamentalmente melhorada. Em meio a esse sucesso, em janeiro de 2000, George lançou outro corajoso conjunto de promessas que fez com que a Medtronic assumisse o compromisso de transformar radicalmente a própria organização na líder mundial de produtos médicos por volta de 2010; então, ela estaria fornecendo soluções de alta tecnologia que melhorariam drasticamente a qualidade de vida de um vasto número de pacientes que sofrem de doenças crônicas, enquanto reduzia significativamente os custos dos cuidados com a saúde. Isso não só iria ampliar os recursos dos hospitais e dos médicos a níveis antes insuspeitados, como também tinha o potencial de inaugurar um futuro novo e positivo para o bem-estar humano e econômico de países inteiros ao redor do mundo.

Mesmo organizações socialmente orientadas, como a comunidade de San Patrignano, seguem um padrão semelhante de sonhar e produzir protótipos de um futuro novo e promissor e com coragem para entregar esse novo futuro por meio da implantação de um processo de inovação transformacional que expande o protótipo inicial a uma escala muito maior. O sonho de Vincenzo Muccioli e Antonietta era criar uma família muito grande com os excluídos da sociedade como membros, os quais iriam carinhosamente abraçar e apoiar uns aos outros para realizar coisas extraordinárias. No final da década de 1970, seu protótipo estava pronto para crescer. E ele cresceu. No final dos anos 1980, San Patrignano se tornara a maior e mais eficaz comunidade do mundo na reabilitação de dependentes de drogas. No entanto, nas palavras de Vincenzo Muccioli, San Patrignano era uma comunidade de vida, construída sobre uma dupla promessa honrosa. Por um lado, a família San Patrignano carinhosamente prometeu apoiar, educar e ajudar o recém-chegado a construir um novo futuro. Por outro lado, o recém-chegado prometeu corajosamente realizar a sua jornada de recuperação, respeitando as regras da comunidade. Como resultado de as duas partes cumprirem esses compromissos simples, San Patrignano pode quase que magicamente atingir o nível mais alto do mundo nas taxas de reabilitação de pessoas, ano após ano. No entanto, além de observar os seus compromissos com honra, a chave para o "sucesso mágico" da comunidade foi um processo de inovação que permitiu aos seus membros constantemente imaginar e desenvolver novos negócios com padrões de excelência em nível internacional. Esse processo se expandiu após a descoberta inicial de Muccioli, de volta a meados da década de 1970, de que o apoio da família e o trabalho comunitário realizado com os mais altos padrões de excelência eram ferramentas extremamente eficazes na superação da toxicodependência e da marginalização social.

A comovente história de San Patrignano destaca um quarto aspecto-chave da notável capacidade de cumprir os acordos de cavalheiros, mesmo contra as probabilidades e desafiando as crises econômicas mundiais, assim como o ceticismo da maioria das pessoas. Como já foi mencionado, o grau interno de coesão da comunidade é mais parecido com o de uma família amorosa do que o de uma empresa "normal" – até mesmo aquela com uma mentalidade social. Uma coesão forte é, na verdade, um fator-chave por trás do sucesso das iniciativas complexas e de grande escala que muitas vezes são necessárias para cumprir o compromisso de criar um novo futuro. Do NRP da Renault-Nissan à expansão internacional da Zara, passando por reinvenções organizacionais da Medtronic ou pela grande família de San Patrignano, um forte grau de coesão interna é o que muitas vezes faz a diferença entre o sucesso ou o fracasso dessas iniciativas. O capítulo seguinte aborda a questão de como os criadores do futuro conseguem construir tal coesão interna forte, não só dentro de suas equipes criativas e organizações, mas também através de fronteiras culturais, geográficas e mentais que a maioria das pessoas descreveria como assustadoras, quando não insuperáveis.

7 Sétima chave:

Liga comum

É por isso que eles me chamam Hermes Trismegistus,
pois tenho as três partes da sabedoria de todo o universo.

Trecho da tradução de Johannes Hispalensis da Emerald Tablet
(Tábua de Esmeralda), de 1140.

Logo após se encontrar com o papa Clemente VII, foi dito que o espírito de Rafael de Urbino entrou no corpo de Francesco Mazzuoli. A principal razão para essa crença foi uma série de pinturas notáveis que Francesco posteriormente criou. Entre elas havia um autorretrato pintado de uma forma tão criativa que surpreendeu não só a corte do papa, mas também toda a Itália renascentista. Giorgio Vasari (1511-1574), biógrafo de Francesco, descreveu como essa incrível pintura foi feita:

> [...] a fim de explorar os pontos mais leves da pintura, Francesco um dia se propôs a fazer seu próprio retrato, olhando-se em um daqueles espelhos convexos dos barbeiros. E ao fazer isso, viu os feitos bizarros criados pelos cantos arredondados do espelho nas vigas do teto, deixando-as torcidas, e nas portas e outras partes da sala, que retrocediam de forma estranha, e ele desejou copiar tudo

aquilo do jeito que ele imaginasse. Então ele mandou fazer uma bola de madeira e dividiu-a ao meio para que ficasse com o mesmo tamanho e formato do espelho e, com grande habilidade, se pôs a copiar tudo o que vira no espelho, e em particular ele próprio, com resultados tão realistas que nem se podia acreditar. E como todas as coisas que estão perto ficam ampliadas pelo espelho, e aquelas que estão longe ficam ainda menores, ele mostrou uma mão ocupada desenhando, tão grande como a refletida no espelho e tão perfeita que parecia absolutamente real. E uma vez que Francesco tinha um ar gentil e um aspecto mais parecido com o de um anjo do que um homem, sua imagem na bola era algo divino e não humano.[1]

Como resultado de seu talento prodigioso, o jovem Francesco – apelidado de "Il Parmigianino" por causa de sua cidade natal, Parma – foi imediatamente recomendado para importantes missões artísticas em Roma. No entanto, seu sucesso seria curto. Em 1527 a cidade foi saqueada pelas tropas rebeldes do imperador Carlos V, obrigando Francesco a fugir de Roma e voltar a Parma, onde foi recebido como herói e contratado para fazer um grande afresco na igreja de Santa Maria della Steccata. Foi enquanto fazia a experimentação de novos pigmentos para esse afresco que Francesco desenvolveu uma obsessão pela alquimia que se revelaria fatal. Vasari relata:

> [...] Francesco começou a abandonar o trabalho de Steccata, ou pelo menos a fazê-lo tão lentamente que se

percebeu que ele ia para lá contra a vontade, e isso aconteceu porque ele começara a estudar coisas relacionadas à alquimia e completamente afastadas da pintura, pensando que em breve se tornaria rico por meio da solidificação do mercúrio. [...] Finalmente, ainda obcecado por essa alquimia, como todos os outros que perderam seu juízo por causa dela, ele se transformou de uma pessoa delicada e exigente em um homem quase selvagem e bem diferente do que era, com uma longa barba e melenas sujas; ele foi assaltado, nesse triste estado de melancolia e estranheza, por uma febre e disenteria grave, que em poucos dias o fez passar desta para outra vida [...][2]

A LIGA COMUM COMO ALQUIMIA SOCIAL

Il Parmigianino morreu em 1540, aos 37 anos. A biografia de Vasari sobre ele é uma história contra a alquimia, mas faz pouco para explicar o porquê de essa disciplina oculta ter exercido um poder sedutor sobre as mentes mais privilegiadas ao longo dos séculos. Filósofos do Renascimento, como Marsilio Ficino, Giovanni Pico della Mirandola e Giordano Bruno foram praticantes ativos da alquimia, que, com a astrologia e a teurgia (magia), eram consideradas por eles como as três partes da sabedoria de todo o universo. Essa era uma velha doutrina que, segundo a lenda, foi ensinada na Antiguidade por um sábio egípcio chamado Thoth, a quem os gregos antigos identificaram como Hermes Trismegistus. O último nome levou ao termo "hermetismo", que durante o Renascimento foi o nome que se deu à série de doutrinas atribuídas a esse antigo sábio. A Hermes Trismegistus foi atribuída a criação da Tábua de Esmeralda, um breve texto gravado na pedra e que resumia a sabedoria de todo o universo. O bloco de textos era a pedra angular de uma tradição renascentista muito popular chamada de *prisca sapientia* — a sabedoria primordial —, que alegava existir uma sabedoria universal e secreta que vinha sendo transmitida por meio da sucessão de indivíduos escolhidos, que geralmente incluía Pitágoras e Platão. Sir Isaac Newton, o famoso matemático e cientista britânico do século XVII, que surpreendentemente escreveu muito mais sobre a alquimia do que a respeito de qualquer outro assunto, traduziu a Tábua de Esmeralda para o inglês. Todas as evidências sugerem que a relação de Newton com a alquimia era mais do que puramente teórica. Um de seus assistentes registrou:

> Ele [Sir Isaac Newton] muito raramente ia para a cama antes das duas ou três horas da manhã, por vezes, às cinco ou seis, dormindo umas quatro ou cinco horas, principalmente na primavera ou no outono, quando costumava passar cerca de seis semanas em seu laboratório, o fogo escasso queimando noite e dia. Qual poderia ser o seu objetivo eu era incapaz de saber. [3]

O astrônomo britânico Sir Arthur Eddington (1882--1944) resolveu esse enigma. Ao analisar a biografia alquímica de John William Navin Sullivan sobre Newton, ele observou que:

A ciência pela qual Newton parece ter estado particularmente interessado, e com a qual passou a maior parte de seu tempo, era a alquimia. Ele lia muito e fez inúmeras experiências, totalmente sem frutos, pelo menos tanto quanto sabemos.[4]

Na mesma linha, e depois de ler obras de alquimia de Newton em 1942, o economista britânico John Maynard Keynes sugeriu que "Newton não foi o primeiro da idade da razão, ele foi o último dos magos".[5] No entanto, o gênio matemático britânico não estava sozinho em seu fascínio pela alquimia. As grandes mentes do período, em sua maioria – incluindo Robert Boyle, John Locke e Leibniz –, compartilhavam esse fascínio. Mesmo no século XX, o psicólogo suíço Carl Jung e o filósofo húngaro Stephan A. Hoeller entendiam a alquimia como causadora de mudança da mente e do espírito do alquimista, e nesse sentido ela teria sido uma espécie de precursora da psicologia ocidental. Jung, em particular, afirmou que ele sonhara com a Tábua de Esmeralda, em 1912, e que a repetição desse sonho o levou a escrever *Sete sermões aos mortos* em 1916.

A Tábua de Esmeralda constituía a base da alquimia. Desde os tempos antigos até a modernidade, os alquimistas penduravam uma cópia dela na parede do laboratório. Três dos princípios fundamentais da alquimia vinham diretamente da tábua. Primeiro, a ideia de que *tudo é um* – em outras palavras, que o universo tem uma origem comum e se desenvolve por meio de um único princípio de harmonia ao qual os textos da Tábua de Esmeralda se referem como "A obra solar". Os antigos egípcios chamavam essa noção – muito semelhante ao taoísmo chinês ou aos princípios budistas indianos – de *Maat*. Em segundo lugar, vinha a ideia de *Uma mente*, ou a noção de que o universo é uma espécie de holograma imenso que contém, em cada pequena parte dele, todos os princípios essenciais universais em ação. Em terceiro lugar, vem a noção de que todas as coisas surgiram *do Um*, o que significa que todas as coisas no universo compartilham uma substância comum essencial, muitas vezes considerada pelos alquimistas como a "pedra filosofal". Foi pela manipulação dessa substância por meio de um processo de adaptação referido no latim como *solve et coagula* (dissolver e juntar novamente) e em grego como *spagyric* ("separação, purificação e recombinação"), que os alquimistas de todas as eras procuraram obter resultados maravilhosos, como a transmutação dos metais em ouro ou a fabricação de um elixir para a eterna juventude. É duvidoso que os alquimistas, tais como Sir Isaac Newton, tenham alcançado qualquer desses objetivos, mas no processo dessa busca eles desempenharam um papel importante para o nascimento de disciplinas modernas como a química inorgânica, a medicina e a metalurgia.

Os princípios alquímicos da Tábua de Esmeralda fornecem uma metáfora adequada para descrever como os indivíduos criativos e as organizações criam futuros radicalmente novos e positivos para todos nós. Eles são capazes de fazer isso com sucesso por meio da realização de uma espécie de alquimia social, tanto dentro de suas equipes e organizações quanto fora delas. Eu chamo esse tipo de processo alquímico social de a liga comum (*the common glue*). Ela aproveita a diversidade de qualquer grupo ao construir harmoniosamente uma coesão de relações sociais entre seus membros de forma a levar a novas ideias, produtos e serviços. Dentro das organizações criativas que estudei, a liga comum é constituída por cinco elementos que interagem de forma holística; em outras palavras, cada um de seus componentes está relacionado a outro, e nenhum funciona por si só. Somente quando todos os cinco componentes estão no lugar é que um grupo de pessoas ou uma organização se torna capaz de criar um futuro radicalmente novo e positivo. Ao mesmo tempo, a liga comum apresenta um tipo holográfico de qualidade em que cada um de seus cinco elementos constitutivos incorpora aspectos fundamentais dos quatro restantes.

Dois dos elementos da liga comum já foram descritos nos capítulos anteriores. Primeiro, um grupo de líderes Wiraqocha partilha apaixonadamente um sonho comum, bem como uma missão proposital para realizá-lo, e seus integrantes exibem individualmente as qualidades de integridade, tolerância, generosidade, coerência e perseverança para construir uma linguagem comum. Em segundo lugar, a capacidade dos líderes Wiraqocha de fazer e entregar os acordos de cavalheiros com os quais se comprometeram, de transformar os protótipos em pequena escala em futuros novos e emocionantes ao nosso redor. Os três elementos restantes da liga comum – a linguagem comum, os rituais de comunicação e as redes interdisciplinares – revelam a sua natureza interna. No entanto, além da compreensão analítica dos seus elementos constituintes individuais, é a maneira pela qual a liga comum é criada, nutrida e fortalecida como uma totalidade viva que explica sua incrível capacidade de entrega de futuros radicalmente novos e positivos – mesmo contra todas as probabilidades.

○⇁ COMO ENTREGAR FUTUROS NOVOS E POSITIVOS

Por mais que isso possa parecer um passe de mágica, a criação de um futuro radicalmente novo para um grande número de pessoas é um desafio complexo. Os extraordinários indivíduos e organizações retratados neste livro demonstram isso. A fim de criar novos e positivos futuros, todos eles se envolveram em uma pluralidade de iniciativas complexas e em grande escala, que têm em comum a obtenção de níveis surpreendentes de inovação e crescimento sustentado. Isso merece alguma consideração. Embora a relação positiva entre a coesão da liderança e o desempenho competitivo tenha sido demonstrada antes,[6] os criadores de sucesso de um novo futuro representam o exemplo extremo disso em uma ampla variedade de medidas de desempenho. Nos casos da varejista de moda Inditex, da gigante de tecnologia médica Medtronic, ou da aliança Renault-Nissan, o seu compromisso com a criação de futuros radicalmente novos resultou em níveis sem precedentes de desenvolvimento de novos produtos, de crescimento das receitas, dos lucros e de seu valor de mercado. Para a empresa de bebidas Grupo AJE, o seu sonho de 1988 de criar novas bebidas de boa qualidade e a baixo custo para que todos – mesmo aqueles de baixa renda – pudessem ter recursos para comprá-la levou a empresa a níveis explosivos de receitas e de crescimento do lucro; isso a transformou de uma pequena empresa peruana de fundo de quintal a um rival formidável da multinacional Coca-Cola em menos de duas décadas. Mesmo as instituições sociais, como San Patrignano na Itália ou Delancey Street nos Estados Unidos, viveram seus sonhos de reabilitar a vida de indivíduos marginalizados pela sociedade por meio da criação de comunidades extraordinárias, nas quais essas pessoas puderam alcançar níveis incríveis de crescimento motivacional sem custo para o Estado.

Embora seja surpreendente que essas organizações tenham conseguido a realização de seus sonhos simultaneamente com níveis recordes de desempenho, é ainda mais impressionante ver *como* foram capazes de realizar as duas coisas. Como já foi sugerido, elas fizeram isso ao orquestrar com sucesso uma miríade de complexos processos de inovação e crescimento. Para organizações como Inditex, Medtronic, Renault-Nissan e Grupo AJE, essa variedade de processos incluiu a criação de capacidades altamente inovadoras de desenvolvimento de novos produtos dentro de sua empresa. Além disso, para organizações como a Medtronic, a Renault-Nissan e a gigante farmacêutica Novartis, viver os seus sonhos de futuro envolveu o desenvolvimento de uma capacidade combinada para o crescimento orgânico, bem como o crescimento por meio de fusões, aquisições e alianças em grande escala. Além disso, para as instituições sociais como San Patrignano e Delancey Street, realizar os seus sonhos exigiu a construção da capacidade de imaginar, incubar, financiar e dar início a novos negócios, e transformar essa capacidade no processo terapêutico central para reabilitar a vida de seus membros – geralmente dependentes de drogas e criminosos que tinham cumprido pena. Além de tudo isso, para todas essas organizações, realizar os seus sonhos radicais também significou desenvolver a capacidade de mudar totalmente suas empresas a cada cinco ou dez anos – e de maneira bem-sucedida –, com todo o alcance humano, organizacional e tecnológico que isso implicava.

Realizar constantemente e com êxito essas várias iniciativas complexas representa uma capacidade bastante notável, principalmente quando estas são avaliadas com base no histórico desse tipo de empreendimento no cenário global dos negócios:

> [...] Algumas das iniciativas empresariais que melhor personificam a essência da globalização têm evidenciado uma experiência negativa de desempenho. Por exemplo, textos bem documentados da literatura, impressionantes tanto na variedade de abordagens utilizadas quanto na profundidade e escopo das análises de base empírica, sugerem que a taxa de falhas de todas as fusões, aquisições e alianças é bem mais de 50%. Surpreendentemente, conclusões semelhantes foram relatadas no caso de outros empreendimentos importantes, como reengenharia em grande escala, reestruturação e terceirização, programas globais de expatriamento e iniciativas de mudança. No campo da ciência da administração, tradicionalmente repleta de abordagens contraditórias e aparentemente opostas em torno de fenômenos simples, tais evidências empíricas têm desfrutado de um notável grau de consenso durante a maior parte do século XX.[7]

Mas como os criadores do futuro podem administrar uma variedade de iniciativas complexas que constituem um desafio até para os participantes mais experientes? Conforme indicado anteriormente, eles fazem isso com o desenvolvimento de uma forte liga comum. Em outras palavras, uma espécie de maior capacidade social que conecta, coordena e mobiliza todas as principais iniciativas da organização para a realização de um sonho comum e de uma missão proposital compartilhada. No âmago dessa liga comum, existe um grupo de que são responsáveis pelo contínuo desenvolvimento e reforço disso. Esse grupo de liderança Wiraqocha geralmente representa um *pool* de talentos altamente diversificado e multicultural com diferentes números, que variam de menos de 50 pessoas para uma organização como a San Patrignano a centenas de membros para as grandes organizações multinacionais, como Medtronic, Novartis ou Renault-Nissan. Normalmente, além do desenvolvimento e fortalecimento da liga comum na organização, os líderes Wiraqocha desempenham papéis de gestão no âmbito da instituição, como chefes de funções globais (tais como marketing, desenvolvimento de produto ou finanças), ou gestores de unidades de negócios em áreas geográficas específicas. Ao executar essas funções de gestão, os líderes Wiraqocha seguem a agenda de suas unidades de negócios ou unidades funcionais. No entanto, quando assumem o papel para a construção da liga comum, os líderes Wiraqocha são responsáveis pela coordenação de uma série de iniciativas organizacionais, garantindo que uma ideia coletiva do futuro se torne real no final de uma jornada. A arte não está no conceito, no entanto. Já em si mesmo um processo complexo, o desenvolvimento de uma liga comum forte pode facilmente sofrer o mesmo destino negativo de iniciativas globais que já foram descritas aqui. Para ser bem-sucedido nisso, um grupo de líderes Wiraqocha precisa conectar cuidadosamente alguns fatores importantes.

A CHAVE PARA A LIGA COMUM: A HARMONIA, O HOLISMO, OS HOLOGRAMAS

O primeiro fator chave para o desenvolvimento de uma liga comum forte é a harmonia. Em outras palavras, os elementos que a compõem devem corresponder-se e trabalhar em conjunto com a precisão e sincronia de um organismo vivo. Por um lado, isso significa que o núcleo emocional dos líderes individuais Wiraqocha deve coincidir com a missão da organização. Um grupo de líderes que apresentam uma conexão emocional forte com a missão e com os propósitos de sua organização traz harmonia para a liga comum. Líderes Wiraqocha que visam à criação de novos futuros deliberadamente se movimentam para buscar essa qualidade. Em 1990, quando Bill George iniciou seus dez anos como presidente da Medtronic, a empresa era uma fabricante bem-sucedida de equipamentos médicos de alta tecnologia, pronta para ser comprada por qualquer um dos gigantes dessa indústria. No entanto, o sonho de George de transformar a Medtronic na companhia líder em tecnologia médica no mundo implicava entender que a organização tinha um valor que excedia em muito qualquer valor de aquisição que se poderia buscar nos mercados de capitais na época. Para realizar esse sonho e expandir esse valor não percebido, George formou um grupo de novos dirigentes para a Medtronic, que era tanto culturalmente diversificado quanto capaz de liderar o desenvolvimento sem precedentes de processos de inovação, bem como de conduzir à internacionalização da empresa. Ao escolher os novos líderes da Medtronic, no entanto, George se voltou para mais uma característica fundamental. Ele pessoalmente avaliou se a missão da empresa de restabelecer plenamente a saúde e a vida das pessoas de fato era motivadora para cada candidato em potencial. Se não fosse esse o caso, mesmo os indivíduos muito qualificados por outras formas de avaliação seriam orientados a procurar novos desafios em outros lugares. No entanto, se a missão da Medtronic realmente fizesse os olhos do indivíduo brilhar com verdadeira emoção, George o tornava parte do novo grupo de liderança. A principal razão para isso era bastante simples. Somente as pessoas ligadas emocionalmente com o objetivo de restaurar a saúde de outras pessoas poderiam se sentir motivadas a fazer os esforços sem precedentes que eram exigidos para concretizar os sonhos de George para a Medtronic. Por sua vez, uma forte motivação interior foi fundamental para que os líderes da Medtronic pudessem entusiasmar os outros a compartilhar aquela missão e realizar o sonho comum.

À semelhança da experiência da Medtronic, em 1999, quando o presidente da Nissan, Carlos Ghosn, descreveu o perfil de duas centenas de novos dirigentes que ele estava procurando, começou com duas palavras reveladoras: "jovens inconformistas". Muitos headhunters que conheço ficaram intrigados com essa descrição, uma vez que a palavra inconformista contradizia as características confiáveis geralmente associadas aos papéis de liderança nas organizações multinacionais. Além disso, esses headhunters duvidaram que duas centenas de executivos inconformistas pudessem ser encontradas no Japão, uma nação que a maioria deles percebia como imbuída de forte tradição corporativa de comportamento reverencial. No entanto, quando o plano de recuperação da Nissan foi publicamente revelado em outubro de 1999, todo mundo foi informado dos compromissos claros da empresa em realizar ações drásticas, como fechamento de fábricas, demissões em massa, eliminação generalizada de fornecedores e iniciativas radicais de desenvolvimento de novos produtos, os quais eram, na época, inéditos no Japão. Os líderes Wiraqocha da Nissan se comprometeram fundamentalmente não só a destruir uma histórica e emblemática companhia, mas também romper com uma forma tradicional japonesa de fazer as coisas no mundo dos negócios, a fim de construir uma organização nova e poderosa que tomaria seu lugar. Foi aqui que os jovens inconformados entraram: indivíduos cujo núcleo emocional ressoou fortemente com o desafio de driblar as antigas regras de outras pessoas, a fim de substitui-las com seu próprio conjunto de novas regras.

Alguns dos níveis mais altos de harmonia entre a missão de uma organização e seus dirigentes podem ser encontrados em organizações sociais, como San Patrignano. Essa missão da organização – ensinar e treinar pessoas marginalizadas e fazer com que elas consigam realizar coisas extraordinárias – se encaixa completamente no profundo propósito de vida de cada um dos seus membros. Eles são um e a mesma coisa: idênticos. Quando esse nível supremo da harmonia é alcançado, todos os sonhos imagináveis podem se tornar realidade. Essa é uma das razões pelas quais as realizações de San Patrignano – conseguir a medalha de ouro em um campeonato mundial de esportes olímpicos, conquistar todos os prêmios disponíveis para os vinhos *premium* italianos, ou se tornar um dos top designers em móveis da Itália – são difíceis de acreditar para quem vê de fora, mas representam o trabalho rotineiro de seus membros.

No entanto, a harmonia da liga comum também se refere à coerência entre o sonho de uma organização sobre o futuro, sua missão, propósito e o compromisso de seus líderes com a organização. Todas as organizações retratadas neste livro mostram um nível notável de coerência entre esses aspectos, que podem ser considerados como diferentes facetas do mesmo diamante. Primeiro, o sonho é geralmente arrojado e sua realização traz um futuro radicalmente novo e positivo para os clientes da empresa, seja ela a criação de um novo líder em tecnologia médica que abre possibilidades antes não imaginadas para a vida de milhões de indivíduos que sofrem de doenças crônicas (Medtronic); seja a revitalização exaustiva de uma montadora de veículos à beira da falência para que retorne com o lançamento de novos produtos (Nissan); seja a reinvenção da moda em uma experiência democrática por meio da qual quase qualquer pessoa pode ter recursos para comprar em qualquer lugar do mundo (Inditex), seja ainda a criação de uma família muito grande, na qual os membros mais marginalizados da sociedade podem ser incluídos e realizar coisas extraordinárias (San Patrignano ou Delancey Street).

Construindo esses sonhos, a missão com propósito dessas empresas – mesmo declaradas de forma diferente – também pode ser interpretada no sentido de realizar o sonho da organização. Meu exemplo favorito para ilustrar esse incrível grau de coerência entre o sonho de uma organização e sua missão com propósito é a missão lindamente inspiradora de San Patrignano: treinar pessoas marginalizadas e levá-las a conseguir coisas extraordinárias. Aproveitando esse grau de coesão, as promessas dessas organizações são direcionadas a realizar simultaneamente a sua missão com propósito e a concretizar seus sonhos coletivos de futuro. Assim, o compromisso de San Patrignano para a obtenção dos índices mais altos do mundo em reabilitação de dependentes de drogas cumpre sua missão proposital e realiza o seu sonho. O compromisso do Grupo AJE de produzir bebidas de alta qualidade ao menor preço possível atinge a missão da organização, de incluir pessoas de baixa renda como parte do mercado em países em desenvolvimento, e realiza o seu sonho de criar uma das maiores empresas de bebidas do mundo. Da mesma forma, o sonho do magnata grego Stelios Haji-Ioannou – construir uma marca popular entre as massas – foi concretizado com a criação da marca "easy", cuja missão proposital – tornar acessíveis produtos e serviços fora do alcance – foi aplicada a uma variedade de negócios, que vão de companhias aéreas de baixo custo a hotéis baratos e produtos de higiene pessoal masculina, que partilhavam as mesmas promessas, "dar valor inigualável ao dinheiro dos clientes". O mesmo ocorreu com a Inditex, e o sonho de "democratizar a moda" em todo o mundo foi realizado pela sua missão de levar a moda para as massas e da promessa surpreendente de seus líderes de entregar roupas de moda baratas duas vezes por semana, a cada semana do ano, em qualquer lugar do mundo em que suas milhares de lojas podem ser encontradas. Tente olhar a Medtronic sob o mesmo prisma. Você certamente encontrará o mesmo grau notável de harmonia entre o sonho dessa organização de 1990, a sua missão com propósito e o compromisso sem precedentes de seus líderes de reduzir o tempo de lançamento de novos produtos da empresa de 48 meses para apenas 16.

No entanto, o fato de os líderes Wiraqocha partilharem um sonho missionário de futuro, associado às promessas da empresa, não é por si só suficiente para desenvolver uma liga comum forte. Como mencionado, três elementos adicionais – uma linguagem comum, as redes interdisciplinares e os rituais de comunicação – também devem ser estabelecidos para que essa liga comum forte se desenvolva. Isso traz à mente a característica holística comum à liga. No âmbito da sua definição mais comum, qualquer sistema aberto é considerado holístico quando o todo é maior do que a soma de suas partes. Isso é típico no caso de organismos vivos complexos, como os seres humanos. Nossa vida e as funções mentais são muito mais do que a soma de nosso cérebro, das partes do corpo e órgãos internos, e o mesmo pode ser dito sobre muitos outros seres vivos que povoam o planeta Terra. A vida é uma criação da natureza essencialmente holística. Assim, a liga comum representa um fenômeno de vida social que é maior do que a soma dos seus cinco elementos constitutivos; e essa definição de "maior do que" pode ser considerada como a confiança recíproca, a compreensão mútua, os compromissos honrados, as pontes conectivas e as relações de cooperação que surgem fortemente entre os líderes Wiraqocha à medida que estes caminham para a realização de um sonho comum de futuro.

A qualidade holística da liga comum também pode ser verificada pela mentalidade coletiva e pela personalidade do grupo que se origina de cada um dos membros da equipe de liderança Wiraqocha. Como já mencionado, todas as organizações extraordinárias retratadas neste livro procuravam cinco qualidades em seus líderes: integridade, tolerância, generosidade, coerência e perseverança na construção de uma linguagem comum. Isso significa que, além do que faz com que cada grupo de liderança Wiraqocha seja único, podemos esperar que certos padrões comuns emanem de seus membros individuais. Veja a integridade, por exemplo, uma qualidade que representa a tendência natural de um indivíduo de transcender as situações embaraçosas. Qualquer equipe formada por indivíduos que possuem essa qualidade tende a desenvolver coletivamente uma mentalidade grupal criativa, integrando os pontos de vista que parecem contraditórios para a maioria das pessoas. Foi assim que organizações como a Inditex, Grupo AJE ou easyJet conceberam a entrega de produtos de alto valor para os clientes a baixo custo para a organização. Ou como as instituições sociais, como San Patrignano, imaginaram entregar produtos de nível internacional fabricados e vendidos por toxicodependentes. A integridade muitas vezes leva àquilo que neste livro tem sido chamado de mentalidade *trade-on* – em outras palavras, a predisposição mental para ser, fazer e ganhar muito mais com muito menos. Quando você forma um grupo de indivíduos com essas tendências mentais e os estimula a liberar sua imaginação, uma mentalidade *trade-on* coletiva de repente se instala.

Ou veja a coerência e a generosidade. Essas qualidades descrevem os indivíduos que lideram pelo exemplo, com uma tendência natural para dar o seu tempo generosamente, a fim de criar empatia com os outros e oferecer-lhes apoio, independentemente da posição hierárquica. Essas qualidades individuais muitas vezes levam ao desenvolvimento das características da coragem e da determinação no grupo. Com efeito, as organizações que visam à criação de novos futuros positivos muitas vezes o fazem mediante o estabelecimento de compromissos radicais, e isso coloca à prova a coragem e a determinação de cada membro individual de um grupo de liderança Wiraqocha. Inevitavelmente, esses compromissos ousados reforçam a determinação e a coragem de alguns, mas assustam outros. É por meio da liderança pelo exemplo, e orientando e encorajando os outros quando eles mais precisam, que os melhores indivíduos do grupo transmitem a sua coragem, autoconfiança e determinação a toda a equipe.

Finalmente, veja o caso da tolerância e da perseverança na construção de uma linguagem comum. Juntas, essas qualidades interiores individuais permitem a um grupo desenvolver a linguagem comum que ultrapassa todas as linhas que separaram as pessoas por idade, cultura, sexo ou profissão. Aqui, a "linguagem comum" não quer dizer apenas linguisticamente, mas também descreve o processo de seleção de palavras e termos fundamentais para o cumprimento de uma missão comum, e com um significado específico para cada um desses termos. Em outras palavras, a linguagem comum se refere ao fato de um grupo passar pelo processo de desenvolvimento de um dicionário de termos fundamentais, cujos significados eles concordam em compartilhar, assim como os líderes da aliança Renault-Nissan fizeram em 1999. Além desse processo, a linguagem comum de uma organização inclui também todos os elementos centrais que constroem o entendimento mútuo dentro de seu grupo de liderança Wiraqocha; em outras palavras, um conjunto único de medidas de desempenho global, um conjunto compartilhado de normas de conduta (também chamados "valores" em algumas organizações) e uma abordagem comum para o desenvolvimento de carreira e de avaliação para os membros do grupo de liderança Wiraqocha. Isso requer tolerância, paciência e perseverança para inculcar esses elementos de linguagem comum dentro da organização.

Resumindo, as qualidades individuais de integridade, tolerância, generosidade, coerência e perseverança na construção de uma linguagem comum podem ser manejadas para produzir um excedente holístico de compreensão mútua, uma mentalidade coletiva de *trade-on*, a coragem do grupo e a autodeterminação confiante dentro de toda a equipe de liderança Wiraqocha.

O fato de que, dentro da organização, cada líder Wiraqocha é responsável por funções de gerenciamento, além da construção da liga comum, leva a seus aspectos holográficos. Um holograma é uma fotografia tridimensional feita com a ajuda de um raio laser. Para fazer um holograma, o objeto a ser fotografado é primeiro banhado com a luz do laser. Então um segundo raio laser é refletido no primeiro e o padrão resultante de interferência (a área na qual esses dois raios laser se misturam) é capturado no filme. Quando o filme é revelado, parece um rodamoinho de luzes e linhas escuras. Mas logo que esse filme é iluminado por um feixe de laser, aparece uma imagem tridimensional do objeto original. A tridimensionalidade dessas imagens não é a única característica importante dos hologramas. Se o holograma de uma orquídea é cortado na metade e então iluminado por um laser, cada metade ainda vai conter toda a imagem da orquídea. Na verdade, mesmo que as metades sejam divididas novamente, cada trecho do filme sempre terá uma versão menor, mas completa, da imagem original. Diferente das fotografias normais, cada parte de um holograma contém a informação completa existente no todo. Os neurologistas descobriram propriedades holográficas no cérebro humano. Algumas pessoas que tiveram partes do cérebro removidas cirurgicamente não perderam as funções corporais governadas pela parte do cérebro que foi retirada. Essas funções, descobriu-se depois, mudaram-se espontaneamente para outras partes do cérebro cirurgicamente modificado.

Assim como um holograma tridimensional, cada área da organização na qual um líder Wiraqocha realiza atividades substanciais é permeada pela liga comum. Isso dá um poderoso sentido e inspiração para os funcionários da organização, para os clientes, fornecedores e outras partes interessadas, os quais se entusiasmam com o sonho comum, bem como com sua missão proposital e com os compromissos assumidos por toda a empresa. Um determinado número de elementos adicionais faz dessa característica holográfica um fator-chave para o desenvolvimento de uma liga comum forte. Primeiro, os abrangentes compromissos da organização que os líderes Wiraqocha levam a todas as partes da empresa representam os pontos-chaves para orientar os funcionários, fornecedores e clientes, e todos eles alinham as suas atividades e expectativas para o cumprimento dessas promessas. Assim, o Nissan Revival Plan (NRP) de 1999 da empresa definiu compromissos claros a respeito do lucro líquido, o desenvolvimento de novos produtos, a redução de custos e a redução da dívida. A fim de cumprir essas promessas, nove equipes multifuncionais foram formadas, e cada uma deveria executar um desses compromissos. Por sua vez, cada equipe interdisciplinar foi mais fundo na organização, estabelecendo compromissos com várias áreas funcionais, unidades de negócios ou fornecedores que lhes permitissem cumprir as próprias promessas, e assim por diante. Assim, o NRP desdobrou-se por meio de um processo de alinhamento análogo àquelas bonecas russas, que você vai abrindo apenas para descobrir a cada vez uma versão um pouco menor da boneca dentro daquela que acabou de abrir.

Em segundo lugar, a característica holográfica da liga comum tem implicações importantes para os tipos de redes interdisciplinares que evoluem de maneira formal e informal dentro da organização. Devido ao fato de os líderes Wiraqocha se reunirem regularmente como um grupo, mas também executarem múltiplas funções de administração dentro da organização (geralmente envolvendo também o público externo), eles desenvolvem redes compactas que conectam dois indivíduos em apenas alguns passos e através de qualquer tipo de fronteira organizacional. Com o tempo, isso cria um processo que permite que as novas ideias, informações e recursos se movam livremente dentro da organização até aonde quer que eles sejam necessários para cumprir sua missão. Esse processo torna-se semelhante a um cérebro holográfico da organização, na medida em que permite que as funções críticas, pessoas e recursos se materializem de forma transparente nas diferentes áreas organizacionais nas quais esses elementos podem ser necessários, não importa o quão distantes essas áreas estejam. Uma série de elementos organizacionais garante que esse processo se torne autogenerativo ao longo do tempo. Por um lado, o uso habitual de equipes multifuncionais, forças-tarefas, projetos especiais e assemelhados é uma maneira eficaz de sempre aproveitar a diversidade característica das redes internas da organização para apoiar os compromissos em larga escala da empresa. Por outro lado, a partilha de conhecimentos, processos, papéis e infraestrutura ajuda a decodificar, armazenar, classificar e recombinar informações críticas de modo a torná-las úteis e de fácil acesso a várias áreas organizacionais. Além disso, especialmente dentro das grandes empresas multinacionais, algumas políticas globais de pessoal podem ser algo muito eficaz para promover continuamente a criação de redes de coesão através de fronteiras geográficas, funcionais e profissionais, ou seja, por meio de expatriados e repatriados, transferências internacionais, programas de desenvolvimento, rotações de funções e assim por diante.

Além disso, por causa de suas qualidades holográficas, cada componente individual da liga comum inclui elementos essenciais dos quatro restantes. Veja o caso das redes interdisciplinares, por exemplo. Elas permitem fácil conexão à qualquer aspecto da liga comum: líderes Wiraqocha, compromissos da organização, linguagem comum ou rituais de comunicação. Ou pense nos líderes Wiraqocha, cujas qualidades intrínsecas oferecem a um observador mais atento o vislumbre essencial do sonho de toda a organização e de sua razão de ser. Isso também se aplica à liga comum das amplas promessas da organização, que imediatamente evocam o compromisso global da instituição de oferecer um futuro novo e positivo para os seus clientes, bem como para suas outras partes interessadas. Ou veja a linguagem comum, cujos elementos constitutivos indicam fortemente o perfil de liderança da organização, seu propósito, suas abordagens de comunicação e suas redes de relacionamento.

No entanto, talvez seja a natureza e o impacto dos rituais de comunicação subjacentes à liga comum que fornecem alguns dos melhores exemplos de sua natureza holográfica. Na verdade, para que as organizações desenvolvam uma liga comum forte, a fim de proporcionar um novo futuro, praticamente cada uma das ações de seus líderes-chave pode ser elevada ao status de um ritual de comunicação. Em 2001, o presidente da Nissan, Carlos Ghosn, caracterizou adequadamente essa ativa abordagem da respondeu:

> Mesmo em sessões de *brainstorming*, mesmo quando

estamos elaborando as estratégias, você se comunica o tempo todo.

Desde o início, Ghosn, junto de sua equipe de liderança, incutiu uma cultura de comunicação extremamente transparente, aberta, precisa e concreta, tanto nos funcionários da Nissan quanto em terceiros, como os meios de comunicação. Essa atitude foi confirmada pelos hábitos dos líderes da empresa de expressar os seus compromissos ambiciosos com um número e uma data limite e de agir com coerência em relação a esses compromissos. Além disso, os eventos e as práticas do cotidiano tornaram-se rituais poderosos e visíveis, que fizeram com que a nova abordagem de comunicação se tornasse viva dentro da empresa. Por exemplo, para comunicar a sua convicção de que as soluções para os problemas da Nissan estavam dentro da empresa, Ghosn se dispôs a fazer visitas-surpresa às instalações da Nissan de pesquisa e produção, recolhendo contribuições de gestores e trabalhadores da linha de montagem. A decisão de escolher o inglês como língua oficial da Nissan foi apoiada pelos cursos intensivos de inglês para todos os empregados da empresa, independente do nível. Apesar da situação crítica da companhia em 1999, Ghosn também iniciou a prática de convidar os meios de comunicação para as reuniões anuais de acionistas da Nissan, dando-lhes total liberdade para relatar o que viram. Além disso, a decisão de comunicar o NRP da empresa no Tokyo Motor Show, em outubro de 1999, ao mesmo tempo em que os funcionários da Nissan eram informados disso, constituía um forte sinal da determinação da empresa em estabelecer compromissos transparentes e confiáveis e de alcançá-los de forma sensata. Em suma, na década de 1999-2009, a abordagem da Nissan sobre uma comunicação transparente foi conduzida por meio do comportamento diário de seus líderes, de suas interações e práticas. Ghosn explicou:

> A credibilidade tem duas pernas, ou seja, dois pilares [...] O primeiro é o desempenho, mas [nós não temos nada para mostrar, no início]; a segunda perna da credibilidade é a transparência – o que eu penso, o que eu digo, o que eu faço é tudo a mesma coisa. Portanto, temos de ser extremamente transparentes.

O exemplo que acabamos de ver ilustra com clareza a essência holográfica dos rituais de comunicação. Eles são chamados rituais porque simbolizam significados importantes, que têm o potencial de envolver emocionalmente os participantes e estimular respostas positivas deles em apoio à sua missão comum. Esses rituais são holográficos no sentido de que em quase todas as ações do líder existe um valor de comunicação e todas as iniciativas de comunicação estão ligadas a um resultado prático em favor dos compromissos da organização. Assim, em vez de representar a arte da transmissão de mensagens profundas para um dado conjunto de participantes, os rituais de comunicação holográfica são mais bem definidos como o conjunto de ações que se movimentam de uma parte de uma entidade social para a outra. Sob essa definição mais ampla, são as ações e interações diárias entre membros de uma organização que de fato se comunicam. No caso das organizações que estão desenvolvendo a liga comum para viver seus sonhos, "comunicações" consiste no conjunto de ações que os membros-chave realizam, em conjunto com os outros, para alcançar os seus compromissos compartilhados e cumprir sua missão comum. Sob essa perspectiva, a melhor forma de medir a eficácia das comunicações de uma organização criativa é constatando se ela tem ou não entregue pontualmente seus compromissos.

E é por isso que muitas vezes você ouvirá falar dos sonhos acalentados das organizações criativas, uma vez que já transformaram suas ideias ousadas do futuro em uma nova realidade.

Epílogo

Kashanmi manaraq chayamushaqtin.
(Isso existe, embora ainda não tenha chegado.)
Adágio Qheshwa do antigo Peru[1]

Esse é um dos mitos mais antigos da criação, de uma das maiores civilizações do mundo antigo, e ainda podemos encontrar nele todos os elementos essenciais que dão à imaginação o seu poder fascinante de criar um novo futuro. Há muito tempo, o poderoso Senhor Kon (Apu Kon) chegou aos reinos centrais costeiros de Pirúa (o velho Peru). Ele era um Hamawhta e um homem santo que falava com grande sabedoria. Apu Kon ensinou sobre um tempo arcaico quando Pacha – nosso planeta Terra – estava sem vida, como uma pedra perdida no espaço. Essa era a época em que havia Ti--Ti (o Sol duplo) na Hanan Pacha (o céu). De repente, Pacha acordou com a barriga queimando como fogo, parecendo um homem ansioso – ou uma mulher estéril. Mas Ti-Ti observou a apreensão de Pacha com bondade. E Ele enviou seu esperma vivificante – o kamaqen – na cauda de um Ako Chinchay (um cometa). O kamaqen carregava fragmentos da luz cósmica primordial e eterna – o Princípio Um misterioso que não pode ser nomeado nem compreendido (Illa Tecsi). E Apu Kon evocou o momento memorável quando o Ako Chinchay mergulhou no mar e produziu Wiraqocha: a espuma fertilizante que flutuava sobre a superfície das águas.

E uma diversidade infinita da vida cósmica explodiu na Pacha vinda de Wiraqocha – a espuma do mar – enquanto a energia masculina do kamaqen e a essência feminina da água se misturavam harmonicamente em um todo unificador.

A partir desse momento, ensinou Apu Kon, a cada ano durante o Qhapaq Sitwa (o mês de agosto), o Pai Sol brilhando no zênite (Tayta Inti) envia seus espermatozóides vivificantes a Pacha, conferindo-lhe poderes fertilizantes (Pachamama). A Pachamama então se combina harmonicamente com os poderes nutrientes das águas – Mamacocha – a fim de renovar o ciclo da vida. Às vezes, advertiu Apu Kon, eventos cataclísmicos – o Pachakuti – emergem como um guerreiro temível e vai purificar a terra, espalhando o fogo, a morte e a destruição por toda parte. Mas o ciclo harmônico da vida retornará com renovado vigor depois de Pachakuti partir. E Apu Kon ensinou que agir de acordo com esses grandes princípios cósmicos mantém o vento suave da vida na Pacha, regenerando e evoluindo harmoniosamente.

Semelhante a esse antigo mito da criação peruana, a nossa imaginação tem o poder regenerativo para colocar em movimento novos futuros radicais. Entrar no espaço de outra pessoa com bondade desperta nossa imaginação para formar imagens inéditas do futuro que nos hipnotizam como os radiantes feixes de luz cósmica. Essas imagens mentais inflamam o nosso coração em chamas com uma paixão sem limites. E nossa paixão alimenta o futuro imaginado, transformando-o em um sonho sedutor e uma missão com propósito que forma nossas vozes pessoais. Nossas vozes únicas em breve se tornam um coro e uma visão coletiva que estimulam os outros a agir como uma equipe criativa. Como resultado, construímos um modelo tangível do futuro, que cresce e se propaga descontroladamente, como a espuma da vida que flutua sobre os oceanos. Assim, futuros mentais são trazidos à vida. Paradoxalmente, embora o processo de criação do futuro continue a gerar uma variedade infinita de novas realidades que não cessam de nos surpreender, ele é eterno e imutável como os mitos ancestrais da criação, contados por algumas das civilizações mais antigas do mundo. Ele sempre requer indivíduos motivados e com sabedoria para encontrar as sete chaves que desvendam a própria criatividade. Como resultado, esses indivíduos inspirados são capazes de operar a magia da imaginação, nutrir e transformar seus futuros mentais em realidade.

Tudo começa no coração. Desde o momento em que você empaticamente assume o ponto de vista de alguém, e, como consequência, atrai um fragmento de luz do futuro desconhecido que cativa nossa mente e nosso coração. E também termina no coração. Com a coragem de sonhar o impensável e com a determinação de tomar medidas para realmente concretizar esse futuro. O coração faz com que aqueles futuros que já existem em nossa mente apareçam no mundo real.

Ao entrarmos em um novo milênio, logo ficou claro que, longe de uma era de estabilidade, havíamos embarcado em um momento de oportunidades sem paralelo e reviravoltas desafiadoras. O surpreendente desenvolvimento da ciência e das aplicações tecnológicas em todos os aspectos da atividade humana — desde o setor das comunicações até o campo da geração de energia limpa — deu cada vez mais a bilhões de pessoas em todo o mundo poderes fabulosos com os quais os magos renascentistas, como Marsilio Ficino ou Giordano Bruno, só podiam sonhar. Fez com que a tecnologia fosse virtualmente indistinguível da magia natural e transformou todos nós em participantes dispostos – ou relutantes – da magia tecnológica cotidiana.

Ao mesmo tempo, a capacidade da imaginação para desencadear todo esse poder mágico, a fim de criar novos futuros, coloca desafios morais muito sérios para todos nós. Será que estamos tentando criar novos futuros, seguindo a orientação dos sábios princípios universais, como a Regra de Ouro (trate os outros como gostaria que tratassem você), ou vamos colocar nossa imaginação exclusivamente a serviço das nossas aspirações individuais? Nesses tempos desafiadores, cada habitante do planeta Terra tem uma parte da resposta a esse dilema global, assim como até mesmo o sonho mais improvável de qualquer pessoa em qualquer lugar do mundo tem o potencial de se espalhar rapidamente – e afetar significativamente o resto de nós.

A imaginação pode criar novos futuros, radicais e benéficos, como nunca antes na história da humanidade. No entanto, ela não é capaz de chegar lá sozinha. Para realizar futuros sadios, nossa imaginação precisa ser guiada pela nossa sabedoria, apoiada por nossa coragem, e se desenvolver na companhia de nossa intuição sincera. Porque a imaginação positiva começa – e termina – no coração.

Notas

⚬┄ Fontes frequentemente citadas

Sete fontes de pesquisa de Piero Morosini são frequentemente citadas neste livro. Referem-se às seguintes organizações: Comunidade de San Patrignano (*The San Patrignano Community*), Inditex (o grupo dono da rede de lojas Zara), Renault-Nissan, Medtronic, Novartis e Diesel. A menos que sejam explicitamente indicadas de forma diferente no texto, todas as citações sobre essas organizações e os seus dirigentes derivam dessas sete fontes e foram publicadas em quatro vídeos e três estudos de caso, como segue:

1. The San Patrignano Community, um emocionante vídeo de 19 minutos produzido em 2009, do qual foram extraídas a terceira citação do Prefácio, aquela San Patrignano no capítulo 2 e as duas primeiras sobre os "anjos da guarda" no capítulo 4.

2. Building a Common Glue to Achieve Extraordinary Company Transformation, International Institute for Management Development – IMD-3-1328-V, 2003; vídeo de 12 minutos sobre a Medtronic, apresentando uma entrevista com o ex-presidente Bill George feita por Piero Morosini.

3. Building a Common Glue in a "Merger of Equals", International Institute for Management Development – IMD-3-

-1329-V; vídeo sobre a Novartis com uma entrevista com o presidente Daniel Vasella, conduzida por Piero Morosini.

4. The Diesel Way, Ecole Polytechnique Fédérale de Lausanne — EPFL-306-144-3; vídeo de 22 minutos que relata o crescimento extraordinário da marca italiana Diesel e fala de seu fundador, Renzo Rosso.

5. O estudo de caso de The San Patrignano Community (A), (B) e (C), 2001, International Institute for Management Development — IMD-3-0918, IMD-3 0919 e IMD-3-0920. Neste livro, todas as citações sobre essa comunidade e seus membros — exceto como indicado no item 1 na página anterior — são dessa série.

6. Zara — A cut apart from the competition, 2009, estudo de caso, Ecole Polytechnique Fédérale de Lausanne — EPFL-309-113-1. A tradução em espanhol desse estudo de caso está codificada como E309-113-1.

7. Renault–Nissan: The paradoxical alliance, 2007, European School of Management and Technology — ESMT-307-0047-8. A citação do ex-presidente da Daimler Chrysler Juergen Schrempp no capítulo 5 também vem desse estudo de caso.

Todos os estudos de casos e vídeos citados (exceto o item 1) estão disponíveis no European Case Clearing House (www.ecch.com). Para informações adicionais sobre o vídeo comunitário de San Patrignano, por favor, contate: sevenkeystoimagination@gmail.com.

∘⎯ Notas de texto

prefácio

1. Piero Morosini, *The Common Glue* (Elsevier, Oxford, 2005).

A magia da imaginação

1. O historiador britânico Frances A. Yates escreveu uma obra importante sobre a interpretação de algumas obras-primas da Renascença, sob a perspectiva do simbolismo talismânico hermético, que permanece sendo uma das mais interessantes de seu gênero da língua inglesa: Frances A. Yates, *Giordano Bruno and the Hermetic Tradition* (Routledge & Kegan Paul, Londres, 1964). Nas páginas 76-7 e 146, Yates sugere que a *Primavera* de Botticelli (1445-1510) pode ser vista como "predominantemente um talismã de Vênus", enquanto que a gravura *Melancolia* de Albrecht Dürer (1471-1528) pode ser interpretada como "predominantemente um talismã de Saturno". Além disso, observa Yates na página 115, "É no contexto da controvérsia sobre Pico (della Mirandola, *Magia naturalis)* em que [o papa] Alexandre VI se colocou tão fortemente ao lado do Mago [Pico], que se deve colocar o 'Egipcianismo' extraordinário nos afrescos pintados por Pinturicchio [1454--1513] para Alexandre no Appartamento Borgia, no Vaticano. Os afrescos foram estudados por F. Saxl [F. Saxl, 'The Appartamento Borgia', in *Lectures*, Warburg Institute, University of London, I, p.

174–88; II, Pls. 115–24], que salientou que, dentro de um programa ortodoxo, há estranhas alusões".

2. Esse parágrafo da *Apologia* de Pico della Mirandola foi originalmente escrito em latim. Sua tradução para o inglês foi citada em Yates, op. cit., p. 89.

3. *Ibid*, p. 66.

4. Gottfried Wilhelm Leibniz, *Hauptschriften zur Grundlegung der Philosophie* (Meiner, Hamburg, 1966), vol. I: 80.

5. Para os leitores interessados na arte clássica da memória europeia, recomendo dois livros maravilhosos sobre esse assunto: Frances A. Yates, *The Art of Memory* (The University of Chicago Press, Chicago, 1974) e Jonathan D. Spence, *The Memory Palace of Matteo Ricci* (Penguin Books USA Inc., New York, 1985).

6. Mary Carruthers, *The Book of Memory* (Cambridge University Press, Cambridge, 2nd edition, 2008), pp. 19-20.

7. Stephen M. Kosslyn e Samuel T. Moulton, "Mental imagery and implicit memory", in Keith D. Markman, William M. P. Klein e Julie A. Suhr (eds), *Handbook of Imagination and Mental Simulation* (Psychology Press, New York – Hove, 2009), pp. 35–51.

8. Kaspar Schott, *Universal Magic of Nature and Art*, 4 volumes (Würzburg, 1657-9).

9. Lynn Thorndike, *History of Magic and Experimental Science* (Macmillan& Co., London, 1923), vol. 4, p. 598.

10. Frances A. Yates, *Giordano Bruno*, op. cit., p. 449.

11. Marsilio Ficino, *Theologia Platonica de Inmortalitate Animorum - XVIIIlibris comprehensa* (Olms, Hildesheim, New York, 1975). A edição original foi publicada em Paris em 1559.

12. As profundas ideias de Einstein sobre a imaginação – bem como sobre muitos outros assuntos – podem ser encontradas em http://thinkexist.com

13. Carl G. Jung, *Man and His Symbols* (Dell Publishing, New York, 1968), p. 82.

14. Stephen M. Kosslyn, *Ghosts in the Mind's Machine* (W.W. Norton & Co., New York, 1983).

15. Alan D. Baddeley, *Essentials of Human Memory* (Psychology Press, Hove, UK, 1999).

16. Giacomo Rizzolatti e Corrado Sinigaglia, *Mirrors in the Brain* (Oxford University Press, Oxford, 2008).

17. Sian L. Beilock e Ian M. Lyons, "Expertise and the mental simulation of action" in Markman et al., op. cit., pp. 21–34.

18. A. M. Glenberg, T. Gutierrez, J. Levin, J. Japuntich e M. P. Kaschak "Activity and imagined activity can enhance young children's reading comprehension", *Journal of Educational Psychology*, 96, 2004, pp. 424–36.

19. N. Epley e D. Dunning, "The mixed blessings of self-knowledge in behavioral prediction: Enhanced discrimination but exacerbated bias", *Personality and Social Psychology Bulletin*, 32, 2006, pp. 641–55.

20. Ruth M.J. Byrne, *The Rational Imagination* (MIT Press, Cambridge, Massachusetts, 2007). Quase todos os exemplos sobre "imaginação contrafactual" neste capítulo baseiam-se no excelente livro de Byrne e nos resultados de pesquisas. Aos leitores interessados nesse assunto particular ou em aprender sobre essas pesquisas mais detalhadamente, recomendo a leitura do livro de Byrne.

21. Piper Fogg, "How to be happy", *Chronicle of Higher Education*, vol. 51:2, 3 September 2004, p. A 10. Esse artigo pode ser encontrado em http://chronicle.com

22. R.C.Curtis (ed.), *The Relational Self:Theoretical Convergences in Psychoanalysis and Social Psychology* (Guilford Press, New York, 1992), p. 123.

23. Elizabeth W. Dunn, Noah D. Forrin e Claire E. Ashton James, "On the excessive rationality of the emotional imagination: A two-systems account of affective forecasts and experiences", in Markman et al., op. cit., pp. 331-46.

24. William M.P. Klein e Laura E. Zajac, "Imagining a rosy future: The psychology of optimism", in Markman et al., op. cit., pp. 313-29.

25. William L. Gardner, Elizabeth J. Rozell e Fred O. Walumbwa, "Positive and negative affect and explanatory style as predictors of work attitudes", in Mark J. Martinko (ed.), *Attributional Theory in the Organizational Sciences* (Information Age Publishing Inc., 2004), p. 73.

26. A definição completa de "imaginação" na qual essas citações se baseiam podem ser encontrados na Encyclopedia of Psychology (http://www.enotes.com/gale-psychology-encyclopedia/imagination).

27. Em outubro de 2009, essas declarações podiam ser encontradas em um artigo intitulado "imaginação" na enciclopédia on-line (http://en.wikipedia.org).

28. Arnold H. Modell, *Imagination and the Meaningful Brain* (MIT Press, Cambridge, Massachusetts, 2003).

Liberte o mago interior

1. Essa citação é de um discurso em espanhol de Ángel Añaños, acessível no YouTube em http://www.youtube.com sob o título "Testimonio Ángel Añaños (Presidente del Directorio - AJE)". A tradução em inglês é do autor.

2. "Ángel Añaños dio la bienvenida a más de 1200 alumnos que iniciaron ciclo académico en la Universidad ESAN", *El Comercio*, Lima, Peru, 30 de março de 2009. A citação original é em espanhol; a tradução em inglês é do autor. O artigo também pode ser encontrado na "Sala de Prensa" do http://www.esan.edu.pe

3. Lynda M. Applegate, *Medtronic Vision 2010* (Harvard Business School Case -9-807-051, Harvard Business Publishing, rev. april 30, 2007), pp. 10-11.

4. A citação de Peter Drucker foi feita com base em uma entrevista de 1998 intitulada "An afternoon with the Master" (http://mfinley.com/experts/drucker/PeterDrucker_Precis.htm)

1 Primeira chave: Tire partido da atitude mental

1. "Mario Cucinella: Il mio piano casa", *Wired* (edição italiana), maio de 2009, p. 57. A citação original é em italiano; a tradução em inglês é do autor.

2. Barry J. Nalebuff e Adam M. Brandenburger, *Co-opetition* (Currency, Doubleday, 1996).

3. "Emiliano Cecchini: Off-grid, quell miracolo all'idrogeno",

Wired (edição italiana), maio de 2009, p. 62. A citação original é em italiano; a tradução em inglês é do autor.

4. Carol S. Dweck, *Mindset: The New Psychology of Success* (Random House Inc., New York, 2006).

5. Bronislaw Malinowski e Robert Redfield, *Magic, Science and Religion and Other Essays 1948* (Kessinger Publishing, US, 1948).

6. Informações adicionais sobre esse vídeo de 19 minutos de Piero Morosini e Patrizia Italiano, intitulado *The San Patrignano Community*, estão disponíveis em: sevenkeystoimagination @gmail.com

7. "The Big Easy enters choppy waters", entrevista com Stelios Haji-Ioannou por Jane Martinson, *Guardian*, sexta-feira, 5 de maio de 2006.

8. *Ibid.*

9. *Ibid.*

10. "Stelios Haji-Ioannou: The serial entrepreneur", *Prague Tribune*, 1 de dezembro de 2004.

11. Essa citação é de um artigo de 1 de março de 2008 intitulado "Northern Rock, private equity and Sir Stelios", que pode ser encontrado no site da Cass Business School (http://www.cass.city.ac.uk).

12. Michael E. Porter, *Competitive Strategy* (Free Press, New York, 1980).

13. Michael E. Porter, "What is strategy?", Harvard Business Review, November-December 1996, p. 69.

14. *Ibid*, p. 68.

15. *Ibid*, p. 68.

16. W. Chan Kim e Renée Mauborgne, *Blue Ocean Strategy: How to Create Uncontested Market Space and Make Competition Irrelevant* (Harvard Business School Press, 2005).

17. "In search of France's black gold", *Independent*, sábado, 31 de dezembro de 2005.

2 Segunda chave: Obsessão pelo cliente

1. C. Daniel Batson, "Two forms of perspective taking: Imagining how another feels and imagining how you would feel", in Markman et al., op. cit., pp. 267-79.

2. *Ibid*, p. 268.

3. E. Stotland, "Exploratory investigations of empathy" in L. Berkowitz (ed.), *Advances in experimental social psychology* (Academic Press, New York, 1969), vol. 4, pp. 271-313.

4. Batson, op. cit.

5. Michael W. Myers e Sara D. Hodges, "Making it up and making do: Simulation, imagination and empathic accuracy", in Markman et al., op. cit, pp. 281–94.

6. *Ibid*, p. 287.

7. *Ibid*, p. 288. O estudo de Kilpatrick et al. é: S. D. Kilpatrick, V. L. Bissonnette e C. E. Rusbult, "Empathic accuracy and accommodative behavior among newly married couples", *Personal Relationships*, 9, 2002, p. 369–93. O estudo de Gottman e Levenson é: J. M. Gottman and R. W. Levenson, "Marital processes predictive of later dissolution: Behavior, physiology and health", *Journal of Personality and Social Psychology*, 63, 1992, pp. 221–33.

8. Encontrado no dicionário on-line de etimologia (http://www.etymonline.com).

9. Nicholas Epley e Eugene M. Caruso, "Perspective taking: Misstepping into others' shoes", in Markman et al., op. cit., p. 295.

10. Myers e Hodges, op. cit.

11. "Stella Adler, 91, an actress and teacher of the method", *New York Times*, terça-feira, 22 de dezembro de 1992. Este artigo pode ser encontrado em http://www.nytimes.com.

12. Essa citação – originalmente da edição online do jornal italiano *Corriere Della Sera* – é de *The Diesel Way*, um vídeo de 22 minutos de Piero Morosini, que relata o extraordinário crescimento da grife italiana e fala de seu fundador, Renzo Rosso. O vídeo está disponível em http://www.ecch.com

3 Terceira chave: Missão com objetivo

1. Roger Ebert, "Fitzcarraldo (1982)", 28 de agosto de 2005. Esse artigo pode ser encontrado em http://rogerebert.suntimes.com

2. Werner Herzog, *Conquest of the Useless: Reflections from the Making of Fitzcarraldo* (Harper Collins, New York, 2009), p. 1.

3. *El Istmo de Fitzcarrald - Informes de los Señores La Combe, Von Hassel y Pesce: Publicación de la Junta de Vías Fluviales* (Imprenta La Industria, Desamparados No. 15, Lima, 1904), p. 238.

4. Cecilia Monllor, *Zarápolis* (Editorial Planeta, Barcelona, 2001), pp. 51-2. Texto original em espanhol; tradução para o inglês feita pelo autor.

5. Rhonda Byrne, *The Secret* (Atria Books, New York, 2006), p. 23.

6. Bill George, Peter Sims, Andrew N. McLean e Diana Mayer, "Discovering your authentic leadership", *Harvard Business Review*, February 2007, p. 6-7.

4 Quarta chave: Líderes Wiraqocha

1. Durante minhas caminhadas pelas trilhas peruanas, seguindo as pegadas do Hamawtha Wiraqocha, reuni informações não só sobre suas lendas, mas também sobre a improvável antiguidade delas, que alguns especialistas e comunidades locais andinas têm reivindicado. No início de 2007, postei o que eu encontrei no meu blog, sob o título: "The Path of Wiraqocha – VII –Tiwanaku, 23 January 2007" (www.commonglue.com.br). Alguns leitores podem encontrar informações úteis no meu blog, interessantes e talvez até mesmo inspiradoras.

2. Piero Morosini, *The Delancey Street Foundation:"The Harvard of the Underclass"* (ESMT-2006-case-12, European School of Management and Technology, 2007). Todas as citações sobre *The Delancey Street Foundation* neste capítulo provêm da página 2 do estudo de caso, com exceção da última, que vem das páginas 1 e 6.

3. Haziel, *Notre ange gardien existe* (Edições Bussière, Paris, 1994).

5 Quinta chave: *Tinkunacuy*

1. José María Arguedas, *Canciones y cuentos del pueblo quechua* (Francisco Moncloa Editores, Lima, 1967), p. 26. Tradução para o inglês feita pelo autor.

2. O texto original e completo, em espanhol arcaico, com base no qual esses trechos notáveis foram traduzidos para o inglês pelo autor, pode ser encontrado em José de Acosta, *De procuranda indorum salute*, Libro VI, cap. XX, pp. 585–7 (Salamanca, Espanha, 1588).

3. Barry J. Nalebuff e Adam M. Brandenburger, *Co-opetition* (HarperCollins paperback edition, 1997), p. 16.

4. *Ibid*, p. 18.

5. *Ibid*, p. 21.

6. *Ibid*, p. 18.

7. *Ibid*, p. 27.

8. "Kerkorian sues Daimler", *CNN Money*, 28 de novembro de 2000. Esse artigo pode ser encontrado em http://money.cnn.com.

9. Monllor, op. cit, p. 53. Texto original em espanhol; tradução para o inglês feita pelo autor.

10. Essas citações são da matéria de 1999 do *Nightline* da ABC sobre a IDEO, intitulada: "Nightline: Deep Dive: 7/13/99". O vídeo está disponível em http://abcnewsstore.go.com.

6 Sexta chave: Acordos de cavalheiros

1. Anthony Everitt, *Cicero* (Random House Inc., 2003), p. 298.

2. *Ibid*, p. 311.

3. *Ibid*, p. 312.

4. *Ibid*, p. 317.

5. Henry Mintzberg, "The fall and rise of strategic planning", *Harvard Business Review*, January–February 1994, p. 109.

6. *Ibid*, p. 110.

7. Trechos do discurso de Carlos Ghosn no Tokyo Motor Show em 18 de outubro de 1999. A transcrição completa desse discurso, sob o título de "Ghosn: We don't have a choice (transcript)", está disponível em http://www.accessmylibrary.com.

8. Essa citação é de um vídeo empresarial de 2004 da Nissan, chamado "Nissan is back". Para obter informações adicionais sobre esse vídeo, por favor, contate a sede da Nissan: Nissan, 1-1 Takashima 1-chome, Nishi-ku, Yokohama-shi, Kanagawa 220-8686, Japan.

9. Ghosn, op. cit.

7 Sétima chave: Liga comum

1. Giorgio Vasari, *Lives of the Artists*, vol. II (Penguin Books, London, 1987), pp 187–8.
2. *Ibid*, pp. 195-196.

3. Essa citação, originalmente de *Alchemy Rediscovered and Restored*, de A. Cockren, pode ser encontrada online em um artigo de D. W. Hauck intitulado "Newton the Alchemist" (http://www.alchemylab.com). A biografia de Isaac Newton como alquimista, de John William Navin Sullivan, sem dúvida, continua a ser o trabalho clássico sobre o assunto. D. W. Hauck é também o autor de *The Emerald Tablet: Alchemy for Personal Transformation* (Penguin Books, 1999).

4. Ver nota 3.

5. Essa citação é de um artigo de 21 em outubro de 2004 de James Gleick, intitulado "What you don't know about Isaac Newton" (ver http://www.slate.com/id/2108438/). James Gleick é o autor do livro vencedor do US National Book Award, *Chaos: Making a New Science* (Penguin Books, 1988) e da biografia finalista do Prêmio Pulitzer *Isaac Newton* (First Vintage Books, 2004).

6. Piero Morosini, *The Common Glue* (Elsevier, Oxford, 2005).

7. Piero Morosini, "Competing on social capabilities" in Subir Chowdhury (ed.), *Next Generation Business Handbook* (John Wiley & Sons, New Jersey, 2004), p. 248.

Epílogo

1. Esse provérbio Qheshwa foi retirado de *Pachakuteq*, de Federico García e Pilar Roca (Fondo Editorial del Pedagógico San Marcos, Lima, 2004), p. 33. Essa fonte também forneceu material importante para o antigo mito peruano da criação, que é recontado nesta seção do livro.

Figuras e tabelas

FIGURA 1   Sete chaves da imaginação.

FIGURA 2   O processo para criar o futuro.

FIGURA 3   Mentalidade estratégica para imaginar o futuro.

FIGURA 4   Uma das imagens mais antigas de Wiraqocha, no templo Kalasasaya, perto do lago Titicaca.

FIGURA 5   A magistral representação abstrata do retrato de Wiraqocha, tecida como uma unku (camisa) no Peru, em torno de 1.000 AC.

TABELA 1   Algumas organizações criativas.

TABELA 2   Algumas das promessas dos cavalheiros da Renault-Nissan.

Este livro foi impresso pela Prol Editora Gráfica
para a Editora Prumo Ltda.